德国学前教育 STEM 系列丛书

德国学前儿童

媒介素养教育

【德】瓦西里奥斯·伊曼努埃尔·费纳科斯　主编

李颖妮　译

华东师范大学出版社

·上海·

图书在版编目（CIP）数据

德国学前儿童媒介素养教育/（德）瓦西里奥斯·伊曼努埃尔·费纳科斯主编；李颖妮译—上海：华东师范大学出版社，2022
ISBN 978-7-5760-2863-8

Ⅰ.①德… Ⅱ.①瓦…②李… Ⅲ.①学前儿童-传播媒介-素质教育-教育研究 Ⅳ.①G613

中国版本图书馆CIP数据核字（2022）第074432号

Natur-Wissen schaffen. Band 5: Frühe Medienbildung
by Fthenakis, W. E., Schmitt, A., Eitel A., Gerlach, F., Wendell, A. & Daut, M.
© Copyright 2009: Georg Westermann Verlag GmbH, Braunschweig
Simplified Chinese translation © East China Normal University Press Ltd., 2022

上海市版权局著作权合同登记图字：09-2014-793号

德国学前儿童媒介素养教育

主　　编　（德）瓦西里奥斯·伊曼努埃尔·费纳科斯
译　　者　李颖妮
责任编辑　沈　岚
审读编辑　沈　岚　王　隽
责任校对　姜　峰　时东明
装帧设计　宋学宏　卢晓红

出版发行　华东师范大学出版社
社　　址　上海市中山北路3663号　邮编 200062
网　　址　www.ecnupress.com.cn
电　　话　021-60821666　行政传真 021-62572105
客服电话　021-62865537　门市（邮购）电话 021-62869887
地　　址　上海市中山北路3663号华东师范大学校内先锋路口
网　　店　http://hdsdcbs.tmall.com

印 刷 者　上海昌鑫龙印务有限公司
开　　本　787×1092　16开
印　　张　20
字　　数　390千字
版　　次　2022年9月第1版
印　　次　2022年9月第1次
书　　号　ISBN 978-7-5760-2863-8
定　　价　98.00元

出 版 人　王　焰

（如发现本版图书有印订质量问题，请寄回本社客服中心调换或电话021-62865537联系）

目 录

序一：在学前 STEM 教育目标与教学实施方案之间搭建桥梁 ……………………… 1

序二：我们可以向德国学前教育学什么? ………………………………………… 3

引言 ………………………………………………………………………………… 1

概述："建构自然知识"项目 ……………………………………………………… 2

1 及早开始的教育：媒介素养教育从早期开始   7

1.1 教育大纲提出了哪些要求? ……………………………………………………10

1.2 建立媒介素养教育的理论框架 …………………………………………………13

1.3 媒介素养教育的目标 ……………………………………………………………14

1.4 学前教育阶段的基本教育理念 …………………………………………………19

2 媒介素养教育涉及什么：基本立场   49

2.1 借助媒介，以积极主动、有创造性与合作性的方式学习 ……………………51

2.2 在游戏中使用媒介、学习媒介 …………………………………………………52

2.3 借助媒介，提升掌握学习方法的能力 …………………………………………55

2.4 借助媒介，实现跨领域的整合学习 ……………………………………………57

3 儿童知道什么和学习什么：发展心理学的基本理论   **63**

3.1 媒介在儿童的日常生活中扮演的角色 ·························· 65

3.2 儿童如何感知、理解媒介信息 ······························· 69

3.3 媒介与性别身份的逐步确认 ································· 78

3.4 媒介与儿童的学习过程 ··································· 83

4 媒介素养教育的目标   **89**

4.1 丰富的媒介类型 ······································· 91

4.2 媒介素养教育的目标 ···································· 96

5 共同建构的学习过程：项目教学法和元认知对话   **119**

5.1 项目教学法的特点 ···································· 123

5.2 项目的主题 ··· 125

5.3 项目的计划和准备 ···································· 127

5.4 项目的实施 ··· 130

6 媒介素养教育的项目：来自实践的案例   **137**

6.1 项目案例 1 为幼儿园拍一部电影：孩子眼中的幼儿园 ·········· 146

6.2 项目案例 2 制作一部动画片：电视世界里的孩子 ············· 161

6.3 项目案例 3 让孩子穿越电视屏幕 ····················· 174

6.4 项目案例 4 魔法森林里的电脑 ······················ 186

6.5 项目案例 5 认识和熟悉电脑 ························· 195

6.6 项目案例 6 使用媒介来记录、反思和呈现：森林项目 ·········· 205

6.7 项目案例 7 创编一个幻灯片故事：朋友 ·················· 214

6.8 项目案例 8 录制一个有声故事：大巨人和小矮人 ············· 222

6.9 项目案例 9 表达与记录个人审美：带着数码相机进博物馆 …………… 231

6.10 项目案例 10 从创编故事到戏剧表演：咪啰和魔法石 ……………… 242

6.11 项目案例 11 用电脑绘制故事 ……………………………………… 255

6.12 项目案例 12 掌握表征符号和组织会议：幼儿园全体大会的筹备、主持与记录 … 264

6.13 项目案例 13 面向家庭的媒介素养教育：家庭媒体中心 …………… 272

7 项目合作伙伴 ………………………………………………… 281

8 参考文献 ………………………………………………………… 287

8.1 实用手册、项目介绍与活动总结报告 ………………………… 288

8.2 网络资源 ………………………………………………………… 289

8.3 德国各联邦州的教育大纲 ……………………………………… 295

8.4 参考文献 ………………………………………………………… 296

序一

在学前 STEM 教育目标与教学实施方案之间搭建桥梁

朱家雄　华东师范大学教育学部教授

华东师范大学出版社出版了由费纳科斯教授主编的"德国学前教育 STEM 系列丛书",让我为此写序。我不知道这是否是费纳科斯教授的要求,但我可以肯定的是,费纳科斯教授一定会乐于我为他的新书写序。

费纳科斯教授是欧洲最为著名的学前教育家之一,在欧洲乃至全世界极具名望,研究方向是学前教育和家庭教育。他拥有人类学、社会学和教育学 3 个博士学位,曾任德国巴伐利亚州国家学前教育研究所所长,在德国弗莱因大学、意大利布列瑟侬自由大学等多所高校任教。如今虽然他已年过八旬,却仍然活跃在世界学前教育的各种场合。

费纳科斯对我国的学前教育是十分关心的,他不仅将他自己的许多资源无私地贡献给了我们,还对我国学前教育事业的发展提出了许多有益的建议。我与费纳科斯相识已有二三十个年头了,我们一起举办过许多国际学前教育学术研讨会,合作建立了中德合作研究基地,多次策划和组织了中德两国学前教育工作者的互访。

2017 年和 2018 年，中国教育学会主办了两次以"学前 STEAM 教育的理论和实践"为主题的国际学术会议，费纳科斯作为会议主题报告的演讲者出席了会议，给学术研究的前沿带来了"新风"。

教育是面向未来的事业，学前教育要为培养能适应未来社会发展的人打好最底层的基础。当今，在整个世界范围内，包括学前教育在内的教育都在关注创客教育、STEAM 教育等，为的是培养能够应对未来的人。从字面上讲，S（Science）是科学，T（Technology）是技术，E（Engineering）是工程，M（Math）是数学，合并起来的缩写即 STEM；后来又加上了 A（Art，人文或艺术），成为 STEAM。从本质上讲，无论是 STEM 教育，还是 STEAM 教育，关注的都是科学、数学与生命之间的关联，而技术和工程则能使三者之间的关联成为"看得见、摸得着"的事情，对于培养未来能解决复杂问题的人，这是一种极具意义的教育方向和途径。

尽管在中小学，STEM 或 STEAM 教育开展得如火如荼，但是即使在国际上，学前阶段的 STEAM 教育仍然刚刚起步，而且很不成熟。这是因为在学前教育阶段，实施 STEAM 教育是非常困难的，既不可违背科学事实和规律，又不可违背儿童发展的需要和规律，在理论和实践两个方面要解决很多的问题。

费纳科斯教授主编的这套"德国学前教育 STEM 系列丛书"源起于他主持的一项联结了理论界与实践一线的长期研究项目——"构建自然知识"（Natur-Wissen schaffen），从教育领域、方法学等不同的维度，从"自然科学教育""数学教育""技术教育""媒介教育""家庭教育""项目式学习""档案袋工具"等多方面展开学前阶段的 STEM 教育，为面向未来的学前教育展现了一幅精彩的画面。这套丛书系统地梳理了德国和世界上一些其他国家的教育实施方案，在此基础上加以总结和提炼，在面向未来的教育目标与幼儿教师的教学实施方案之间搭建了桥梁。

这套丛书既有理论高度，能反映学术研究领域的成果和最新动态，又具有教育实践的可操作性；既有广度，又有深度。我认为，只有像费纳科斯这样有深厚的理论基础、能把握发展方向并富有实践经验的学者才能胜任这种书籍的主编。

2020 年 2 月 24 日

中国·上海

序二

我们可以向德国学前教育学什么?

孙进　北京师范大学国际与比较教育研究院教授

德国是制度化学前教育诞生的地方。世界上第一所幼儿园便是由德国教育家福禄贝尔创办的。进入 21 世纪以来,德国在学前教育领域推行了一系列改革,其中之一便是大力提高学前教育的质量。

这套丛书的主编费纳科斯教授是德国享有盛誉的学前教育专家,也是德国学前教育改革的重要推动者。丛书旨在帮助幼儿教师学会设计和开展数学、技术、自然科学和媒介教育,帮助他们将教育大纲中的教学目标转变为日常教学实践,提高他们的专业化水平,进而提高学前教育的质量。

这套丛书不仅为读者提供了扎实的理论知识、实用的档案袋工具和丰富的实践案例,还通过对教学设计原则和项目教学法的详细说明,真正对其使用者做到了不只是授之以鱼,而是授之以渔。除面向幼儿园教师外,这套丛书中还有一本分册,专门用来帮助父母改善家庭教育、在家庭中开展高质量教育。

这套丛书在德国已经得到学前教育工作者的高度认可,并被翻译为俄语和希腊语,引起了国际范围内的关注。如今,华东师范大学出版社慧眼独具,率先将这套丛书引入我国，值得欢迎和肯定。

这套丛书遵循并且很好地体现了德国学前教育的一些基本原则和理念。例如：儿童从一出生便具备了探索世界的兴趣和学习能力；学习不是对既有知识的传授和吸收，而是儿童和成人在互动中共同建构知识的活动；教育者不应独自掌控教育过程，而是要尊重儿童的兴趣和想法，让儿童充分参与教育活动的设计和实施；教育活动要以儿童的生活世界为起点，立足于儿童的日常生活体验；教育者要尊重儿童的个性化兴趣和发展水平差异，不能进行整齐划一的教育；学习的内容和方法要与儿童的年龄相适宜，不能进行超前教育；教师和父母都要有一种"积极的错误观"，允许儿童在探索中犯错误，让儿童学会应对错误与挫折，将其视为学习过程的重要部分，而不是一开始就从成人那里得到现成的答案或解决办法。在我国，这些原则和理念也被视为值得追求的教育理念。只不过，我们目前在实践层面做得还不是很好。这也正是我国学前教育可以向德国学习的地方。

我相信，中国的学前教育工作者和父母可以从这套丛书中收获到许多灵感和启发。希望大家能够立足于中国儿童的需求和生活世界，将这套丛书中行之有效的模式和经验加以本土化，为我国学前教育质量的提升以及儿童的健康发展做出卓越的贡献。

2020 年 2 月 20 日

德国·斯图加特

（左）德国电信基金会主席　克劳斯·金克尔（Klaus Kinkel）博士
（右）德国电信基金会总经理　埃克哈德·温特（Ekkehard Winter）博士

引言

　　德国电信基金会致力于研究德国教育的定位问题。基金会资助的项目集中在数学、信息科学、自然科学和技术领域，因为我们相信这些是最需要获得特别支持的领域。对德国这样一个资源匮乏的国家来说，必须将已有的全部潜能开发到最大程度，才能长期保持自己的科技强国地位。

　　基金会活跃在系统性教育工作最开始的地方，即保教机构里。在基金会的支持下，幼教工作者和儿童通过"建构自然知识"项目，增强了数学、自然科学、技术以及媒介素养方面的能力。基金会与幼教从业者一起密切合作，研发工具书，通过应用这些工具书，在保教机构的日常工作中落实具体的、可操作的教学计划。一个绝佳的例子就是您手上这本媒介素养教育指南。它是本系列丛书中的一册，在它的帮助下，教师能在各类保教机构中更好地实施德国联邦各级政府制定的教育大纲。

　　未来，基金会还会为幼教从业者提供焦点话题的相关培训。我们倡议教师们开发与实践创新的做法，并将经验传递给其他感兴趣的保教机构。

　　作为一个公益性质的基金会，我们注重的是将经验和知识传递给尽可能多的从业者、父母以及儿童。

　　我们的目标是以德国电信基金会项目的方式促进思考与行动。欢迎您使用我们提供的工具书。

"建构自然知识"项目不来梅大学基地负责人
瓦西里奥斯·伊曼努埃尔·费纳科斯（Wassilios E. Fthenakis）教授（三个博士学位）

概述："建构自然知识"项目

今天，CD/DVD 播放机、数码相机、摄像机、电脑、互联网、电话和手机等电子媒介产品，已是绝大多数家庭中司空见惯的东西，也成为儿童日常生活的一部分。毫无疑问，这些产品是儿童生活环境的构成内容，而儿童也会将他们与此相关的兴趣、疑问与知识带到保教机构中来。

媒介科技在儿童日常生活中拥有的意义以及儿童在现代信息社会使用媒介的能力，是早期教育大纲中必须关注的一个领域。在德国，有 6 个联邦州将媒介素养设为一个单独的教育领域或一个更大教育领域下的子域，并将加强儿童的媒介素养视为早期教育领域的重要任务。其余 10 个联邦州，或是在 6 岁前的教育大纲完全不提及媒介素养，或是仅仅偶尔提及它的几个方面，但是观点零碎，不成系统，有时候甚至自相矛盾。

上述最后两种在教育大纲中反映出的基本态度，会给现实中的教育实践工作带来很大问题。那种完全将媒介素养从教育大纲中剔除的做法，无视媒介在现实中对儿童生活的意义，剥夺了儿童正常接触媒介的机会。而另一些教育大纲虽然涉及媒介素养，却将教师置于十分困难的境地——没有为教师提供任何指导性原则，使教师缺失了相应的目标和操作手段，从而无法根据儿童的需求来组织安排适合的媒介素养教育活动。

本书的出版目的

面对上述情况与时代背景，本书将作为一本指南手册，专门针对那些认为儿童使用新科技媒介是有害的主流偏见，提供一套完整的媒介素养教育理论框架。而且，它将深入浅出地指导教师如何根据儿童的兴趣、需求和综合能力来相应地实施媒介素养教育。

那些在自己现有教学计划中没有找到满意的指导原则的教师，将会在本书中为自己的教学工作找到参照依据。即使在某些地区的教育大纲中已经设有清晰的媒介素养教育计划，那里的教师也可以通过书中的内容获益，因为他们面对的任务同样是将广义的教育理念转化为实际可操作的教育活动，在这本书中，他们将发现大量具体的细节性的建议和案例启示。

《德国学前儿童媒介素养教育》为媒介领域的教育目标搭建了一个框架体系。它评估了德国现有的各种教育大纲，呈现补充了国际范围内相同类型的多种活动方案，重视并应用了当下该领域研究的最新成果。

全德国的教育工作者们可以完全放心的是，本书中的内容完全覆盖了目前德国所有文件规定的教育大纲的内容。对那些还缺乏媒介素养教育指导原则的联邦州的教师而言，这本书是对漏洞的弥补，并能为他们提供一个专业可靠的理论架构与各项操作建议。

围绕媒介而产生的诸多问题，例如如何根据年龄适宜地使用媒介，灵活利用媒介的各种学习机会，应对各种可能发生的成长危机（如过度沉迷电视），在本书中都会以真实的研究结果为基础进行讨论。在处理涉及儿童使用媒介的各种常见争议时，本书帮助教师形成个人的独立观点，并能对各种夸张渲染的表述进行冷静的分析评估。

本书还为此确立了一系列基本原则，使教育行为、教师与幼儿之间的互动有据可依。这些具有专业性的媒介素养教育通用原则，其意义与具体的贯彻方法将会在书中详细阐述。更进一步的是，教学法理论也在书中加以详细阐明，因为它对共同建构式的教育流程有着奠基般的意义。最后，书中还描述了大量具体的项目案例，它们都是与各个保教机构合作完成的课题。鉴于许多教师对该领域仍心存疑虑，这些实践案例为媒介素养教育提供了操作范本。这些案例用真实的活动记录和大量细节表明，它们可以被融入幼儿园的日常教育活动，同时符合该幼儿园的教育计划与基本理念，而一些特殊的教育方法理论可以完全保障媒介素养教育"从儿童出发，以儿童为本"。

"建构自然知识"项目的教育理念

教育理念指导教育行为，是贯穿整个教育过程和制定一切教育方案的基础。本系列丛书的编写遵循并体现了跨学科和知识领域的通用教育理念。

本教育理念贯穿了本系列书目中的数学、自然科学、技术和媒介等领域，呈现在每一个领域的每一个章节中。本教育理念以普遍的、共性的方式呈现出来，教师在应用中能够获得直观的反思经验，使之深入他们的教育思维和行为。本教育理念还指导教师获得超越领域的职业素养和教学能力，更好地组织和反思教学。

本系列丛书聚焦于数学、自然科学、媒介和技术等教育领域，贯穿于各个领域的教学组织方法都结合了元认知理论，在各分册中作了详细的介绍，也通过具体案例呈现了各个领域的实践操作。

"建构自然知识"项目概况

本系列丛书是德国电信基金会"建构自然知识"项目的成果之一。本项目遵循的目标是提高幼儿园的教学质量，帮助幼儿完成进入小学后在数学、自然科学、技术以及媒介运用能力方面的过渡。通过落实教育大纲中的这些教育领域的内容，提高学前教育的质量。在这一目标的指引下，项目的第一阶段（2006年9月—2008年8月）完成了以下3个子项目：

- 子项目1：整理数学、自然科学、技术和媒介领域的教育目标，开发能落实教育大纲的工具书。
- 子项目2：针对教学过程记录以及教学工作反馈，开发档案袋工具。
- 子项目3：搜集和整理来自教育实践的创新案例。

"建构自然知识"项目最初的核心服务对象是保教机构，也就是说项目主要针对的是幼儿园里的教育过程。让幼儿园教师接受能落实教育大纲的专业指导，是本项目最迫切的诉求。这也是"建构自然知识"项目在第一阶段的核心目标，即前几个系列开发时不能偏离的方向。

在这之后，我们开始强调，对教育进程的管理不仅仅适用于学前领域，或者通俗地说，不仅仅服务于典型的教育机构，而应在许多其他教育场所（首先是家庭）展开。这一观点在项目的第二阶段（2008年9月—2011年8月）得到着重阐释。通过向父母提供学习手册，家庭作为教育场所之一所承载的功能被进一步强化。为此，我们将第一阶段里的材料系统地应用到实践中，同时由教育从业者开发出一套专业的培训模式。也就是以下3个子项目：

- 子项目4：应用工具书与档案袋工具。
- 子项目5：建立教师培训机制。
- 子项目6：加强家庭教育。

要想了解更多关于"建构自然知识"项目的信息，请登录网站 www.natur-wissen-schaffen.de。

"建构自然知识"项目的多视角原则

对基础教育领域的出版物而言，仅仅关注知识点和专业发展动态是不够的，来自实践领域的一线教师的研究成果和经验，家庭等其他教育环境，尤其是幼儿本身都是不可忽视的关注视角。这一多视角原则将在本项目的一系列出版物中得到充分体现：除了反映专业教师的视角，也兼顾家庭和儿童的视角。

致 谢

本项目工作开展与成果的出版皆得到德国电信基金会的经济赞助才得以完成。在这里，我要正式感谢他们为提升早期儿童教育质量所作的长期努力以及投入。尤其要感谢德国电信基金会的主席克劳斯·金克尔（Klaus Kinkel）先生（博士），总经理埃克哈德·温特（Ekkehard Winter）先生（博士），以及负责具体项目的托马斯·施米特（Thomas Schmitt）先生。正是他们和许多基金会同事（在此不一一具名感谢）的贡献，使得项目得以实现。

在这里，我还要感谢本项目的顾问们，仰仗他们专业的视角和丰富的创意，本书的内容才得以完成和完善。

本书的出版，也要感谢遍布德国的 25 个试点的保教机构的员工，他们用建设性和批判性的工作态度全程参与了本项目。衷心感谢所有参与本项目的教师。特别感谢对本书内容进行审核与补充的专家们：米夏埃尔·沙顿（Michael Chartton）教授（博士），诺贝特·诺伊贝塔（Norbert Neuß）教授（博士），扎比内·埃德（Sabine Eder）老师（硕士），黑尔佳·托伊纳特（Helga Theunert）教授（博士），和卡特林·德蒙勒（Kathrin Demonler）教授（博士）。

本项目与位于慕尼黑的“国家早期教育研究所”(Staatsinstitut für Frühpädagogik，简称 IFP) 合作，其工作人员也参与了本书的编写。特别感谢负责人法宾纳·贝克－施托尔（Fabienne Becker–Stoll）女士（博士），以及工作人员埃娃·赖歇特－加沙哈梅（Eva Reichert–Garschhammer）女士和达格玛·温特哈尔特－扎尔威托（Dagmar Winterhalter–Salvatore）女士，她们都对本书提出了宝贵的专业意见。

本书中项目案例在成功实施的过程中，得到了许多合作伙伴的重要支持，尤其是位于法兰克福的“儿童网络媒体与文化教育协会”(Netzwerk Medien–und Kulturarbeit mit Kindern) 与奥克斯堡媒体站 (Medienstelle Augsburg)。特别感谢弗朗茨·格拉赫（Franz Gerlach）先生（来自儿童网络媒体与文化教育协会）与约·格拉内 (Jo Graue) 先生（来自奥克斯堡媒体站）富有建设性的合作。

《德国学前儿童媒介素养教育》分册的编辑审校工作由安妮特·施米特（Annette Schmitt）教授（博士）主持。具体参与编写者有：马里克·道特（Marike Daut）女士（硕士），安德烈亚斯·艾特尔（Andreas Eitel）先生（硕士），阿斯特里德·文德尔（Astrid Wendell）女士（博士）。玛丽昂·武尔夫（Marion Wulf）女士（博士）对本书创意贡献良多。对他们具有建设性的友好合作，致以衷心感谢。感谢卡门·武尔夫（Carmen Wulf）女士（博士）

对性别角色与媒介理论的专业意见以及安德烈娅·拜茨（Andrea Baitz）（项目助理）与达纳·普尼立普(Dana Prielipp)女士（学生助理）对本项目孜孜不倦的付出。

感谢不来梅大学及其管理部门，尤其是校长维尔弗里德·米勒（Wilfried Mueller）教授（博士），第11、第12学院以及继续教育中心为我们的交流碰头会提供了支持和场地。

最后，感谢艾因斯（EINS）出版社的合作以及提出的宝贵意见，促成了本书的最终出版面世。

1

及早开始的教育：
媒介素养教育从早期开始

1 及早开始的教育：媒介素养教育从早期开始

媒介在我们的生活中无处不在：我们从报纸、互联网、广播电视等大众传媒获取信息；电影、音乐 CD、纸质书、有声书、广播剧等媒介产品是我们文化与休闲生活的重要组成部分；我们通过电话、手机、电子邮件和互联网等媒介工具与他人保持联络；并且在大多数职业中，媒介技术是日常工作的重要组成部分。因此，在一个复杂的现代信息社会，使用媒介的能力已成为所谓的"关键核心能力"，它是个人与社会发展以及社会参与的重要前提条件。

儿童在一个"媒介环境"中长大

今天的儿童是与媒介相伴长大的，所以很早就有相关体验。大多数儿童在家看电视、听有声故事卡带与 CD，对家中的照相机、摄像机、电话与手机十分熟悉。很多儿童有玩电脑游戏、使用学习软件和上网的经验。而广告界早已将儿童锁定为目标群体，直接通过大众传媒与他们对话。因此，儿童与媒介的互动是十分积极的：他们模仿大众传媒故事中的角色，参与幻想衍生的游戏，喜欢独立使用 CD 机之类的媒介设备，在角色扮演游戏中频繁使用玩具电话、照相机和麦克风。

增强儿童独自面对"媒介环境"的能力

只有我们清楚地认识到，媒介是如何贯穿儿童的世界，儿童是如何在早期就开始积极而好奇地接触媒介，才能明白：可以尽早地在儿童保教机构中开展媒介素养教育，并将之与儿童的日常生活、相关知识进行结合。我们必须尽早增强儿童的这部分能力，帮助他们适应一个复杂的媒介环境。有些人认为要保护儿童不受"媒介"的侵蚀，甚至禁止他们使用媒介工具，这些都不是明智的选择。

与许多人的预期相反，儿童可以与各种媒介培养出一种井然有序的互动方式，并与成人一同交流、分享和反思自己的经验。总而言之，我们认为："儿童越早学会适应媒介环境并学会如何使用媒介，他们不受媒介控制的可能性也就越大。"（Eder & Roboom, 2004, S.11）

> **名词解释：媒介素养、媒介教育学、媒介素养教育**[①]
>
> 在本书中使用了这几个概念：媒介素养、媒介教育学和媒介素养教育。

[①] 媒介素养（Medienkompetenz），媒介教育学（Medienpädagogik），媒介素养教育（Medienbildung）。

由此，我们将媒介领域的目标、内容、相关方法及规则总结如下：

可以通过各种教育行为和教育活动加强的，属于媒介领域的能力，被称为**媒介素养**。

媒介教育学是为提升媒介素养而投入的各种传统及现代教育资源、方法和活动的总称。

在基础教育范围内，我们提出了**媒介素养教育**（或简称为媒介教育）这一概念，特指在媒介领域（类似于"数学"或"自然科学"领域）的特定内容范围内，为实现特定目标而进行的教育活动。

所有这类教育活动的目标及教育目的就是培养**具备媒介素养的儿童**。

（Six & Gimmler, 2007）

媒介素养教育的目标不仅仅是帮助儿童以更负责、更具批判性的方式接触媒介，同样重要的是，儿童利用媒介来构建自己的学习与生活。

媒介能帮助儿童积极主动地学习、探索与理解

当我们将教育视为一个进程来组织安排时，其目标是：儿童能主动参与，并开展具有建设性的合作交流，还能与成人一起培养思考能力，获得认知。[1] 媒介作为一种工具，可以对这一进程提供支持与帮助。例如：

- 当儿童想了解某一主题时，他们会将影片、光盘、互联网和其他媒介作为重要的**信息来源**。
- 当儿童研究、观察、探究某种事物的真实状况时，他们可以借助照相机、录音机和其他媒介工具将事实**记录**并保存。
- 通过**展示记录**（如照片、影片、录音），儿童可以与其他儿童和成人进行讨论，并为自己的整个学习过程存档。
- 此外，媒介为儿童提供了**表达想法和观点**以及与他人分享的多重可能。

教师可以尽可能地从儿童的角度出发，正面利用媒介的各项潜在优势，将它们融入以基础教育学为框架的教育实践中。这种补充与添加正是目前的教育所急需的，因为教育正面临着前所未有的方向上的迷失与彷徨不定。[2]

这一点对基础教育机构制订教学计划来说尤为重要，因为对教师而言，媒介工具极为实用，帮助很大。但同时也应该注意到，儿童能在多种场合，尤其

---

① 参见第 1.4.2 小节"对教育的理解"（第 21 页）。

② Six & Gimmler, 2007 ; Six, Frey & Gimmler, 1998.

是在家中学习使用媒介，并借助媒介学习。多媒介学习作为一种学习手段的补充，基本原则是将多种学习条件相互结合，在不同的场合和条件下，让人产生学习热情。所以，未来我们努力的方向之一就是打破教育机构在这方面的独大，重视儿童生活中可能出现的各种学习机会。

媒介素养的含义

- 媒介素养在现代信息社会中扮演着关键角色，是一种隐性的**可转化能力**。
- 媒介素养为儿童在媒介环境中指明方向，增强他们自身的能力，让他们能以负责的态度接触媒介，洞察媒介信息的目的和效果，并反思自己使用媒介的经验。
- 在主动的共同学习中，媒介工具具有重要功能，为意见和观点的表达提供了多样化的可能。

1.1 教育大纲提出了哪些要求？

在德国，基础教育阶段的教育大纲[①]属于联邦政府的政务——每一个联邦州都在近年制定了自己的教育大纲。这意味着，和其他教育领域的情况一样，不同地区的教育大纲大相径庭[②]，这一点在媒介领域尤其显著。有些州已认识到媒介在儿童生活和教育过程中的重要意义，因此将媒介作为教育的一个领域来对待；而另一些州则尚未跨出这一步，媒介在基础教育中被完全淡化；还有一部分州的情况居中，会涉及媒介的一些方面，但没有合理的教育大纲。

这种区别在整个教育体系的架构中非常显著，只有少数教育大纲划出了媒介领域。[③] 而当我们关注相关教育内容的具体实施情况时，这种区别更为明显。

[①] 在德国的不同联邦州，对"教育大纲"有不同的表述方式，如"教育计划""计划大纲""指导方针""教育原则"等。本书中统一使用"教育大纲"这一表述方法（德国教育大纲的详情，见本书第295页）。

[②] 可以通过以下网址查阅各联邦州的教育大纲：http://www.bildungsserve.de/zeigen.html？site=2027。

[③] 有关媒介素养在教育大纲中所处地位的讨论，可参见以下研究：Marci-Boehncke & Rath, 2007; Neuß, 2006; Reichert Garschhammer, 2007。

媒介素养在德国各州教育大纲中的地位

- 有 3 个联邦州将媒介作为独立的领域：拜仁州（Bayern）、黑森州（Hessen）和莱茵兰-普法尔茨州（Rheinland-Pfalz）。

- 有 4 个州将媒介作为基础教育的重要组成部分（例如"交流：语言、写作和媒介"）：柏林（Berlin）、汉堡（Hamburg）、北莱茵-威斯特法伦州（Nordrhein-Westfalen）和萨克森州（Sachsen）。

- 有 9 个州既不将媒介作为独立的领域，也不视其为其他教育领域的重要组成部分：巴登-符腾堡州（Baden-Württemberg）、勃兰登堡州（Brandenburg）、不来梅（Bremen）、梅克伦堡-前波莫瑞州（Mecklenburg-Vorpommern）、下萨克森州（Niedersachsen）、萨尔州（Saarland）、萨克森-安哈尔特州（Sachsen-Anhalt）、石勒苏益格-荷尔斯泰因州（Schleswig-Holstein）、图林根州（Thüringen）。

1.1.1　各州教育大纲的不同立场

对媒介素养在各州教育大纲中地位的不同观点，不仅反映在是否将媒介作为独立学科领域的具体做法上，在对媒介的根本态度上，各州也存在很大差异。有一项关于德国不同州教育大纲之间的对比，概括了以下三种基本立场，后两者对具体的教育实施来说存在问题：

- 第一种，支持"必须提升媒介素养"的观点。
- 第二种，"保护型教育"的观点，要求将媒介完全从低龄儿童教育中排除。
- 第三种，模糊的、矛盾的观点，既关注使用媒介的能力，又重视"保护型教育"。

致力于提升媒介素养的教育大纲

将媒介视为独立领域或其他教育领域的一个组成部分，代表了一种重视媒介素养的观点（有一个特例）。

这类能力的教育目标包括对各种媒介的积极使用和自如调配（例如作为创意表达的工具、协助学习的工具等），能对大众传媒所传播的信息和媒介自身进行批判性反思，并对刺激的媒介体验采取恰当的态度。这类教育大纲承认媒介在儿童生活、学习中的意义，因此对媒介元素教育提出了理论和建议。

上文提到的一个特例是北莱茵-威斯特法伦州的教育大纲。尽管它将媒介作为"游戏、组织、媒介"教育领域的一部分，却同时将媒介从基础教育中排除了。所以，即使媒介的标题位列于这一地区的教育大纲中，但在实际上，它未被融入基础教育体系。[1]

将媒介排斥在儿童教育之外的教育大纲

没有将媒介纳入教育领域的教育大纲，从根本上代表了基础教育中对媒介的一种抗拒态度。这种教育大纲完全摒除了儿童教育机构中对媒介的使用和儿童发展的能力。儿童接触媒介的经历虽然是无法避免的，但完全是不被期许的，甚至被定义为是间接的、有害的"二手经验"。即使被提及，也是寥寥数语（如"儿童的听力范围也包括收音机发出的声音"）。

因此，在这种媒介素养教育相对贫瘠的教育大纲中，各类相关概念、提议便没有用武之地，教师也没有相应的指导。

在某些州，和媒介相关的概念完全缺失；有些州在教育大纲中建议将日常的媒介体验作为"可加强的基本体验"在儿童保教机构中予以补充。

显而易见，这类教育大纲代表的是一种浪漫的理想——一个没有媒介干扰的童年世界，因此这类观点也被称为"保护型教育"。

保护型教育中存在的问题

保护型教育呈现出的针对媒介的态度，对责任重大的教育工作来说问题颇多：

- 它忽视了媒介对儿童学习和成长的意义，**也剥夺了媒介提供给儿童的各种教育机会**。这对家庭环境欠佳的儿童影响更甚，这类儿童日常所处的环境缺乏适当而理性接触媒介的机会。

  当我们将接触媒介的可能性从教育工作中剔除，有意识地让儿童远离媒介，便失去了让他们增强自身媒介素养的机会——他们本可以学会用积极主动又充满批判性、反思精神的态度去对待媒介。

---

[1] 北莱茵-威斯特法伦州的教育大纲中缺乏媒介素养教育方面的具体实施建议，其理论依据是认为"学龄前儿童尚无使用媒介的经验，也未受媒介影响"，而这一观点已被学界否定。

- 它误会和狭义化了对**儿童与他们的能力**的基本认识，儿童被视为是媒介的被动接受者，必须经由成人来保护。

    这种观点并**不符合当前发展心理学和媒介心理学的研究结果**。因为这些研究都表明，儿童对媒介的态度是主动的，而媒介的内容也不一定会产生负面影响——这更多地取决于儿童在自身特定的社会生活背景中如何与媒介共处。

模糊、矛盾的定位

有些州的教育大纲虽然没有将媒介摒除在教育领域之外，但缺乏系统性，将提升媒介素养与保护型教育的观点混淆在一起。这些大纲对媒介素养教育中一些重要的方面有所论述，在某方面意识到媒介在学习过程中的重要意义，但同时又在一些不相关的内容中呈现出截然相反的观点，表示媒介对儿童是不适宜的，儿童保教机构的任务就是对儿童的媒介活动控制得当。

模糊、矛盾的定位所带来的问题

教育大纲如果既偏重对媒介素养的提升，又混之以保护型的教育观点，会使教师陷入无所适从的困惑局面。

因为这类教育大纲缺少核心的理论框架，即儿童需要哪些能力才能根据自己的兴趣对媒介加以运用，同时也对自己负责。对教师而言，他们也缺乏计划和组织相应教育活动所需要的理论依据。

1.2 建立媒介素养教育的理论框架

为了帮助教育界改变以上状况，我们评估了所有涉及媒介的教育大纲，并在吸收国际上各种教育大纲与专业研究成果的基础上，建立了一个媒介素养教育的理论框架。它兼顾现有的各种教育大纲的预设目标。对许多教师而言，原有的教育大纲中关于媒介的定位或理论极为欠缺，现在终于有一个具备专业理论依据的大框架可供参考了。

创建媒介素养教育理论框架的流程

第一步，检视德国现有的教育大纲，从它们对媒介素养教育的描述中抽出关键词句，汇总在一张表中，并根据相似主题进行归类（例如"涉及媒介时表达的情绪"）。

第二步，吸收国际上各种教育大纲与专业文献资料的内容，借此提升媒介素养教育内容的广度和深度。单一的媒介素养教育目标与单项内容也可以汇总到一个共同的大框架中。

第三步，请教育界的专家与一线教师对这些内容加以鉴定和修订补充。

因此，这个媒介素养教育理论框架结合了德国教育大纲的具体内容，并以国际教育理念为补充，最终通过教育学术界和专业实践人员的判定而得以成形。

1.3 媒介素养教育的目标

存在于教育大纲中的媒介素养教育的目标可以归纳为四大类（具体参见图表1，第17页）：

A　获得使用媒介的经验与知识

媒介素养教育的目标之一，是与儿童一起发现媒介产品或技术在日常生活中的多种应用，了解它们的基本工作原理，以此帮助儿童提升使用媒介的能力，并对此有基本的认识。

B　使用媒介以满足自身需求、解决问题和进行社会交流

一个更高的目标是，在集体教育活动中，与儿童一起有意识地使用媒介产品或技术，包括作为信息来源，将媒介应用于学习交流、富有创意的表达、对话、娱乐放松及审美体验。儿童因此能培养出认真负责地自主选择媒介和实现自我愿望的能力。

C　反思并总结自己使用媒介的经历与经验

媒介素养教育的目标还包括让儿童在与同伴、教师的交往中学会表达、谈论、思考由媒介信息引发的正面或负面情绪，并由此学会反思自己与媒介的关系。

D　了解并思考媒介信息的制作方式和功能

媒介素养教育的目标也包括对媒介及其承载的信息内容进行批判性思考。根据自己的经验及与他人的交流，培养出以下认知——媒介内容是由人类创造的，亦为人类所掌控，它用特定的方式展示了世界，同时也满足了特定的目的（例如广告）。

这些目标一方面致力于培养**积极地接触媒介的能力**，其中包括媒介的技术操作、观念接纳、个人主动与创造性地使用（目标 A 和 B）。在另外两个目标中，首要任务是学习用**批判性的态度对媒介进行探讨**，不仅针对媒介承载的信息内容和媒介自身（目标 C 和 D），也针对个体自身的行为和体验。这些目标及相关活动的详细阐述参见第 4 章。

以上四类目标涵盖的领域各不相同，为了厘清媒介素养教育的目标，教师在做教学计划时，必须将它们铭记在心。但在实际工作中也会发现：这些媒介素养教育的目标彼此关联交织，因为儿童的学习是整体的，并不会随着单个的目标任务而被"割裂"。所以，媒介素养教育的核心是培养一个**具备媒介素养的儿童**，一个完整的人，也就是他既有能力积极主动地使用媒介，又能对媒介进行批判性的探讨。接触媒介时态度自然、满怀好奇，同时又带有反思精神——这两种态度并不矛盾，恰如硬币的正反面，体现了事物的两面性。

举例：媒介素养教育目标是相互交织的

如果幼儿与教师约定将自己最喜爱的有声故事带来学校，这个教育活动就涵盖了媒介素养教育的几个不同目标，包括：

- 当幼儿们一起听有声故事时，会与教师一起关注**技术上的流程**（例如：我们需要哪些东西，录音机还是 CD 机？我们要如何把磁带或 CD 放进播放器里？放在什么位置？）。

- 为了欣赏这个有声故事，幼儿们可以与教师一起布置一个的环境。**此举增加了活动的乐趣，也能培养幼儿相关的意识**（例如，布置一个舒适的角落，可能的话，增添与故事相配的装饰品等）。

- 幼儿可以**表达他们对故事的感受**（例如，通过绘画或角色扮演），教师也可以趁机制造话题，让幼儿相互交流，或与教师讨论**与此次媒介体验活动相关的情绪、对故事的个人理解及思考**。

- 有意识地组织此类有声故事欣赏活动后，可以鼓励幼儿自己创作有声故事。幼儿可以自行决定，是否使用录音机来录制自己的作品，或利用媒介工具进行**富有创造性的自我表达**。

- 为了制作出自己的有声故事，大家要认真地再听一遍这个有声故事，并一起思考：有声故事里的声音效果是如何产生的（例如用浇水壶制造雨声）。幼儿可以自己为故事制造精彩的音效。（Pohl, 2003）

在整个活动及共同的思考中，幼儿能形成这样的认知——媒介作品（完成的有声故事）是**由人构思并制作出来的**。

发现日常生活中的媒介产品或技术
例如电话

使用媒介产品或技术
例如CD机、电脑、简单的软件

获得使用媒介的经验与知识

思考自己与媒介的接触
例如思考相关娱乐方式的多种选择

了解媒介信息是由人创造的
例如意识到媒介信息是由人组织创作的

A

反思并总结自己使用媒介的经历与经验

C   具备媒介
素养的儿童   D

了解并思考媒介信息的制作方式和功能

B

表达并思考与媒介信息相关的情绪
例如由媒介信息引起的恐惧感

了解媒介信息的创作意图
例如广告

使用媒介以满足自身需求、解决问题和进行社会交流

作为交流工具
例如电脑、投影仪、对讲机

作为休闲娱乐，带来审美体验
例如有声书、音乐CD

作为创意表达的方式
例如照相机、绘图软件、录音机

作为信息来源和学习工具
例如电影、资料光盘

图 1   媒介素养教育的目标①

① 为了对媒介素养教育目标的范围有一个更好的纵览，本图示中使用的词句略有简化。

哪些媒介属于媒介素养教育的范围？

> "媒介素养涵盖所有媒介，从印刷品到广播电视、磁带、录像带、电话、随身听，还包括从计算机（离线）到互联网（在线）的各种信息交流形式。"
>
> （Baacke, 1998）

如果我们从儿童视角的体验出发，会发现基础教育阶段早就存在利用多媒体进行教育的形式，刚刚踏进校门的儿童已经拥有各种媒介体验。[1] 其中有传统的媒介产品，如电视、收音机以及 CD 机、DVD 机；有让人可以自由创作的电子产品，如照相机、带麦克风的录音机；还有具有互动交流功能的电子产品，如电话、手机和电脑，以及互联网和电子邮件。当然，纸质媒介（如书籍、各类小册子）也是儿童日常接触的媒介经验的一部分。因为在大多数的教育大纲中，语言和文字的学习载体是印刷品，所以通常来讲，媒介素养教育的重点（包括本书）就放在了电子产品上，它们是：

- 传统技术类媒介，如电视、广播、录音带、录像带等；
- 数码产品及机器，如 DVD、CD 等；
- 计算机及相关设备，如显示屏、鼠标、打印机、扫描仪、投影仪等；
- 可用于创作媒介作品的设备或技术，如摄像机、照相机、话筒、录音器材、计算机软件等；
- 互联网及各种电子资料存储设备，如电子字典、电子百科辞典、电子地图等；
- 各类软件，如学习、绘图、书写、演奏软件等，可使用它们来处理图片、声音、影像和报告材料等内容。

来自实践的声音

"所有出现在儿童生活中的事物，我们都应该在教育中予以关注。

---

[1] Theunert & Demmler, 2007；有关儿童的媒介经验，也可参见第 3.1 小节 "媒介在儿童的日常生活中扮演的角色？"（第 65 页）。

所以我们将电视、电脑视为儿童日常生活的一部分，将其纳入教育工作的范围。儿童应该在所有的教育领域，培养出接触各类事物的能力。电脑及其功能也是这类事物之一，我们注重的是，如何以适合的方式让电脑成为一件儿童可以使用的日常工具。"

（妮可·伯格曼，来自德国吕丁豪森市圣莫妮卡幼儿园）

1.4 学前教育阶段的基本教育理念

教育的基石始终是某种"哲学"——一种基本观念。教育行为的原则往往源于某个基本的教育理念。它是基本的态度，包含：人应该拥有哪些能力和潜力，通过怎样的教育过程，传递怎样的教育内容，实现怎样的教育目标。这些基本的教育理念决定了现实中具体的施教方案和教育行为。

本系列丛书同样是在统一的教育理念的指导下编写的，它贯穿了这本书的所有章节。在第 2 章中，对这些基本教育理念在媒介领域中的具体体现进行了说明。

教育理念贯穿全书

而在本书的其余章节，也进行了反复论述——从儿童发展心理学（第 3 章）到媒介素养教育的目标（第 4 章）及教学方法论（第 5 章），还通过实践案例（第 6 章）阐述了很多教育原则。

不过，首先要说明的是在每一个领域都适用的基本教育理念。这可以促使读者对自己的儿童观、教育观和教育方式进行一番反思。正是这种具有普遍适用性教育理念，指导教师既能恰当地贯彻教育大纲提出的具体要求，又不失"整体大局观"。因为教育大纲整合了不同领域的教育要求——从语言、运动到媒介的运用，还有其他的教育内容。对教师而言，要实现每一个领域的教育目标，同时又不迷失于大量看似毫无关联的单个教学活动，是一项要求甚高的任务。而一种具有总体指导意义的教育理念可以帮助教师解决这一难题，使他们既能在不同的领域贯彻教育大纲，又能把控整个教育状况。因为具有普遍性的教育理念对所有的教育领域都有指导作用，就像用一个夹子将不同的领域夹在了一起，把它们串联了起来。

学前教育阶段的基本教育理念包含以下四个维度，它们在教育的计划和实施上起着指导作用：

- 对发展的理解
- 对教育的理解
- 对儿童的理解
- 有关教育过程设计和实施的原则

1.4.1 对发展的理解

哪些因素决定了儿童的发展，对这个问题的看法极大地影响了教育者的教育行为。对于发展，通常的理解是：从一个初始起点到一个全新稳定状态之间的变化过程（Montada,2002）。

目前，关于发展有四种基本理论流派（Montada,2002）：

- 内因发展论
- 外因发展论
- 自我发展论
- 互动发展论

这些理论流派的区别在于对儿童的角色的理解，即在成长所处的外部环境中，儿童究竟是主动的角色，还是被动的角色。所以问题讨论的出发点是：儿童是自身发展的主动决定者，还是在发展过程中同时受到了内外各种因素的影响。

内因发展论：发展是自然成熟的过程

内因发展论（自然成熟论）将儿童的发展看作一个由天赋决定的过程，整个成长都是依循"既定的计划"（Montada,2002,S.6）而展开的。在这个成长和发展的过程中，环境和儿童自身都扮演着被动角色，只有在特定的敏感期，外部环境才会对"基因设定的成长程序"（Montada,2002,S.6）产生一定的影响。这样的发展观严重限制了教育发挥作用的可能性。

外因发展论：外部影响塑造发展过程

外因发展论的基本出发点是，外部影响决定了人的成长变化。特定的刺激，如奖励和惩罚，会影响人的行为举止。这类理论与行为主义一样，认为人的行为是由外界环境塑造形成的，这种观点为传统课堂教学提供了理论基础（Krapp & Weidenmann,2001）。

课堂教学的标志特征是，教和学习发生在外部环境中，由一个主动的施教者（成人）引导和控制，这样的学习环境通常是学校，施行以教师为中心的授课方式。教师的任务是以学习者能够理解的方式传授知识，而学习者（儿童）在这里的角色是被动的。学习被理解为一

个按照一定的规则进行的信息处理过程，整个过程由施教者按照一定的教学方式组织完成。

与此相反，**自我发展论**将人视为自身发展的积极组织者，会追求特定的目标，并对周围的环境产生影响。人以经验为基础进行活动，并以内省的方式对这些经验进行反思与分析，而反思的标准是已有的经验与知识。这种观点为个体建构（自学）提供了理论基础，将儿童看作是发展过程中主动的自我建构者。同时，外部环境在这个发展过程中以被动的方式起作用。

自我发展论：人是自身发展的主动组织者

而**互动发展论**将学习者和其所处的外部环境都看作发展过程中的主动方。不论是学习者，还是其所在的外部的社会和文化环境，都是既建构自我又彼此施加影响，发展的过程也就是人与环境不断地互相影响的过程。无论是人还是环境，在这个过程中都在发生变化，而其变化又对发展过程不断产生新的影响。互动发展论为共同建构式的学习提供了理论基础，认为教师和儿童共同决定了学习和发展的过程。

互动发展论：人和环境共同主动作用于发展

纵览：发展理论流派的不同基本观点		
	环境是主动的	环境是被动的
儿童是主动的	互动发展论：共同建构	自我发展论：个体建构（自学）
儿童是被动的	外因发展论：（合作的）传授式教学	内因发展论：自然成熟

(Montada, 2002)

1.4.2 对教育的理解

教育服务于人的发展且促进人的发展。人的一生都在持续不断地学习，因此教育也是一种伴随终身的过程，即终身学习。这就意味着，即使是成人也在不断改进他们已有的知识结构，拓展他们对世界的理解、建构新的意义。同样，儿童对世界的认知也是持续性变化的。但是，究竟是哪些因素决定了我们赋予某些事实以何种意义，或者对某些事实形成何种理解呢？

思考：对你而言，教育意味着什么？
• 儿童如何获得对世界的认知，如何获得对某一事物的认知？
• 对你而言，基础教育（包括学前阶段）的教育目标是什么？
• 根据你个人对教育的理解，教育应该产生什么样的结果？

建构主义视角下的学习和发展过程

建构主义理论将儿童看作知识的主动构建者。建构的过程受其个体经历、先前的固有知识影响。这一学说认为，不能把儿童的学习简单地理解为传递"已完成的"知识；儿童对知识的建构和对一种确定事实的理解，最初直接与他对这个世界的感知相关，而人的感知又取决于他的已有知识和经验。尽管同一件事情的"外在刺激"是固定的，不同的个体获得的主观感受也是不同的。人的感知的过程是一种主观活动，而不是一件独立于个人感受之外会产生相同结果的客观事件。它并不是像用照相机捕捉环境那样的成像系统，而是一个由个人经验和知识决定的建构过程，人在这个过程中以他的内在标准为基础建构起整体经验（Gisbert，2004；Lindemann，2006）。

社会建构主义视角下的学习和发展过程

社会建构主义理论是编写本系列丛书的理论基础，也是本分册的理论基础。根据这一理论，人与社会的互动被认为是个人获得知识和建构意义的关键（Gisbert，2004）。

社会建构主义：人类以群体的方式共同获得知识、理念和世界观

社会建构主义将学习和教育被视为一种社会行为，其中，教与学的双方都是积极主动的参与者。根据这一认识基础，"知识"和"意义"是在一个社会活动的过程中逐步形成并确定的。在这个过程中，个体的原有知识和经验很重要，但也被深深打上了所处社会和文化观念的烙印。因此，一个人对世界的理解和获得的知识来自人与人之间的交流、观点交换，并总是受到某种社会文化背景的影响（Laucken，1998）。

下文中来自非洲农夫们的分类案例，可以清楚表明个体知识和意义的建构与其所处的社会文化背景有着怎样的紧密联系。

案例：社会背景下的意义建构

来自非洲克佩勒（Kpelle）某部落的农夫们参加了一次心理测试，测试要求参与者将看到的物品以合理的方式进行分类。实验为参与者提供了一系列食材（如橙子、马铃薯）和工具（如刀、锄头）。

测试结果显示，大部分来自非洲的参与者反复按照物品之间的功能关系做了分类：将橙子和刀分在一组，因为吃橙子需要用到刀；而将马铃薯则和锄头分在一组，因为用锄头才能从地里挖出马铃薯。与此形成对比的是，来自西方国家的参与者都是按照物品的抽象概念进行分类，将食品（橙子和马铃薯）和工具（刀和锄头）区分开来。

而当测试人员请参与者假设一个傻瓜会如何分类这些物品时，非洲农夫们立刻根据食材与工具的组别进行了归类。　　　　（Miller, 1993）

社会和文化背景对儿童的学习和发展至关重要。儿童在某一社会文化环境中，通过与富有社会经验的成人互动来掌握"社会文化工具"——语言、文字、数字和重要的社会习俗等。成人帮助儿童感性地参与到这个过程中，学习使用这些"工具"。例如，成人与儿童共读图画书，或者在做蛋糕的时候称量面粉。在社会活动中，成人潜移默化地传递着社会默认的价值观和风俗习惯，这些都会影响教育过程，也对儿童的学习和发展过程（Fthenakis,2004）产生影响。

苏联心理学家维果茨基（Wygotsky，1896–1934）以他的社会文化理论成为发展心理学的先驱。按照他的理论，社会和文化因素影响着儿童的学习，并对其发展起着决定性的作用。学习的前提条件是儿童与其伙伴的社会互动和对社会活动的参与。按照维果茨基的理论，人类所有的典型和高级的思维活动都来源于社会和文化背景。社会和文化背景是发展的组成部分，也是促进发展的媒介。要理解和帮助一个儿童个体的发展，就需要充分关注其所属的社会和文化环境的结构（Bondrova & Leong,2007；Gisbert,2004；Miller,1993）。只有了解一个儿童的社会文化背景，教师才能够为其提供个性化的社会互动。

维果茨基的社会文化理论

对儿童来说，他对世界的认识和他累积的知识都是他与其他人互动的结果。儿童在与其他人讨论和交换想法的过程中形成自己对世界的认知、意义的匹配与对事物概念的理解。因此，人们在共同的活动过程中一起建构和确定对世界的认知以及对事物概念的理解。认知世界和获得知识产生于人与社

会互相影响的过程，这就是社会建构主义理论的观点。根据该理论，预设的学习成果不能作为学习的目标（Fthenakis,2004；Gisbert,2004）。

共同建构的学习方法

由此，儿童的学习并不是将现有的、已成"定稿"的知识原封不动地进行传递的过程，而是成人与儿童共同参与、积极合作和交流的过程，在这个过程中，人们共同建构意义，发展新的能力。这种学习策略被称为共同建构，教育被认为是个体之间经由社会互动所形成的结果。这种社会化的互动过程在儿童的行为中表现得非常显著，儿童从出生开始就处在社会关系中，这些关系刺激着儿童学习，并为学习提供条件和可能（Fthenakis，2004）。

以语言学习为例

儿童习得语言的现象可以很好地证明：教育是个社会性过程。儿童学习语言的时候，善解人意的社交伙伴能够理解其（不完整的）语言表达，赋予其意义，积极地回应和肯定儿童。例如，当孩子发出单个音节时，妈妈会帮忙翻译："哦，你是想要球对吗？"然后把球递给孩子（Bruner，Herrmann & Aeschbacher，2002）。同理，其他领域的知识也是在特定的文化历史背景中逐步积累而成的，如数字的学习。在学习这些受到社会和文化背景影响的知识时，儿童的学习成效通常需要依靠互动伙伴的具体支持才能实现（Stern，2004）。

在媒介素养教育中实施共同建构的教育原则

在媒介素养教育中，共同建构是一条贯穿始终的教育原则，具体内容会在本书第2章中详细阐述。同时，在第5章中也将通过实践案例再次说明。

对教育工作的影响

如果我们认同意义和知识的建构是在社会互动的过程中实现的，就会对教育工作产生如下影响：教育活动应该发生在一个充满爱、具有启发性的学习环境中，这为有效的、共同建构的互动和学习过程提供了基本条件。其中的重点是，为儿童创建一个具有启发性、鼓励交流的环境，让儿童在其中感到安全和包容，愿意与他人交流。最理想的状态是，儿童也能参与设计自己的学习环境。而如下表所示的个体建构模式，听任儿童通过自学实现教育，显然是不够的。

共同建构与个体建构的区别

个体建构（自学）		共同建构（合作）
建构主义视角认为：所有的知识都是由儿童通过其自身的认知能力建构的。	学习和发展是如何发生的？	社会建构主义视角认为：学习和发展在社会互动中实现。
认为教育不依赖于社会文化和历史背景。	教育与社会文化的关系如何？	认为社会文化背景对儿童的教育有着决定性的影响，教育过程必须充分考虑其所处的社会文化背景，并成为其中的一部分。
"成人必须接受和包容儿童在与外部世界的互动中显示出的独特性，为其能够在环境中获得最大可能性的发展提供支持。"（Schäfer, 2001）→教育重点在于，如何创建一个激发儿童自主学习的环境。	教育应产生怎样的结果？	从儿童出生起，核心问题就是儿童与成人之间，或者儿童与他人之间的合理、有效的互动方式。→教育重点在于，如何设置互动模式，有效促进儿童自身和其能力的发展。

(Gisbert, 2004)

　　对儿童的发展而言，教育者和儿童之间的互动方式起着决定性的作用。研究显示，教育者与儿童之间的互动质量对儿童社会能力的提升尤为重要（Sylva 等，2004）。

　　对儿童的发展起着重要支持作用的另一个因素，是来自共同思考过程的激励。共同思考过程的关键在于，两名或者若干名成员共同形成某一思维路径，以解决问题或者探寻意义。重要的是，思考的双方——教师和儿童，或者儿童

共同思考过程的激励

和儿童——在共同思考的过程中积极参与，形成、表达或者拓展自己对某一问题的理解。在共同建构意义和价值观的过程中，儿童的兴趣和问题是行为的出发点。研究证明，在学习效果显著的儿童教育机构中，有一半活动是由儿童发起的，既包含一定的智力挑战，又得到教师的接受和陪伴，并激发出共同思考的过程（Sylva 等，2004）。

共同建构的学习过程的特征

知识和意义是在一个社会性过程中共同建构的，儿童和他的外部环境（教师与其他儿童）都是这一过程的积极参与者。这个过程具有以下特征：

- 探究事物的意义，这最重要的
- 了解不同的观点
- 与他人共同解决问题
- 扩展自身的理解程度
- 形成自己的观点，积极表达，并与其他人交流和讨论

尊重儿童的想法和兴趣

在共同建构原则下，对教育工作者提出了以下要求：不要试图独自去掌控儿童的整个学习过程，要对儿童的想法和兴趣给予足够的尊重和接纳；教师自身也应充满好奇地参与儿童的学习过程，留出足够的时间陪伴儿童，让他们表达自己的理解和想法；不过早干预，耐心等待儿童主动寻求帮助，积极倾听，这些都是共同建构的学习过程的关键点（Mülders 等，2007）。

共同建构的不同水平

教师的介入要符合儿童的发展水平和实际需求。在教育学中，教师的干预行为被划分为三个等级，这一划分标准也同样适用于共同建构的学习过程：最底层的介入是指儿童之间的共同建构，例如儿童在共同的游戏中获得知识和形成表征符号体系；中等的干预由教师发起，例如在和儿童共同游戏的过程中丰富游戏内容，扩展儿童的认知范畴；最高层的干预是由教师和儿童共同完成的，即教师和儿童之间是亲密的合作伙伴关系，这种共同建构的学习过程能满足儿童特殊的、个性化的学习需求（Kuyk，2003）。

因此，教师和儿童之间的关系，对共同建构的学习过程的效果起着非常重要的作用。[1]

教育愿景、基础素养与教育领域 [2]

在儿童的学习和发展过程中实施的具体方式方法与教育愿景紧密相关，教育

---

[1] 关于共同建构学习过程的评判标准，参见第 1.4.4（1）节"有关教育过程设计和实施的原则"（第 33 页）。

[2] 详细介绍参见：巴伐利亚州劳动和社会事务、家庭和妇女部（Bayerisches Staatsministerium für Arbeit und Sozialordnung, Familie und Frauen）以及国家早期教育研究所（Staatsinstitut für Frühpädagogik），2007; 黑森州社会事务部和黑森州文化部（Hessisches Sozialministerium und Hessisches Kultusministerium），2007。

愿景描述了教师和儿童共同参与的教育行为的长远目标，主要包含以下五个维度：

- 身体强壮的儿童
- 具有语言交流和数字媒介素养的儿童
- 具有创造力、想象力和艺术爱好的儿童
- 乐于学习、探究和发现的儿童
- 有责任心，根据正确的价值取向行事的儿童

以上的教育愿景要通过相应的教育领域得以实现。[①] 例如，与"具有语言交流和数字媒介素养的儿童"的教育愿景对应的主要是早期媒介素养教育和语言、读写领域的教育；而数学、自然科学和技术教育则与"乐于学习、探究和发现的儿童"的教育愿景关联。

基于以上对教育的理解，除了与教育领域相联系的各种更具体的教育目标（参见第4章），还有培养四种基础素养的目标要求。这四种基础素养都指向一定的范畴，包含若干更具体的能力。对于基础素养，人们将其理解为"某些个性特征……它们使儿童能彼此融合，或使儿童融入成人世界，还使儿童能分析身边的一切事物"[②]。通过加强儿童的这些基础素养，教育愿景的五个维度就能得以实现。加强基础素养属于教育的主要目标，无论在哪一个具体的教育领域，都必须顾及到这一目标。四种基础素养的范畴指向如下：

（1）个体素养

- 自我认知的能力，如自我价值认同和积极的自我意识
- 自我激励的能力
- 情绪管理的能力
- 认知能力
- 身体机能

[①]　教育愿景、基础素养与教育领域之间的对应关系，详见第28页的表格。

[②]　详细介绍参见：巴伐利亚州劳动和社会事务、家庭和妇女部以及国家早期教育研究所，2007；黑森州社会事务部和黑森州文化部，2007。

（2）社会素养

- 社会交往的能力
- 形成价值观与自我价值导向的能力
- 承担责任的能力与意愿
- 民主参与的能力与意愿

（3）掌握学习方法的素养（学会如何学习）

（4）应对变化与挫折的素养

关于"掌握学习方法的素养"与"应对变化与挫折的素养"，由"个体素养"与"社会素养"组合提炼而成。

个体素养与社会素养

通过提高**个体素养**与**社会素养**，儿童可以实现自我组织，并了解自己的优缺点，从而形成健康的自我认知和评价。所以，一方面，应该为儿童留出尽可能多的自由发展空间；另一方面，应该为儿童创造机会，使他们在处理事务的同时体验社会责任。这就意味着，儿童要思考自身的行为给自己及他人带来的后果，并就此调整自己的行动计划。

教育愿景、基础素养与教育领域三者之间的关系

教育愿景 ◄—————— 通过提高基础素养，实现教育愿景 —————► **基础素养**

教育愿景

- 身体强壮的儿童
- 具有语言交流和数字媒介素养的儿童
- 具有创造力、想象力和艺术爱好的儿童
- 乐于学习、探究和发现的儿童
- 有责任心，根据正确的价值取向行事的儿童

基础素养

（1）个体素养
（2）社会素养
（3）掌握学习方法的素养（学会如何学习）
（4）应对变化与挫折的素养

教育领域

- 教育领域可与不同的教育愿景组合，以便在相应的领域中实现教育愿景
- 在各个教育领域内实现的具体教育目标，始终与提高基础素养息息相关

就掌握学习方法的素养而言，主要包括学会如何学习，以及加强获取知识的能力。为实现这一目标，可以在学习过程中利用集体或个人形式进行自我认知及自我调控。人类的知识不断发展、变化，基于这样的事实，人不可能在某一段时间就习得未来需要的所有知识。为了实现终身学习，绝对不能疏忽对学习能力的培养。必须帮助儿童建立对自我学习的理解，包括加强自我反思及掌握适当的学习策略，以便于掌握及调控自己的学习行为。本书第5章会进一步介绍这一内容，并探讨教育实践中的可能形式。

掌握学习方法的素养

借助元认知来掌握学习方法

对于**元认知**（Metakognition），我们通常理解为对思考行为本身的思考。在这个过程中，个人的认知过程成为自我反思及调控的对象。能主动意识到这样的认知过程，即为实现元认知的基本特征。

元认知包括两个方面：

- 了解自我认知过程的存在
- 掌握并调控这些认知过程

如果具有**掌握学习方法**的素养，就能选择应对各种问题与挑战的学习方式及解决方法（学习策略），也就能用最佳方式进行学习及解决问题。而具有该素养的前提是具有元认知的能力。

核心的教育问题是：

- 如何促使儿童进行自我反思？
- 如何帮助儿童加强掌握学习方法的素养，使得学习过程更高效？

（Gisbert, 2004; Hasselhorn, 2006）

> **在媒介素养教育中，提升掌握学习方法的能力**
>
> 在媒介素养教育中，教师与儿童可以将媒介用于学习过程的讨论和反思环节，使用媒介来记录、发表、比较不同的学习方法和学习成果。通过这种方式，在提升学习方法上，媒介充分发挥了作用。更详细的阐述参见第 2.3 小节"借助媒介，提升掌握学习方法的能力"（第 55 页）。

应对变化和困难　　在提高**应对变化与挫折的素养**方面，心理应挫研究的成果是出发点，其主要研究内容为儿童面对困难如何健康、积极地成长（Wustmann，2007）。包括以下问题：如果儿童面临特别的压力，为了保证心理健康与稳定，他们应具备哪些条件？事实证明，心理应挫（心理抗压能力）并非天生，也并非一成不变，而是取决于儿童的个人及社会条件。个人条件包含解决问题的能力、较高的自我价值感或较高的社会交往能力；社会条件则包括与某人可靠而稳定的关系，也包括开放的、互相尊重与支持的氛围。如果儿童拥有以上条件，就能以适当的方式成功应对变化与压力。教育的目的也正在于此，即加强儿童的能力与素养，使其能够建设性地应对变化与挫折。如果要培养这样的素养，儿童与教育者及儿童与家长之间的关系尤为重要。

> **总结：对教育的理解**
>
> - 教育表现为社会交往过程，而且伴随终身。
>   - → 教育是互动、交流与合作的过程。
>   - → 在教育过程中，儿童与教师之间，以及儿童彼此之间的互动关系尤为重要。
> - 教育服务于儿童的发展，并最终促进其发展。
> - 基于原有的经验，同时与伙伴互动、交流，儿童通过这种方式建构他们的知识，理解事物的意义。
>   - → 不对儿童传授"现成的"知识。
> - 儿童与成人都要积极参与教育过程。
> - 教育过程发生于具体的社会文化环境中，受其制约并依附于它。
> - 更高层次的教育目标针对基础素养的培养与加强。
>   - → 这包括教育儿童做出负责任的行为：无论是对自己、他人，还是对身边的环境（教育是为了可持续发展）。

以上对教育概念的描述与可持续发展的理念（Stoltenberg，2007）一致，认为教育是实际知识、价值导向与能力建构的综合体。能力建构是以价值为导向的行为能力。可持续发展的教育观点认为，要加强儿童的能力与提高儿童的认识，以便为后世维持一个适宜生活的世界。

1.4.3　对儿童的理解

不管有无表达出来，任何教育理念或教育行为都拥有的基础就是某种特定的儿童观，即对儿童的理解。如何制定教育策略、组织实施教育行为，都取决于其遵循的儿童观。

> **思考：你如何描述你的"儿童观"？**
>
> - 你认为儿童从出生起就具有哪些能力？
> - 儿童拥有哪些权利？
> - 在教育过程中，儿童应该被摆在怎样的位置？
> - 儿童如何参与教育的组织过程？

本书编写团队认为儿童期是人生中的一个独特阶段，个体的精神、身体和心理在儿童期飞速发展，因此它对个体有着特别重要的意义（Kluge，2006）。根据以往对婴幼儿的研究可以确定，儿童自出生起就拥有一定的能力，他们的能力覆盖多个方面，一旦呱呱坠地，就开始探索身边的世界（Dornes，1993）。 *拥有一定能力的儿童*

如前所述，儿童自出生起就与身边的人互动。他们需要与他人建立某种关系，并与他人交流信息。通过与相关人员及身边的世界交流与互动，儿童将自己的个性与能力展现在众人面前。因此，儿童自身在自己的学习与发展过程中起很大作用。在社会交往与教育行为的互动中，儿童被视为平等的伙伴，积极主动地共同参与建构知识，并与身边的社会环境保持交流。 *社会性的儿童*

这种主动参与符合儿童的某些需要，包括体验自己的能 *积极、主动的儿童*
力及其成果、自我管理与决策的需求，也包括融入社会环境的需求（Deci & Ryan，1993）。也就是说，儿童表现出强烈的倾向，希望在某个社会环境中感觉到与他人融为一体，希望在这个环境中发挥主动作用，还希望感觉到自己拥有决策的能力。在这一过程中，儿童高度主动并保持着足够的新鲜感。[1]

这种对儿童的理解与经典建构主义视野——皮亚杰（Piaget）对儿童的构想——大相径庭。皮亚杰更倾向于以一种保守的眼光看待儿童，他认为 2 ～ 7 岁（前运算思维阶段）儿童的认知能力是有限的，这个年龄段的儿童还没有能力从事一定的精神活动。他们的思维还强烈地受制于对具体事物的观察，很难转换视角、从他人的角度思考问题，也难以在头脑中预先演练一种行为或对已发生的行为进行反思。[2]

许多研究对皮亚杰的一些基本观点提出了质疑（Gisbert, 2004）。研究显示，儿童很早就具有认知能力和洞察力，比皮亚杰认定的年龄要提早许多。在一些研究项目中，对皮亚杰当初设计的任务稍加改动，小小的变化带来了截然不同的结果——如果布置的任务是生活中熟悉的，或对他们的记忆力要求较低，或与他们的已有经验相关，儿童会显示出比皮亚杰所认为的更成熟的思维能力，而这种能力在皮亚杰看来，只有更年长的儿童才能达到。

以此为出发点，本书编写团队的教育观念是将儿童视作充满能力的人，愿意积极参与周围环境中的活动，并通过这种方式参与设计他们自己的学习与发展过程。

个性化的儿童　　每个儿童都因为独特的个性而与众不同，都通过个人的方式建构对世界的理解，并赋予事物以特定的含义。在互动的同时，教育者可以因人而异地创造

个性化的教育过程，以此来适应每一个儿童。儿童的表达形式各有不同，富有创造力。因此，每个儿童的发展都是一个完整的、个性化的过程。为尊重这一事实，建议将每个儿童的发展都视为独特的过程，同时关注儿童的每个发展阶段。[3]

儿童拥有特定的权利，这些权利应得到尊重，包括联合国《儿童权利公约》规定的儿童有获得条件允许范围内最好的教育的权利。[4] 这些权利使儿童能充分发展自己的个性、天赋以及社交能力。就这点而言，儿童有权制定自己的学习和发展过程发表意见，而要实现这点，需要加强他们的自我管理能力及社会责任感。此外，儿童的权利还包括获得情感上的关注和信任。[5]

① 巴伐利亚州劳动和社会事务、家庭和妇女部以及国家早期教育研究所，2007; Deci Ryan, 1993; Krieg, 2004。
② 相关综述参见 Sodian, 2005, 2008。
③ 巴伐利亚州劳动和社会事务、家庭和妇女部以及国家早期教育研究所，2007; Stenger, 2001。
④ 联邦妇女和青年部（波恩），1993; Nutbrown, 2004。
⑤ 巴伐利亚州劳动和社会事务、家庭和妇女部以及国家早期教育研究所，2007; Krieg, 2004。

正如卡尔·罗杰斯（Carl Rogers,1902-1987）所提出的，应无条件地接纳和赞赏儿童，用爱来满足儿童（Schwarzer & Posse,1986）。

总结：对儿童的理解

- 儿童拥有多方面的能力。
- 儿童有与他人建立某种关系、与他人交流的需要。
- 儿童主动参与受教育过程。在获得知识方面，儿童是积极主动的共同建构者。
- 儿童有好奇心，有学习的愿望，希望了解和研究身边的世界。
- 每个儿童都因为独特的个性而不同。
- 每个儿童的发展都是一个完整的、个性化的过程，不宜将儿童互相比较。
- 儿童拥有各种权利，包括：
  - 一出生就获得条件允许的最高层次的教育；
  - 发展自己的个性；
  - 对如何制定自己的学习过程发表意见；
  - 获得情感上的关注与认知上的激励。

1.4.4 有关教育过程设计和实施的原则

为了实现高质量的教育，并满足儿童的需求，在设计与实施教育工作时应遵循下列基本原则，它们都是根据前文中对儿童和教育的理解而产生的。

思考：在你的教育工作中，你会遵循哪些原则

- 您会依据哪些原则来设计和实施教育工作？
- 在开展教育工作时，你应用了哪些儿童观的结论？
- 你个人对教育的理解会对设计和实施教育工作产生哪些影响？

（1）在教育者与儿童之间建立关系

对幼儿园教育而言，教师与儿童之间的关系是基础。教师必须对儿童保持敏锐的关注(有同理心和支持的态度)，并始终予以积极回应(主动与儿童互动)。

从教师的角度来看，必须高度重视师幼关系。这意味着要为儿童的成长与学习创造一个合理范围内的亲密关系。儿童需要一个充满安全感和关切感的环境。师幼之间以及同伴之间关系的质量对儿童在幼儿园里的体验以及教育质量至关重要。（Fthenakis,2003,2007；Hoenisch & Niggemeyer,2003）

关于师幼互动重要性的部分研究结果

高质量的学前教育的关键特征表现在师幼互动中（Howes & Galinsky, 1995）。以往的国际研究的结果证明，师幼互动的程度与幼儿个人发展之间存在显著的相关性（Goelman & Pence, 1988; Lamb 等, 1988; McCartney, 1984）：

- 师幼之间建立恰当的语言互动是促进幼儿个人发展的重要因素（McCartney 等, 1982）。
- 如果师幼间的语言互动情感充沛、信息丰富，会促进幼儿语言及认知能力的发展（McCartney 等, 1982）。
- 如果教师积极投入而又体贴入微，会更好地促进幼儿的探索行为，并促使其发展与同龄幼儿之间的关系。（Anderson 等, 1981）
- 大量的语言激励、信息量与幼儿语言能力的发展（McCartney, 1984; Rubenstein & Howes, 1983）及社交能力发展之间，存在一定的关联（Golden 等, 1978; Phillips, McCartney & Scarr, 1987）。

  如果师幼之间的沟通有限，幼儿就不会很主动地去探索身边的世界，而是花更多的时间无目的地闲逛（Lamb 等, 1988）。这些幼儿的游戏水平与个人语言发展水平都相对较低（Whitebook, Howes Phillips, 1990）。

- 如果面对的教师体贴入微而又回应积极，幼儿就很有可能与教师建立起稳定的联系（Galinsky 等, 1994; Helburn, 1995）。这一结论非常重要，因为幼儿只有在安全、充满爱的环境中才能开展学习（Howes & Galinsky, 1995）。

- 如果身在幼儿园，又面对体贴入微、反应迅速的教师，幼儿就更容易探究身边的世界，而这又会提高他们的学习能力。在与同龄幼儿的交往中，他们会表现出更为积极的行为方式（Anderson 等, 1981; Whitebook 等, 1990）、更强的社交能力（Holloway & Reichhart-Erikson, 1988; Whitebook 等, 1990）及更高水平的语言或认知能力（Carew, 1980; Helburn, 1995）。以上结论不仅适用于教育机构，也同样适用于家庭教育。

（2）接纳并欣赏儿童

应不加任何附带条件地尊重和认可儿童，接纳儿童的实际状况。这包括用充满同理心的尊重态度来对待儿童，绝不允许以轻蔑的态度让儿童感到羞愧或限制他们自己的想法。每个儿童都有权利得到肯定与认可，无论他自身的条件与特点如何（Preissing, 2003; Schwarzer & Posse, 1986）。

在媒介素养教育中，接纳并欣赏儿童

　　一件令很多教育工作者头痛的事是，如何恰当地处理儿童对大众传媒的一些偏好，因为儿童喜爱的节目与在大众传媒上出现的偶像往往和教师的期许天差地别。

　　但对教育工作而言，以一种开放的态度来对待儿童（及其家庭）的媒介使用习惯是十分重要的。因为如果儿童发觉自己喜爱的媒介内容是被轻视的、否定的，就很容易导致他们对此三缄其口，而这样便无法在儿童身上培养出负责任的态度。

　　如果想与儿童展开讨论或进行反思性的对话，创设一个相互信任、包容的环境是必需的。儿童只有在这样的前提条件下，才能毫无顾忌地畅所欲言。

（3）调动儿童所有感官、情感与智力因素学习

　　儿童的学习不宜分割成若干各自独立的部分。儿童是作为一个整体的人学习并发展的。在规划和组织教育活动时，应充分调动儿童的感官、情感与智力因素，以支持儿童的整体性发展。①

（4）支持儿童跨领域学习

　　从教师的角度出发，一方面要鼓励儿童以各种形式学习，调动儿童的所有感官（视觉、听觉、触觉、嗅觉、味觉）去领会和吸收学习内容；另一方面，要为儿童创造条件，实现跨领域学习。关于跨领域学习，首先意味着接触不同

①　巴伐利亚州劳动和社会事务、家庭和妇女部以及国家儿童教育研究所，2007；Veidt, 1997; Zitzelsperger, 1989。

的教育领域（例如自然科学、数学、语言与运动），同时也意味着学习的主题要最大限度地体现领域之间的融合。这样，儿童就可以在各个教育领域都有所学习，提高各项基础素养，也实现整体性的全面发展。[①]

从两个层面理解"整体性"

- **使儿童借助所有感官、情感及智力因素来学习**
  即儿童作为"完整的"人进行学习。
  →此处的"整体性"指的是儿童全面发展的整体性（从儿童的角度来看）。

- **使儿童跨领域接触事物，并从不同角度研究同一个主题**
  即将主题放在一个更大的关联范围内考虑，同时加强儿童的综合能力（基础素养及与具体领域相关的能力）。
  →此处的"整体性"指的是整个教育活动规划的整体性（从教师的角度来看）。

本书所提及的"整体性"概念包含了以上两个层面，或指儿童借助所有感官、情感及智力因素进行学习，或指给儿童创造跨领域地接触事物、将多领域整合在同一主题下进行学习的机会。

（5）规划和组织个性化的教育过程

为满足每个儿童的需求，规划和组织教育过程时要体现因人而异（个性化）的原则，因为儿童有各自不同的学习方法，达成目标的路径也各不相同。在规划教育活动时，既要以各个儿童的优势与兴趣为出发点，又要遵循因人而异的原则。即教师要针对儿童的特点组织教育活动，尽可能照顾到每一个人，关注儿童在学习内容、学习水平、学习目标、学习时间及使用材料上的差异。

在媒介素养教育中，实施个性化的教育

与所有领域一样，媒介素养教育中的教育内容也应根据不同儿童的兴趣、能力和目标而灵活制定。从这一基本原则出发，媒介因其自身独特的特质使它的学习过程十分个性化。

媒介的互动潜力
利用媒介进行互动，例如电脑游戏和学习软件、主题教学光盘、数

---

① 巴伐利亚州劳动和社会事务、家庭和妇女部以及国家早期教育研究所，2007。

字化图书，都为儿童提供了自主规划学习过程的特殊机会。

- 在使用某个知识主题的互动型游戏或软件时，儿童可以随心所欲地反复练习，即每个儿童可以根据自己的速度来学习。
- 通常情况下，也可以根据儿童的能力来选择难易程度。
- 当儿童对某个主题特别感兴趣时，设计精良的学习软件会带来额外的附加信息或游戏（例如关于某种动物的一部电影、一个新的拼图游戏或一个图文故事）。
- 兴趣不在此的儿童只要掌握了基本知识，在其他主题上深入研究一样可行。

通过这种方式，互动型媒介不仅使学习过程更加个性化，也使儿童的学习方式变得更灵活。因为儿童可以自主决定对某一主题学习的深浅详略程度，所以他同时也会反思自己的学习状况，包括："我对这个主题了解多少？""我对什么最感兴趣？""我还想了解什么？"

教师对儿童的帮助与指导，可以根据每个儿童的具体学习情况和个人需求而进行调整，因此，能更好地处理儿童的个体差异，儿童在成长过程中也能得到最恰如其分的帮助。

项目教学法是使教育过程变得更个性化的一种教育方法（参见第5章），它会对教育过程进行个性化设计，使之与儿童的发展水平相适宜。实施个性化教育具有因材施教的鲜明特征，能支持儿童进入下一个发展阶段。为其提供挑战，帮助儿童在共同建构的过程中实现个人的学习与发展。其目的在于尊重并适应每个儿童的个性，与他们不断变化的学习与发展步调保持一致。[1]

---

[1]　巴伐利亚州劳动和社会事务、家庭和妇女部以及国家儿童教育研究所，2007；Grolund & Engel 2001；青年部和文化部，2004；美国幼儿教育协会（NAEYC），1997。

针对有特殊需求的儿童，媒介具有独特价值

媒介拓展了儿童表达自我、了解世界、与他人沟通的可能性，对有特殊需求的儿童来说，尤为明显。媒介科技能够在一些特殊情况下帮助儿童克服生理上的障碍（Siraj-Blatchford & Siraj-Blatchford,2007）：

- 对有行动障碍的儿童而言，在玩电脑游戏时，他们可以拥有逼真的角色体验，感觉自己行动自如。
- 对有视力障碍的儿童而言，显示屏技术可以成倍放大图像，弥补他们视觉上的缺憾。
- 许多实践表明，难以长时间集中注意力的儿童，会受到电脑及其即时反馈效果的激励，培养出较大的耐心。（Neuß, 2003a, Siraj-Blatchford & Siraj-Blatchford,2007）

对有生理缺陷的儿童而言，媒介科技提供了种种可能，让他们更好地去了解、感知身边的世界。所以教师要注意，让这类儿童在一个安全的环境中（如有足够空间的地板上）便捷地接触各种有趣的媒介产品或技术，并能独立而有创意地使用它们。

实施个性化教育的若干重要点

- 教育活动要根据单个儿童或一群儿童的兴趣和需要进行安排。
- 在规划儿童的个人学习和发展计划时，要考虑到其先天的禀赋和特有的能力。
  - 因此要对每个儿童做观察和记录，这些资料很能反映出儿童的兴趣、学习方式和需求。
- 某些领域的教育目标只是一种指导方向，并不是固定的标准。
- 鼓励儿童积极参与教育过程的规划设计，例如一起合作完成一个学习项目。

（6）利用个体差异，尊重多样性

个体差异（不同）被视为与生俱来的，通过普通的个人经历得以展现。个体差异既指个体的具体不同，例如儿童的个体发展速度不同，也指因不同出身或不同宗教信仰而导致的文化多样性。这些个体差异应得到人们的认可与尊重，并被用于彼此之间的交流中。

个体差异丰富了群体，可以被用于创造多样化的学习机会。这些差异来自于群体内部的年龄差异、性别差异、文化与社会背景差异以及儿童的特殊需求，例如发展较快的儿童的需求及发展较为迟缓的儿童的需求。[①] 人们有必要对这些差异进行反思。

除此之外，有必要让儿童意识到不同人的思考方式、解决问题的方法以及行为模式都是不同的。因此可以得出这样的结论：个体差异是一种扩展和延伸，人人可以从中受益，并将其作为共同建构学习的一个出发点，善加利用。

在媒介素养教育中，利用多样性

媒介为人们表达、分享不同观点提供了多种多样的可能。儿童可以通过照片、电影、拼贴画来表达自己的独特视角，并与他人交流分享。当他们谈论、比较这些作品时，能感受到彼此的不同，从而拓宽自己的视野。

媒介对展现文化多元性方面的独特价值

在向儿童展示他们所熟悉的文化背景时，媒介是一种非常适宜的方式，效果明显且具有感染力，对所有儿童来说，都是一种多元文化的正面延伸体验。对外来移民家庭的儿童而言，这也意味着家乡的文化被接受，从而能产生安定感。可以试着采用如下方法：

- 在儿童教育机构内展示儿童家乡及家庭的照片。[②]
- 收集不同文化、不同语言的歌曲和音乐作品。
- 用电子邮件和儿童的远方亲戚保持联络，源源不断地获取所需的照片和各种信息。
- 收集儿童家乡的各类信息，例如在谷歌地图上截取的当地图片和当地的儿童电影，提供直观的视觉信息。

在制定教育大纲的时候，就应从正面评价这些个体差异，并将其视为创造丰富学习经验的源泉。基于这一理解，新西兰的早期教育课程[③] 既考虑到毛利人（原住民）的传统，又照顾到欧洲人（西方移民）的文化。在这个案例中，人们并没有否认文化差异，而是对其加以适当考虑并建设性地纳入教育大纲之中（Smith，2004）。

根据德曼-斯帕克斯（Derman-Sparks，1992）的理论，如果一个教育大纲尊重个体差异并将差异视为丰富资源，就会追求这样的教育目标：建立稳定

---

① 巴伐利亚州劳动和社会事务、家庭和妇女部以及国家儿童教育研究所，2007。
② 儿童教育机构包含各类公立、私立幼儿园、幼儿托管中心、小学等机构。
③ 该课程名为"Tewhariki"，来源于毛利语，意为"编织而成的草席"，体现着这个课程的多元化与复杂性。因为草席是毛利人生活中的重要物品，每一张草席都有自己独特的纹样、尺寸和用途。（编者注）

的自我认同感；带着善意，以恰当的行为方式与不同背景的人进行交往；对偏见持批判和反思的态度；在接触到别人充满偏见的态度和行为时，也能坚定立场，不受影响。关于如何在教育中克服社会偏见，可参见下文内容。

在教育中克服社会偏见

在社会生活中，人们按照各种标准将儿童划分成不同的类别，这些标准包括：

- 社会地位、国籍、性别、种族、性取向、个人特征等。

这些用以区分的标准与特定的价值及期望值相联系，影响着人们和儿童的交往。

一旦因为这些用以区分的标准而产生偏见，就会对儿童的自我认知产生负面影响。

在教育中克服社会偏见，教育者要注意以下内容：

- 将交往双方置于平等地位，双方共同努力提高相处的质量；
- 讨论确实存在的差异，帮助儿童理解文化的多样性和社会的多样性；
- 意识到儿童身边的群体会影响儿童的自我认同；
- 正视以下事实：因为儿童及其家庭属于社会中被歧视的群体，教师在感知儿童的个体性格时会受到相关影响；
- 认可、重视与尊重每个儿童，使其勇于表现自己的优势；
- 让每个儿童及其家庭在幼儿园中感受到被欢迎、被接纳；
- 不承认文化有等级之分，让每个儿童在幼儿园有归属感，无论其属于何种家庭文化，使用何种语言；
- 支持男孩和女孩尝试不同事物，通过这种方式避免儿童过早地受到来自性别意识影响的自我行为限制；
- 鼓励教师间相互讨论交流自己的文化背景及社会群体归属。

参考文献：

Preissing, C. (2003). Die Vielfalt wertschätzen−Vorurteilsbewusste Bildung und Erziehung im Kindergarten. In S. Weber (Hrsg.), *Die Bildungsbereiche im Kindergarten* (S. 87−105). Freiburg: Herder.

Preissing, C. & Wagner, P. (Hrsg.)(2003). *Kleine Kinder, Keine Vorurteile? Interkulturelle und vorurteilsbewusste Arbeit in Kindertageseinrichtungen.* Freiburg: Herder.

在媒介素养教育中，克服社会偏见

媒介中的各种内容呈现，对儿童来说，是了解世界的重要信息来源，不过这种信息的获取对今天的儿童来说也只是一种补充，他们比过去的几代人更了解这个世界，更熟悉世界上的各类文化与不同的生活。

当我们在考虑克服社会偏见时，必须注意到，恰恰是大众传媒在经常播放一些带有偏见的画面，涉及例如文化、宗教、性别或残障人士。

因此，教师应该对各类偏见、成见高度敏感，一旦遇上此类画面内容，就要与儿童进行讨论。一种恰当的处理方式就是对社会现实进行解构[1]。

举例：媒介与社会性别角色

3～6 岁这一年龄段是男孩女孩强烈探索自身性别的时期。除了家庭与周遭环境，媒介中的信息对他们而言也是一种关于男性、女性的重要角色信息导向。同时，媒介中出现的对社会环境的描述又会形成一种社会压力，要求儿童的行为符合主流的性别角色设定。在儿童节目中，女性主角总是远远少于男性主角，女性角色也通常是弱势的一方。[2]

在早期教育阶段开展性别教育的任务，是帮助男孩女孩在成长过程中建立自己的性别身份意识，同时又要避免对性别作过分单一与僵化的定义，并能积极而有力地应对有关性别角色的社会偏见与压力。[3]

对性别偏见的思考

想要和儿童一起打破固有的性别行为模式，前提条件是教师自身对性别角色预设的反思。为了意识到在日常生活中出现的性别角色设定有哪些，教师可以向自己提出以下引导性问题：

- 我是如何看待自己在教育机构中的男教师或女教师身份的？我的性别榜样对女孩和男孩分别有哪些影响？
- 我对男孩、女孩的游戏方式有哪些期望？当我遇上女孩或男孩吵闹、玩带攻击性的游戏时，是如何处理的？
- 当与男孩或女孩交流时，我会选择哪些媒介？

媒介选择与环境打造

查看教育机构中现有的媒介产品所承载的信息（电影、有声书、电脑游戏、图画书），它们包含哪些性别角色成分？引导性问题可以如下

---

[1] 参见"对社会现实的解构"（第 167 页）。
[2] 参见第 3.3 小节"媒介与性别身份的逐步确认"（第 78 页）。
[3] Beinziger, 2007; MacNaughton, 2004; MacNaughton & Williams, 2003.

（Blank-Mathieu, 1996）：

- 这本图画书中哪些部分是男性化或女性化的？
- 哪些性别特征得到了表现？
- 教育机构的环境布置如何？例如墙上挂着哪些图画？是否展示了男性与女性的不同角色形象？还是角色形象十分单一？
- 在教育机构中的媒介产品所承载的信息是否为儿童们展示了丰富而正面的性别角色榜样？
- 教师必须确保所有儿童都能平等地接触到所有媒介（包括玩具）。例如需要注意幼儿园的电脑不能被男孩独占，或鼓励女孩去探究媒介的科技属性（例如"拆卸工坊"中的游戏）。

积极支持女孩和男孩找到自己的性别角色

　　幼儿园阶段的儿童，无论是女孩还是男孩，都十分热衷于自己的性别角色认同。对他们而言，知道如何表现得像个"真正的女孩"或"十足的男孩"是相当重要的。这个年龄段的孩子，通常会受到一些性别偏见的影响，同时也受到同龄人、周遭社会环境与媒介内容中的性别角色压力的影响。

　　那些不愿意与主流性别观念妥协的儿童因此会承受特别大的压力：一方面，他们自身的个性与社会性别角色印象存在偏差，这令他们倍感矛盾；另一方面，他们自身也有想要清楚展现自己性别特征的社会角色需求。

因此当一个儿童的情况与社会性别角色印象不符时，为了帮助他（或她）建立一个属于自己的、不狭隘的性别身份，仅仅接受他（或她）的行为是不够的。自1990年起，虽然性别教育中这种被动的态度已经有所改善，但是仍然远远不够。在儿童努力寻找自己的性别身份时，来自教师的积极主动的支持和帮助是十分必要的，他们需要有机会与专业人士一起思考对自身的自我定义。

（MacNaughton, 2004）

（7）加强儿童对民主的基本理解与参与

每个儿童都有权利接受教育，在一个民主社会中这也意味着要根据民主参与的原则与儿童共同安排他们的教育过程。这些原则包括：尊重、保护每一个人的权利；以及个人自由不可侵犯，这指在不影响他人自由的情况下，个人享有思想、观点、言论以及行为的自由；还有一项原则是平等的权利，它不仅指法律面前人人平等，也指社会公平，例如平等的受教育机会。这些基本原则清楚地表明，民主不仅仅是一个政治概念，也是一种道德规范，是我们行为的准则。

为了帮助儿童在长大后适应民主社会，必须加强他们的判断力、民主参与以及承担责任的能力。要达到这个目标，教育过程本身就应该按照民主参与的原则来组织安排。

因此，教育过程是由教育者与儿童共同规划的，具体表现出以下若干特点：儿童可以提出建议，有权在做出决定时进行选择，承担与其发展阶段相适应的责任，并享有选择行为方式的自由。

此外，平等、参与、合作、尊重他人以及保障个人自由等民主观念也应贯彻在教育过程中。当儿童有机会参与安排自己的生活与周遭的社会环境，他们就是在参与社会生活，这也从另一方面支持了他们的个人发展（Kelly, 2004）。

在媒介素养教育中，加强儿童对民主的基本理解与参与

与其他教育领域一样，在媒介素养教育中也能施行民主参与的原则。例如儿童对幼儿园中使用的媒介以及主题项目的计划有表决权。

另外，媒介是公开表达个人意见、代表个人权益的重要工具，因此使用媒介的能力就是实现民主参与的重要能力之一。

（8）关注儿童的优势

教师的目光应聚焦于儿童的优势、能力及兴趣（能力导向），而非其弱势

（负面视角）。教师关注儿童的能力与优势，目的在于鼓励儿童克服困难，为进一步的发展开辟道路（Fthenakis,2007b）。

就这点而言，关于儿童抗压能力的研究结果也值得关注。该结果表明：儿童的抗压及应对困难的能力取决于三个互相影响的因素群。这三个因素群包括儿童的自身特征、儿童的家庭特点及儿童所处环境的状况。就儿童本身而言，其自身条件，例如现有的基础素养，属于决定性的因素。因此，强化个人的基础素养有利于提高其抗压、抗风险的能力。根据抗压能力研究结果分析，只要充分开发儿童的个人条件及优势，同时又不低估或放任儿童面临的问题及困难，就可以有效提高儿童的基础素养（Wustmann,2003）。

（9）设计与发展水平相适宜的教育活动

与发展水平相适宜意味着，设计教育活动时，应当平衡儿童的社会、认知、情感和身体各方面的发展。不能从成人的视角出发，将童年仅仅视作进入成人世界的准备期。因此，儿童教育不能局限于对儿童未来的铺垫，同时必须关注儿童的当下。也就是说，在设计教育活动时，儿童当下的福祉与未来的幸福同等重要。

教师应该具备关于儿童学习和发展的专业知识，这是设计适宜性教育活动的基础。它帮助教师了解群体中每个儿童的优势、兴趣、需要以及他们个性化的社会文化背景。

在教育活动的规划与实施中要考虑到以上要素，才能既照顾到儿童的个人特质，又确保教育有的放矢、卓有成效。

同时，也需要重视儿童及其家庭的社会生活。这包括三个维度：有关儿童的学习和发展过程的知识，对儿童个人特质与经历的了解，对其所处的社会文化背景的认识。它们都是在不断变化的，所以教师必须不断更新自己的知识，才能与儿童一起根据实际情况组织安排各类教育活动。[①]

（10）开放并联结更多的教育场所——利用儿童的一切学习机会

除了各类儿童教育机构，家庭对儿童而言是最重要的教育场所。家庭生活提供了最基础的教育，对儿童个性的养成有着重要的影响。对家庭的

---

① 巴伐利亚州劳动和社会事务、家庭和妇女部以及国家早期教育研究所，2007；LBS 倡议青年家庭示例丛书（LBS-Initiative Junge Familie），2007；美国幼儿教育协会，1997。

重视，也是对除幼儿园外各种非正式教育场所的重视。因为儿童的有效学习会覆盖各类教育场所，除了通常的教育机构（如幼儿园、小学），也包括一些非正式的教育场所，如家庭内部、同龄人或青少年公益组织，因此要将一切能够发生学习的场所都加以考虑。同时，要从儿童而不是机构的视角去观察学习的发生。以此作为出发点来安排个性化的教育，不能用任何教育机构的规章制度来取代。

为了发挥家庭这一重要的教育场所的意义，儿童教育机构有必要与家长建立起一种教育合作伙伴关系。通过这种方式，儿童、教师与家长可以同等地参与到儿童的教育计划中去，并各自承担起相应的责任。前提条件是，教师要尊重家长的角色，同时也要通过多种方式去敦促家长以儿童权益为中心去履行家长的职责。在基础教育或早期教育机构，教师必须明白，这个阶段的教育责任主要是由家长承担的，儿童托管中心只是按照家长的要求及委托照顾儿童。为了建立教育合作伙伴关系，教师与家长间保持经常交流是十分必要的，家长也应积极参与幼儿园的事务。例如，可以经由一份儿童成长档案袋来实现家园交流。[①]

除了在儿童教育机构与家庭之间建立联系，也应开放其他场所，为儿童学习社会、文化和经济提供可能性，这样，儿童的学习才能不局限于封闭的"儿童世界"。如果儿童的学习可以发生在儿童活动范围内的任意地点，他们就更容易发现事物之间的关系，从而完整地认识真实的世界。[②]

在媒介素养教育中，开放并联结教育场所

与家长合作

儿童第一次接触并了解媒介的最重要的场所是家庭，儿童在那里认识了大多数媒介及其功能形成家庭媒介文化氛围。[③]

家庭与教育机构之间建立的教育合作伙伴关系并不是指，家长去学习"与媒介的正确相处之道"或向家长提供权威的指导（如儿童每天看电视不得超过1小时）。重要的是，教师、家长和儿童彼此坦诚交流对媒介的感受，共同商讨该如何合理利用媒介，从而共同安排儿童的学习。

要尊重家长对儿童教育肩负的责任，这意味着，教师要尊重家长对儿童使用媒介所作的决定。

[①] 　详见本系列丛书中《德国学前儿童档案袋工具》分册。

[②] 　德国联邦州教育规划与科学研究促进委员会教育论坛（Arbeitsstab Forum Bildung in der Geschäftsstelle der Bund-Länder-Kommission für Bildungsplanung und Forschungsförderung），2001；Colberg-Schrader, 2003；Fthenakis, 2007。

[③] 　参见第3.1.1小节"儿童使用哪些媒介？"（第65页）。

家长、教师与儿童之间的交流

许多家庭都为这个问题所困扰——儿童该如何使用媒介？量和度该如何把控？家长都希望就这个问题进行探讨，以掌握儿童相关的情况与适当的教育方法。以下场合可以为家长、儿童和教师创造不同立场的交流机会（Arbeiter, 1998; Schneider, 1999; Storath, 1999）：

- 家长参与的媒介领域项目
- 项目发布日
- 儿童在某个节日使用媒介表演节目
- 家长会
- 建立一个面向的家庭的音像品借阅中心

家长的参与

媒介领域的活动项目是吸引家长积极关注幼儿园事务的良好契机。许多家长自身就是媒介运用方面的能手，例如计算机工程师、优秀的业余摄影家、电影制作爱好者。他们可以通过自己特殊的兴趣与能力让幼儿园的项目活动锦上添花。

而且，许多家长十分乐意与儿童共同使用媒介。例如在幼儿园活动中共同表演一部绘本剧[1]，试玩一个新的电脑游戏[2]，或拍一部短片，家长会主动参与到准备工作中去。

给家长的信息

用照片、录音、录像、海报墙或一张光盘来记录一场活动，对所有家长来说都是直观了解自己孩子学习过程的好方法。同时这也为教师、家长和儿童之间的交流创造了生动的话题，尤其是这样的记录与园所的成长档案袋工具相结合，可以成为家园共同思考安排儿童教育计划的良好基础。[3]

社会参与

在媒介素养教育中，除了幼儿园，还有一些重要的教育场所，例如：

- 在图书馆与书店，儿童可以浏览选择多种多样的媒介内容，获取想要的信息。

---

[1] 参见项目案例 10 从创编故事到戏剧表演：咪啰和魔法石（第 242 页）。
[2] 参见项目案例 4 魔法森林里的电脑（第 186 页）。
[3] 详见本系列丛书中《德国学前儿童档案袋工具》分册。

- 提供媒介素养教育的各类协会和机构。
- 参加校外活动，儿童可以接触到媒介方面的专家（如摄影师）。
- 媒介领域的各种工作场所（例如录音室、电影工作室、广播电台、电视台）。
- 帮助儿童学会以负责任的态度去接触媒介的最重要场所依然是家庭，在与各式各样的媒介接触中，家长既是榜样，也是伙伴。

（11）认识到儿童在游戏中学习

对儿童而言，游戏是基本的学习方式。在游戏的过程中，儿童会研究身边发生的各种现象、总结经验并扩展知识。通过游戏，儿童得以与他人互动，建立起自己的社会关系，表达自己的情感，同时也增强了自我调控的能力。在游戏中，儿童学会了各种象征意义的表达方式，扮演了新的角色，尝试了新的技能，并学习如何解决问题。这一切单靠个人是无法实现的，必须仰赖群体，与他人共同完成。游戏还有一些特征——自由，放松，富含象征意义，令人投入，社会性，不注重结果而注重过程，这也是人们重视"寓教于乐"的原因。

游戏与学习应该被当作一个整体来看待。通过游戏的学习过程，儿童了解了自己与周围世界，与外界进行交流。教师计划并陪伴儿童进行各种活动，游戏既是这些活动的出发点，也是这些活动的重要组成部分。例如，教师可以通过观察儿童游戏的情况了解儿童的兴趣，回答他们提出的问题，这便成为师幼共同建构实践项目的起点。而在项目的实施过程中，游戏又必然是一个重要元素。[①]

（12）重视儿童在日常生活中的学习

儿童的学习与日常生活同样密不可分，学习并不仅仅在特定环境下围绕特定内容展开，也可以发生在儿童熟悉的普通生活场景中。教师有必要利用日常生活中的种种学习机会，与儿童一起确定学习内容，并详细地讨论学习过程，通过这种方式提高儿童的学习能力。

（Pramling Samuelsson & Carlsson,2007）

[①] 巴伐利亚州劳动和社会事务、家庭和妇女部以及国家早期教育研究所，2007；Krieg, 2004；美国幼儿教育协会，1997；Spiegel & Selter, 2004。

（13）用积极的态度应对儿童的错误

由于发展的局限，儿童对事物的解读不仅迥异于成人，而且会用许多不同的方式表达。瑞吉欧教育体系基于此提出了"儿童的一百种语言"。儿童需要先发展自己的思维方式，尽管从成人的角度来看，这种思维方式极其不完善，充满了各种错误，但这种成人眼中的错误恰恰属于学习过程的一部分。它们是有价值的，可以成为大家共同探讨、反思的出发点。通过反思，儿童得到启发，并重新认识，甚至改变自己对事物的理解。

而这一切都有个前提，即成人要重视儿童的思想，并将重点放在儿童已经掌握的能力上，不要纠结于他们尚不能完成的地方。成人在解决问题时往往会囿于现有的思路，而不会切换到其他视角。相反，儿童可以发明其他有效的方法，他们的思维方式也往往与成人的预期或推测截然不同。

因此，对学习与发展来说，如何看待失败与错误是十分关键的。成人与儿童应保持一种积极正面的态度来应对错误。将所谓的"失败"视为学习过程中正常的一部分，不需要特意去回避、预防或纠正。即使儿童发表了一个错误的意见或观点，合适的应对方式应该是去深入了解儿童对这个观点的更多想法，然后共同针对这个问题进行思考，这样才对儿童的学习与发展有真正帮助。[①]

---

① 巴伐利亚州劳动和社会事务、家庭和妇女部以及国家早期教育研究所，2007；Krieg, 2004；美国幼儿教育协会，1997；Spiegel & Selter, 2004。

2

媒介素养教育涉及什么：
基本立场

2 媒介素养教育涉及什么：基本立场

之前的章节中介绍的教育基本理念也是媒介素养教育的基础，因此本章节将阐述它们在媒介素养教育中的具体实施情况：儿童如何通过**游戏**这种最重要的学习方式接触媒介？如何认识媒介？教师如何在媒介素养教育中实现**跨领域教育**？媒介如何在**全面提高儿童综合能力**上大展身手？

根据本书编写团队对教育的基本观点，媒介素养教育被认为是一种**社会化过程**，儿童在这个过程中通过与同伴以及与教师的互动，逐步了解媒介本身、它的功能与特殊优势。能在**社会交流**、**合作**中使用媒介是很重要的能力，同时，媒介还能用于个人创意表达，可以方便地进行展示。

最重要的学习方式是**游戏**，在游戏中儿童可以表述自己的媒介经验，并与他人分享。通过游戏性互动，他们会意识到媒介在社会生活中的重要性。

同时媒介有助于儿童**学习方法与元认知能力**的提高，因为媒介使儿童拥有了共同规划学习过程的极大可能（例如搜索信息）以及一起对学习过程进行反思总结的方法（例如使用不同形式的媒介来记录学习过程与结果，并向他人展示汇报）。

还有一点重要的是，在媒介素养教育中，使用媒介总是与其他领域课程相关联。儿童通过这种方式学习和使用媒介时，等于建立了一个重要的关系网络，同时也提高了各种各样的能力。

在学前教育阶段开展媒介素养教育的基本原则

- 借助媒介，以积极主动、有创造性与合作性的方式学习。
- 在游戏中使用媒介、学习媒介。
- 借助媒介，提升掌握学习方法的能力。
- 借助媒介，实现跨领域的整合学习。

2.1 借助媒介，以积极主动、有创造性与合作性的方式学习

儿童之所以能逐步深入认识这个世界，是因为他们积极主动地接触周围的环境，不断表达自己的观点，与他人进行互动（其他儿童或成人），由此形成了认知。这种由儿童和教师共同积极参与的社会化学习过程，对媒介素养教育有两个层面的重要意义：

媒介对感官认知的学习与成长有极大帮助，这体现在借助媒介与他人进行建设性的交流

- 一方面，媒介素养教育与其他领域的教育一样，儿童在与同伴以及与成人的互动中，逐步掌握知识和思维能力。
- 另一方面，媒介对共同建构的学习过程有特别的意义和价值。媒介是重要的工具，提供的可能性是丰富多彩的，儿童可以借助它相互交流，与成人进行讨论，介绍个人的经历与想法，与他人分享，与其他儿童、教师一起思考并形成深入的理解（参见下文）。

媒介如何支持积极的、合作性的学习过程

- 通过自己的媒介作品，如照片、视频短片或录音，儿童可以表达自己对世界的认识，并与他人进行交流分享。
- 媒介非常适用于小组的问题讨论或结果呈现。小组成员还可以就结果做进一步加工。现代技术（如触摸屏）可以为合作与交流的形式增加更多的可能性。
- 许多电脑游戏（如探险、建设类游戏）可以激励儿童一起解决某一问题。有实验研究得出相似的结论：一起玩电脑的儿童越多，越能相互交流、相互帮助。①
- 共同的媒介经验（如观看大家都喜爱的电视节目）可以成为儿童情感与兴趣交流的良好契机。

媒介在共同建构的学习过程中所起的协助作用是很大的，不过重要的是，教师如何与儿童互动。共同学习的目标是，成人与儿童一起寻找真正属于自己的问题解决方法与认知能力，为社会中的各种现象找到自己的理解和答案。

---

① Eder, Neuß & Zipf , 1999; Gerlach, Kuse & Aufenanger, 2006; Siraj-Blatchford & Siraj-Blatchford, 2007.

充满对话与交流的学习

因为媒介活动涉及科技产品，对许多成人而言，要向儿童解答相关的疑惑与他们进行交流是存在一定困难的。根据某些研究，成人（包括教师）倾向于在儿童使用科技产品（例如电脑）时给予直接的指导（或始终在一边旁观）。他们很少与儿童进行交谈，**一起**去分析解决问题或想出解决办法（Plowman，2005；Siraj-Blatchford 等，2002）。而这样的对话对儿童的学习过程恰恰是十分重要的，因为这种方式儿童会留下深刻的感性印象，让他们自己找到解决方法也会令他们感受到自己的能力。

2.2 在游戏中使用媒介、学习媒介

在游戏中，儿童会逐渐明白媒介在我们生活中的重要意义

儿童通过游戏来学习——"学习"与"游戏"之间并无区别，因为游戏是儿童最重要的学习方式。

角色扮演游戏对认识与使用媒介都有着特殊价值。在角色扮演游戏中，儿童熟悉了成人世界中的不同角色，从而了解到自己所处的社会文化环境中这些角色的特点和行为方式（Wygotski,1980）。

在角色扮演游戏中延伸对媒介的认识

当儿童将媒介融入角色扮演游戏时——由于使用的都是有实际功能的真产

品（如电脑、麦克风、照相机）或仿真玩具，儿童顺便了解了这些媒介的重要性和它们在我们生活中的具体用途（参见下文"**举例：角色扮演游戏中的媒介**"）。因为儿童扮演的角色多数是对成人的模仿，所以他们会尝试与媒介相关的情境，提早体验可能在成长中遇到的状况，维果茨基称之为"最近发展区"。

举例：角色扮演游戏中的媒介

- 在角色扮演游戏"兽医诊所"中，儿童通过电话预约看诊时间；他们为病人打印处方与账单，并为诊治的动物（绒毛玩具）拍照，制作病历卡；还可以用绘图软件处理数码照片，充当 X 光片（Siraj-Blatchford & Siraj-Blatchford, 2007）。

- 在角色扮演游戏"办公室"中，儿童用打字机或电脑书写信件，打印或复印信件，还可以进行电话会谈，从自动答录机上（或录音机上）听取留言信息。[1]

- 在角色扮演游戏"记者"中，儿童带上麦克风与录像器材采访其他儿童或成人，报道最新的新闻。

在角色扮演游戏中处理对媒介信息的情绪体验

这类角色扮演游戏对儿童意义重大，因为他们把从媒介中看到或听到的探险故事或情节进行了延伸演绎。这些游戏让他们有机会处理接触媒介信息时产生的各种情绪（例如，他们可以把恐怖故事改成大团圆的结局）。而且，他们在游戏中扮演的男女英雄都是强大、成熟、刀枪不入的。

---

[1]　具体参见"举例：媒介素养教育中令人兴奋的学习环境"（第60页）。

将媒介作品作为更复杂的角色扮演游戏与综合能力提高的手段

教师可以在媒介素养教育中运用角色扮演游戏，帮助儿童认识媒介的社会文化意义，同时培养他们使用媒介以及处理情绪问题的能力。

*儿童在游戏中提高
了综合能力*

由此可以引申出，在媒介素养教育中非常适合设计一些复杂的角色扮演游戏，以激发儿童的潜力。大家一起编创一个小故事，就是一种更复杂的角色扮演游戏。例如，儿童自导自演一个有众多角色的以多媒介方式呈现的故事，就比寻常的角色扮演游戏要求高了许多，对角色的演绎要更丰富精彩，表演时要遵守更多规定。儿童将学习到，如果要共同完成这样一个故事创作，他们必须遵守以下规则（Bader，2005）：

- **确定众多角色与"剧本"**：这个故事里需要出现哪些角色？这些角色都有什么特点？在故事中主导什么情节？
- **角色分配**：哪个人扮演哪个角色？这个角色需要说什么，做什么？
- **表演进程**：哪个人在哪个情节需要说什么？哪个人应答或接下来出现？
- **演技**：每个人都要投入到规定的角色中去，做出恰如其分的表演（例如女巫的角色要在规定的情况下念咒语）。同时每个人都要关注他人的表演，一旦出现偏差或某人"出戏"了，要赶紧提醒补救（如"你忘记念咒语了！"）。

在编创故事、再现故事情境的游戏中，大家的商议过程是十分必要的。因此，这类活动都是适合提高儿童综合能力的教育方法——这些能力包括基本的**沟通能力**（Bader，2005）和**自我管理能力**（Bodrova，2008；Bodrova & Leong，2007）。

基本的沟通能力与自我管理能力

基本的沟通能力是一种通过交流来沟通的能力，它是社会能力的重要组成部分。如果我们在互动中"卡壳"了，基本的沟通能力便显得极其重要，它可以帮助排除沟通中的障碍（如事先确定规则"我们说好，每次只能一个人发言"）。

自我管理能力是规范自己言行的能力，按计划行事（如完成一项任务）或禁止自己做出某些举动（如即使有急事也不可以闯红灯）。自我管理能力是实施自我规划的重要前提条件（如即使杂事很多，也要继续某个项目）。

为了保证社会秩序，我们需要有自我管理能力（如即使想说的话已经到了嘴边，也不随意打断别人的话）。

　　当儿童为剧中的角色做准备时，就意味着他们开始了交流，此时使用的是基本的沟通能力，同时，他们的这种能力也得到了提高（Bader，2005）。最典型的沟通对话是大家商量谁来扮演哪个角色，应该如何说，应该如何做（如"你是商人，会说……然后我……"）。

　　因为对每个角色都有预设，儿童的自我管理能力便得以增强（Bodrova，2008；Bodrova & Leong，2007）。角色扮演游戏，尤其是那些复杂的游戏，由于它的剧情是儿童自己编写的，而且角色众多，对儿童的自我管理能力提出了以下3个要求：

- 每个人都**从外部、从他人那里得到有关行为的指示**，即其他人都期待他按照角色要求进行扮演，即为"入戏"。

- 每个人要**互相督促**，即时刻注意其他人的角色，并互相提醒。
- 每个人要**自我规范**，即所有人都必须遵照表演的规则来做，使剧情顺利发展下去。

　　自创一部拥有多角色、由多种媒介呈现的作品的意义即在于此，它不仅充满乐趣，而且给儿童带来了实际的使用媒介的经验。如果教师能够充分利用角色扮演游戏中丰富多样的学习机会，这类活动就能成为目的性很强的教育工具，从根本上提高儿童的能力。

2.3 借助媒介，提升掌握学习方法的能力

　　在媒介素养教育中，儿童通过掌握有关媒介的知识，可以增强自身使用媒介的能力。儿童也可以借助媒介来学习，即通过媒介搜索、采集信息，从而更加了解信息；同时使用媒介来记录学习过程，发布学习成果，并与他人分享。尤其当儿童与教师一起开展一个项目时[①]，使用媒介起着关键的作用。这时的媒介不再是学习"**对象**"，而是学习"**工具**"。

尤其在一些学习项目中，儿童可以借助媒介提升自己的学习能力

---

　　① 具体参见第5章。

当教师带领儿童在学习过程中使用媒介时，不仅仅是儿童正在借助媒介学习、展示新知识，更重要的是，儿童在与教师的互动中，讨论自己的学习过程，双方共同思考。在对自己学习过程的反思中，儿童掌握的是学习方法，即"学习如何学习"。

教师可以通过下列问题引导整个过程：

借助媒介，提升掌握学习方法的能力

当儿童借助媒介（互联网、影视制品、学习光盘和书本）来**采集信息**时，**思考整个搜索过程**可以让他们明白使用媒介搜索信息来源是学习的基础方法：

- 我们是如何找到这些信息的？又是如何筛选出重要信息的？为了挖掘出更多信息，我们接下来该怎么做？

如果儿童利用媒介（如照片、录音或录影，再将所有资料集中呈现在海报墙上或个人档案袋中）将自己**学习过程的每一步和结果记录下来**，就是将媒介作为记录和展示工具的最佳范例，并能同时**回顾总结自己的学习**。在选择汇总这些资料并向他人报告的过程中，儿童可以和教师一起思考：

- 我们学到了哪些新知识？我们是如何学到的？如何向他人说明这些新知识？我们为什么要学习它们？为什么这对我们很重要？

尤其是那些互动式媒介（如学习软件、光盘），给了儿童**自己选择学什么的机会**（如"亲眼看看"某种动物或直接跳过，玩一个拼图游戏或选择跳过）。在与教师共同计划、思考的前提下，它们增强了儿童**自己规划组织学习过程的能力**：

- 对这个主题，我想知道些什么？我对哪些内容感兴趣？我想学什么，练习什么？我还想看什么，听什么或玩游戏吗？

2.4 借助媒介，实现跨领域的整合学习

　　如上所述，媒介素养教育是融入整个幼儿园教育体系并以此为背景的。儿 *将媒介融入教育*
童是作为一个整合的个人来学习的，因此需要动用所有感官，兼顾不同领域， *活动中*
培养综合能力。

　　可以通过多种方式与其他领域进行
关联。例如，儿童可以与教师一起准备
舞蹈学习所需要的音乐；大家可以将舞
蹈表演的过程用照相机拍摄下来，在电
脑上选择照片，打印出来，或者用发送
电子邮件的方式将数码照片发送给家长。

　　图 2（第 59 页）列出了一部分例子，
媒介当然还可以在更多的教育领域中得
到更广泛的应用。

　　项目教学法是将媒介素养教育与其他领域进行融合的好办法（参见第 5
章）[1]：一方面，项目的重点可以是其他领域的内容，儿童将媒介作为工具使用，

---

① Katz & Chard, 2000a, 2000b; Siraj-Blatchford & Siraj-Blatchford, 2007.

以了解项目的主题，并将学到的知识记录下来；另一方面，媒介和媒介作品本身也可以作为一个项目的主题（参见下文）。

举例：媒介项目涉及的跨领域教育

在媒介学习项目"游来游去——从图画书到有声书"中，儿童可以创作出一个有声故事，这是媒介领域的诸多演绎方式之一。儿童与教师共同准备一场有诸多角色的儿童剧，在进行公开演出的同时也进行了全程拍摄。

在从图画书到有声故事的演变中，还会涉及其他领域，例如：

- **语言**：朗读图画书《游来游去》，共同为有声故事加工台词；配合录音进行朗诵。
- **情感和社会性**：讨论故事中表现的情感，用模仿与拟声来表现这些情绪。
- **表演艺术**：用即兴表演的形式重新演绎故事。
- **创作艺术**：用水彩绘制游鱼；制作戏服与装饰道具，将脸化妆成鱼的样子；建造一个水族箱。
- **音乐**：唱一首主题曲。
- **舞蹈**：跳"珊瑚舞"。
- **自然科学**：一起到森林中漫游，收录自然的声音。

在媒介素养教育中，这样的学习项目有多重教育目的，儿童由此可以：

- 利用媒介进行创意表达；
- 提高使用媒介的能力；
- 在自己创作有声故事和参观广播电台的活动中，了解到**媒介信息是由人发明创造出来的**。

［本段案例内容来源于艾斯拜恩（Eisbein, 2004）的项目案例描述，原书中有关于该项目更详细的延伸活动介绍］

自然科学与技术

信息搜索：通过书店与互联网（与家长一起），或特定主题的学习光盘搜集信息；使用简单的自然科学软件（例如模拟软件、学习软件）等。

设计制造：先在电脑上构思、设计，然后在"现实"中规划、制作（例如制作一艘游船、一座石头城）等。

观察记录：拍摄数码照片，用于挑选、加工和打印；用录音机录下"专家访谈"等。

项目展示：用照片和图片制作墙面海报，为家长刻录光盘等。

请思考：除上述以外，媒介在自然科学与技术领域还有哪些应用？

语言

尝试多种多样的交流方式：便携式录音机、信件、电子邮件、漂流瓶等。

分享故事：带来自己最喜爱的有声故事；一起去电影院看电影或观看DVD，与他人交流观后感等。

创作故事：自己讲一个故事，记录下来；画一个故事，存放在电脑上等。

请思考：除上述以外，媒介在语言领域还有哪些应用？

音乐

音乐欣赏：听音乐CD，尝试伴奏；一起看一部儿童音乐电影等。

认识声音：通过一个简单的电脑软件改变音色（如人声），做其他声音实验（改变音高、音量、速度）等。

演奏：在电子琴上"自由创作"，并录下来；在电子琴上演奏一段简单的旋律等。

请思考：除上述以外，媒介在音乐领域还有哪些应用？

美学、艺术与文化

平面艺术：通过软件绘图、调色，用画笔和电脑绘制一张邀请卡，扫描照片后用电子邮件发送等。

表演艺术：戏剧表演，拍摄剧照，集中后制作成册；模仿表演最喜爱的电视剧片断，并进行剧情讨论和影评交流等。

请思考：除上述以外，媒介在美学、艺术和文化领域还有哪些应用？

图2　媒介与其他领域的横向关联示例

2.4.1 学习环境的重要性

媒介存在于日常教育中

对跨领域以及符合儿童兴趣的媒介素养教育而言，一个令人兴奋的学习环境也是很重要的。丰富多样的媒介工具能让儿童边玩边学，例如角色扮演游戏。这些活动既包括肢体活动，也含有社会交往与合作（Siraj-Blatchford & Siraj-Blatchford,2007）。

在一个**多媒体教室**里，儿童可以不受干扰、静静地使用媒介工具，例如听音乐或有声故事，玩电脑。媒介工具也可以作为**自由活动**时的娱乐项目，通过角色扮演游戏，让儿童玩在一起，凸显社会人际关系的重要性（如在教室的一

角放置电话）。这些可供自由选择的媒介，能让儿童根据个人的兴趣和计划来创造发明（例如用录音机录下一段声音）。

有人担心，允许儿童自由使用媒介工具（如电脑）会让他们痴迷于此，可实践证明并非如此。一些研究显示，如果电脑只是提供的众多游戏选项之一，儿童很快就会对它失去兴趣，并不会长期过度使用它。[1]

举例：媒介素养教育中令人兴奋的学习环境

凯塞尔塞施幼儿园在日常教育中融入了各种媒介：

- **磁带和 CD 光盘**（音乐或有声故事）：在**多媒体教室、活动室、角色表演室和创作室**里都提供了磁带和 CD，儿童可以自由选择何时，如何听。但提供的音乐磁带或 CD 光盘是有目的性和选择性的。**有声故事**是专门在**多媒体教室**里使用的，儿童可以在饭后休息时听，还可以根据自己的兴趣和需求选择要听的是哪个故事。

- **照相机和编辑处理图片**：为记录学习过程，儿童可以在各种不同的学习活动中拍照，也可以和教师一起在电脑上选择图片，把它们打印出来制作成图画书。

- **电脑**：多媒体教室里放置有电脑。当儿童有了足够的基本使用知识后（如获得一张"电脑使用证"），就可以独立使用了。在

---

[1]　Aufenanger & Gerlach, 2007; Hartung, 2004; Henneberg, 2007; Gerlach, 2006; Siraj-Blatchford & Siraj-Blatchford, 2007.

60

此之前，儿童必须在一名教师的陪伴下使用电脑。他们可以用电脑给父母、学校写信或挑选用数码相机拍摄的照片。

- **投影仪、幻灯机**：可以通过幻灯机、投影仪将故事图片放大，方便儿童看图。他们也可以通过影子游戏更好地了解故事，在自由活动时间，创作一出影子戏，自己编故事，自己制作影子角色。①

- **录音机、麦克风和电脑**：儿童可以录下并反复播放由不同语言讲述的单词和故事，还可以录下自己唱的歌，做现场采访时会使用麦克风和录音机。

- **电话**：儿童可以接听电话并记下留言。在某些项目中，他们可以通过电话预约外出活动，此时也包含了如何使用电话簿（寻找电话号码并拨号）。

  儿童可以事先进行电话谈话的小组排练，例如，我们打算问什么？如何介绍自己？

- **打字机**：放置在写作空间供儿童自由使用，儿童可以在学习和"办公室"游戏中使用它。

- **拆解设备**：儿童可以在拆解工作室拆装某些设备，研究它们的工作原理，然后将零部件重新组合。

- **图画书、阅读材料和专业书**：图画书可以放在多媒体教室中，在午餐后的小组故事时间供儿童自由取阅。不仅仅在多媒体教室，不同教室都应有相应主题的专业书，供儿童自由阅读。

社会环境

对学习而言，物质环境很重要，社会人文环境也很重要。在一个相互尊重的氛围中，儿童会有归属感，并能自由表达意见、想法和情感——他们也敢于谈论教师意想不到的电视节目、电影或电脑游戏。

如果人际关系是相互包容、鼓励交流的，儿童便热衷于用媒介去富有创意地表达自己的幻想。他们不会羞于表达或感到害怕，因为他们知道自己是被包容、被尊重的。

---

① 具体案例参见"项目案例 7 创编一个幻灯片故事：朋友"（第 214 页）。

3

儿童知道什么和学习什么：
发展心理学的基本理论

3 儿童知道什么和学习什么：发展心理学的基本理论

如果我们要帮助儿童学会使用媒介，同时又要让他们在使用时带有目的性、批判精神和社会责任感，就必须先了解一些常识，包括：儿童是如何接受媒介所传达的信息的？他们平时是如何接触媒介的？媒介在他们的社会化过程和学习生活中扮演什么样的角色？这一章节讲述的就是发展心理学与媒介心理学相关研究对下列问题的回答：

- 在儿童的日常生活中，五花八门的媒介扮演了什么样的角色？
- 儿童是怎样看待这些媒介的？对媒介信息带来的一些情绪体验，他们是如何处理的？
- 在性别意识建立的过程中，媒介起到什么作用？
- 媒介对儿童的成长和学习有什么重要意义？

从根本上来说，发展心理学和媒介心理学都认为儿童是媒介的**主动**使用者，与此同时，**社会背景**也起着重大的作用。

儿童积极主动地使用媒介

儿童绝非媒介效应的"被动受害者"。他们主动去认识、了解媒介，用自己的方式去解读其承载的信息，将它们融入自己的幻想世界和游戏中，拥有自己的一套模式，并根据个人喜好去选择媒介的信息，例如有意避开那些恐怖的部分。

社会背景的决定性作用

在"媒介侵入"现象中，社会环境——尤其是家庭，扮演着一个重要的角色 (Theunert, 2007, Theunert & Demmler, 2007)；媒介承载的信息是如何"来"到儿童身边的？它们所产生的效果，都是儿童在一定社会背景下与媒介互动的结果。在儿童的生活环境中，他们容易注意到哪一类媒介？会留心哪些信息？媒介信息会产生哪些影响？当儿童看到冲击性的内容时，会做何反应？儿童在家中接触了怎样的"媒介文化"？儿童有没有可能与其他人分享自己的媒介经验？

3.1 媒介在儿童的日常生活中扮演的角色

在工业化国家，电脑、数码相机和 DVD 这类媒介是大多数家庭，即大多数儿童生活的一部分。现代的童年生活也是"媒介中的童年"（Neuß，2005）。今天的数码产品是童年的自然组成部分，就如同上一代人的童年中不可或缺的图书、漫画、电视和有声故事磁带一样。

3.1.1　儿童使用哪些媒介？

在学龄前儿童中，最受欢迎的媒介是电视，其次是有声故事（参见下文"2～5 岁儿童的媒介经验"）。根据 ARD 和 ZDF（德国两大电视台）2004 年的调查项目"儿童与媒介"，儿童接触最多的媒介是电视，2～3 岁儿童平均每天看一个多小时（77 分钟）电视，4～5 岁儿童看得更久一些（98 分钟）。

儿童与电视

尽管多数儿童偏爱儿童节目，但他们也经常看并非属于他们年龄段的节目（如下午时段的电视剧、综艺节目）。[1] 在多数情况下，几个儿童一起或儿童和成人一起看电视，但也有相当多的情况是儿童，甚至是学龄前的儿童独自看电视，大约一半儿童有过每周至少一次或多次独自看电视的经历。

在一份调查问卷（Marci-Boehnck & Rath，2007）中，近一半的家长认为电视是自己孩子最喜爱的媒介（43% 的男孩家长，47% 的女孩家长）。32% 的女孩喜爱摄像机和 CD 机，23% 的男孩喜爱书。

2~5 岁儿童的媒介经验
• 几乎所有儿童的家中都有电视、电话、收音机、手机、录像机和音响设备。

---

[1]　Feierabnd & Moh, 2004; Six, 2008，2002.

- 三分之二的家庭有电脑，三分之一的家庭有摄像机，三分之一的家庭有 DVD 播放机。
- 2～5 岁儿童中有三分之二几乎每天看电视。
- 三分之一的儿童几乎每天听广播。
- 15% 的儿童几乎每天听磁带或 CD。
- 这个年龄段的儿童平均每天花两个半小时在媒介上（包括书本）。

（Feierabend & Mohr, 2004）

儿童与电脑

在儿童眼中，电脑的魅力尚不及电视。但电脑对幼儿园中大班儿童来说日渐重要。一项 2004 年的调查显示，2 岁以上的学龄前儿童中，有 14% 能使用电脑（Feierabend & Mohr, 2004）；大班儿童中，有一半儿童在使用电脑。[1] 互联网已经成为多数儿童日常生活的一部分，五分之四的儿童能在家中上网。[2]

使用电脑和互联网的方式往往取决于家庭的经济状况。经济条件差的家庭中，儿童不仅较少有机会接触这些媒介，他们在家中的相关行为习惯也更为被动，更具有消费倾向（参见下文"数字时代的社会鸿沟"）。

数字时代的社会鸿沟

社会经济条件差的家庭用电脑上网的机会更少，且他们的使用行为具有更强的消费倾向。这个群体更倾向于在网上玩游戏，下载，搜索体育新闻，聊天和听音乐；而社会层次较高的家庭更多地使用互联网处理电子邮件，搜索信息和办公。

来自弱势群体家庭的学龄前儿童在家也多是用电脑玩游戏，而家庭社会经济条件较好的儿童更多地在使用学习软件。媒介素养教育将为社会创造更多平等机会，因为它旨在提高所有儿童使用媒介的能力。

（Frey-Vor & Schumacher, 2004; Leven & Schneekloth, 2007; Russell & Stafford, 2002; Wartella, Caplovitz & Lee, 2004）

---

[1] Aufenanger & Gerlach, 2007; Marci-Boehncke & Rath, 2007; 来自美国的调查：Rideout, Vandewater & Wartella, 2003。

[2] Medienpädagogischer Forschungsverbund Südwest, 2007.

当儿童进入小学，开始学习书面语言后，电脑和互联网的重要作用会进一步得到彰显。对 6～12 岁儿童的调查显示，57% 的 6～7 岁儿童有使用电脑的经验，12～13 岁的儿童几乎都习惯使用电脑（比例高达 96%）。[①]

媒介对娱乐活动的意义

尽管媒介在儿童的生活中扮演着重要的角色，但儿童最喜爱的活动依然与媒介无关，多数儿童的娱乐活动丰富多彩。

- 学龄前儿童的父母对儿童最喜爱的活动描述多是——在户外玩耍与体育活动（男孩），幻想型与创作型游戏（女孩）。

（Marci-Boehncke & Rath, 2007）

世界宣明会（World Vision Kinderstudie）调查了 8～12 岁儿童喜爱的娱乐活动发现，尽管在这个年龄段，媒介在娱乐方面占据了重要地位，但是大多数儿童也积极参与其他社会性或体育活动。儿童给出的日常娱乐活动包括（以下仅为部分，还有更多种回答）：

- 和朋友一起玩（68%）
- 听音乐（51%）
- 体育活动（59%）
- 在家玩玩具（47%）
- 看电视（56%）

多数儿童（50%）的娱乐形式是多元化的，包括与朋友或家人共处、进行体育活动和使用媒介。除此之外，另有 24% 的儿童有更高层次的音乐、文化活动。

尽管也有 26% 的儿童经常与朋友们会面，开展体育活动，但他们以媒介活动为主（看电视、看录像、玩电脑游戏和游戏机）。在这个群体中，以处于社会弱势家庭的男孩最为突出。来自移民家庭的儿童在这种行为上的比例要低于传统的德国家庭。

（Leven & Schneekloth, 2007）

3.1.2 儿童如何接触媒介？

现在的儿童在学龄前已经和媒介有了广泛的接触。在从童年到青少年的过程中，不同种类的媒介的作用发生了变化，而儿童与青少年也逐步获得独立使用媒介的能力，并主动创作出自己的媒介作品（Theunert, 2005a, 2007; Theunert & Demmler, 2007）：

1～2 岁儿童开始将媒介视作有趣的、可以把玩的东西（例如打开、关掉）。

---

① Medienpädagogischer Forschungsverbund Südwest, 2007.

但他们也会渐渐对媒介展示的信息感兴趣，并有所偏爱，例如某本图画书或一首歌。

3～4岁儿童对某种媒介有了显著的偏爱，例如最喜爱的一个有声故事、一盒音乐磁带或一个电视人物。他们会主动使用熟悉的媒介，或者通过年龄较大儿童和成人的协助，例如自己从书架上拿下某本图画书，自己玩一个电脑游戏或听故事磁带。

随着语言能力的提高，儿童变得喜欢自己编故事（Spanhel,2007），并使用相对容易的媒介工具（如录音机和照相机）加以辅佐，为故事配图或配音。

5～6岁儿童：可以独自或与同伴及成人共同操作一类媒介（如自己选一盒故事磁带放进机器）。在使用互联网时，还需要识字的同伴或成人的帮助，因为目前互联网的技术还与阅读能力紧密相关。在他人的协助下，学龄前儿童已经可以顺利地上网搜索信息或使用网上的一些功能（如在哥哥姐姐的电脑上看一个页面或玩游戏）。如果未来互联网的使用对阅读能力没有了要求，尤其是在一些儿童网站上，儿童就可以借助图标直接进行搜索。①

随着年龄增长，学龄前儿童的专注力和抽象思考能力都有所增强，他们也能够慢慢制作一些较复杂完整的媒介作品（如视频短片），或在电脑上编辑图片故事。②

对**小学阶段**以及青春期之前儿童而言，互联网、音乐媒介和手机变得十分重要（Theunert,2005a）。根据德国儿童状况调查机构（LBS-Kinderbarometer）的研究，收音机是儿童首选的音乐媒介。德国儿童状况调查机构和德国儿童、互联网、媒介状况调查团队（Kndheit,Internet,Medien，简称 KIM）两方的调查结果都表明，6～12 岁的德国儿童几乎都会使用电脑和互联网，而他们主要的目的是玩电脑游戏、完成学校作业和使用学习软件。③

对**青春期**儿童而言，音乐媒介、电脑游戏及网游、手机、短信、电子邮件、在社交网站上聊天都是青春期文化的特征。他们对媒介兴趣的转向在电脑和互联网的使用上表现得最为明显，少男少女们开始在互联网上下载音乐，到某位音乐人的歌迷网站上获取信息，访问电视节目的网站或根据电

---

① Theunert, 2005a；也可参见"与儿童一起上网"（第 100 页）。
② 参见第 4.1 小节"丰富的媒介类型"（第 91 页）。
③ Medienpädagogischer Forschungsverbund Südwest, 2007；LBS-Initiative Junge Familie, 2007.

视中的信息上网搜索，还会将自己的媒介作品（照片和视频）上传到网上（Theunert，2005a）。

总结：媒介在儿童的日常生活中扮演的角色

- 儿童最初在家中接触到媒介，因此要重视在儿童生活环境中的教育，绝不可忽视。
- 在学龄前阶段，电视依然是"主导媒介"，图书、有声故事磁带和CD也占据了重要地位，电脑慢慢进入儿童的生活。
- 根据对儿童（包括青春期少男少女）最新的调查结果，多数儿童与少男少女有丰富多彩的兴趣爱好与社会生活，媒介是他们生活与娱乐的一部分，对大多数人来说，因为媒介而使现实生活"狭隘化"的情况不可能发生。①
- 来自弱势贫穷家庭的儿童在接触媒介时，相关能力都较差，学习的机会也因此降低，因此早期教育的任务是弥补这条"数字时代的社会鸿沟"。

3.2 儿童如何感知、理解媒介信息

对今天的儿童而言，自出生起，其生活环境中就存在媒介，例如家中播放着电视与收音机，婴儿就会对其发出的声音以及动态的图片产生反应。儿童自出生起就能解读媒介信息吗？媒介心理学研究表示并非完全如此（Charlton，2004）。即使儿童在这种情况下对媒介信息做出反应，也只是对其物理属性的反应，就和听到一个盘子落地时的反应一样。

本文中所说的"解读媒介"是指儿童在其社会化、认知和情感的发展过程中，逐步理解媒介的交互特点和社会属性。儿童对媒介信息的解读方式和其成长阶段密切相关（Hoppe–Graff & Kim，2002）：儿童在与社会、他人、媒介的接触过程中，会发现媒介在传递着许多社会信息，他们会越来越理解媒介中虚构人物的合理性和真实性。他们不断提高的认知能力和累积的知识也能让他

---

① LBS–Initiative Junge Familie，2007；World Vision Deutschland，2007；Medienpädagogischer Forschungsverbund Südwest，2007.

们越来越有目的性地选择媒介信息，并在保持一定距离的同时对其进行思考。

3.2.1 理解媒介的象征性"信息展示"① 特征

儿童之所以能够理解图书、电影、照片以及类似媒介所呈现的信息，一个基本的前提条件是，他们明白象征的意义——象征映射了现实中的事物，是展示现实的一种手段。

分享注意力的能力

理解媒介信息的第一个先决条件是，**有能力接受展示并向他人展示**。1岁左右的婴幼儿在与身边人互动中就能发展出这种能力：他们能够吸引他人转移注意力，也会受他人影响，将注意力集中到某件事物上（Charlton，2004）。在此基础上，媒介在类似的互动中能够被人用来"展示"某些东西。例如：父母向孩子展示图画书中的一辆汽车，描述最近大家一起坐车的经历，还模仿汽车发出的声音；父母让孩子接听电话，并说明："这是奶奶！"或者给孩子看照片，描述家庭聚会时哪些人在场。

儿童与身边人互动是学习母语的一种重要方式，尤以共读图画书为显著例子。成人的朗读为培养儿童今后的阅读能力打下了基础，因为从小经常听人读书的儿童，在小学阶段阅读能力普遍更强。

3.2.2 理解角色的经历和行为

为了理解媒介承载的故事和信息，儿童必须有代入角色并代入思考的能力，例如：这些人物在故事中经历了什么？为什么他们要这样做呢？他们做得是对是错？

情绪感染

这种代入思考的能力在儿童早期就已经存在，婴儿对周围人就很敏感，可以觉察到其他婴儿的感受并产生共鸣。例如，一个婴儿开始哭泣，其他婴儿也会跟着哭泣。不过，人并不能真正完全体验到他人的感受，更多的情况下是一种**情绪感染**——成人也经常如此，在集体大笑的时候会跟着笑起来

---

① Charlton, 2007.

（Charlton，2004）。

　　同理心，即感受他人的情绪和想法，是大概 2 岁以后才产生的能力。例如，*同理心*
在别的儿童哭泣时上前安慰，并把自己的绒毛玩具（或自身）"作为安慰送上
去"（Bischof-Köhler，1989）。

　　另一个理解媒介承载的故事中的人物言行的先决条件是，理解该人物的内　*精神共鸣*
心世界和精神活动，例如愿望、幻想、梦想和各种所知所想。这在发展心理学
中被称为"精神理论"。

　　发展心理学的研究显示，儿童大概在 3 岁时会对人类的"心理状态"有一
个基本认识——他们懂得人有精神活动的能力（例如，人类会思考，可以想象，
有愿望和感受）。他们也能明白精神活动和实际行为之间的关系，即人类会依
据愿望行事，可以先依据一个人的想法去判断一个人接下来的行为，而主观愿
望和设想是不同的（Wellman，2002）。

　　3 岁儿童对"现实世界"与"精神世界"之间的关系还只有浅显的表面认　*精神复制理论*
识（也被称为"精神复制理论"）。他们认为人类对现实的认知是绝对客观的，
甚至是完全一致、完全"正确"的。在这个年龄段儿童的想法中，人与人的世
界观没有差异，不存在差错、误解和错觉。

　　"马克西实验"(Maxi-Experiment)可以证明这个理论,这是一个发展心
理学的经典实验,它和后来许多类似的实验都得出了相同的结果,具体如下
（Sodian，2008）：

马克西实验

在这个实验的标准版本中，先让儿童看以下故事情节的图片（下文图示）：

马克西和妈妈一起去买巧克力，然后妈妈把巧克力放在**绿色**柜子里。马克西在外面玩时，妈妈拿了一些巧克力出来做烘焙，然后把剩下的巧克力放进**蓝色**柜子。

然后向儿童提问：**马克西回到厨房后，会到哪儿去找巧克力？**

3 岁的儿童一般会回答：马克西会到**蓝色**柜子里找（因为他们知道巧克力就在那儿）。

4 岁的儿童通常会回答：马克西会到**绿色**柜子那儿看看（因为马克西以为巧克力还在那儿，虽然儿童知道事实并非如此）。

3 岁的儿童还无法同时思考：

- **现实状况**（巧克力在蓝色柜子里）
- **自己的对现实的了解**（他们看见巧克力被放进蓝色柜子的过程）
- **另一个人对现实状况的不了解**（马克西并没有看见巧克力被转移到蓝色柜子，所以才会发生依然去绿色柜子查看的错误）

3 岁的儿童认为，之前的认知（**亲眼看见巧克力在那里**）一定会导向一个肯定的设想（**相信巧克力还在那儿**）。

（Mähler, 1999）

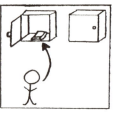  

马克西看见妈妈把巧克力放进了绿色柜子里，然后出去玩了。

马克西在外面玩时，妈妈把巧克力从绿色柜子挪到了蓝色柜子里，然后妈妈也出去了。

马克西从外面回来了，开始找巧克力。

图3　马克西的故事①

（Wimmer & Perner, 1983）

---

① 图片来源：Oerter, R. & Montada, L.（Hrsg.）(2002). Zntwicklungspsychologie (5.,Vollständigüberarbeitete Aufl）Weinheim: Beltz PVU, S.459。

　　马克西实验与相似研究都表明，儿童在 4 岁以后才会发展出"元表征"（Meta-Repräsentation）能力，这意味着他们对"了解"（即表征）的了解（即真实状况）。到那时，他们对自己的精神活动和他人的想法能够做出区分和判断，他们明白自己的想法不一定是对的，也不一定和他人一致。他们能够理解不同的人对同一现象可能有完全不同的看法，因而内心对世界的感知和认识不一定就是"真实外部世界"的模样（Mähler，1999）。

　　从不同的立场出发去思考问题的能力会随着儿童社会经验的增加而不断增强。对 4 岁的儿童而言，同时考虑到**许多人**的观点并对它们做出比较判断还是很困难的。他们还不能理解，即使对同一个行为，不同的人也会有截然不同的态度，可能赞成，可能反对。

　　在发展心理学的一些研究中，会请儿童就一些"道德困境"的故事给出回答，以检验他们权衡不同观点的能力。例如一个儿童看到一只小猫无助地待在树上，而他的父母明令禁止他爬树，那他是不是应该爬上去救小猫呢（Selman，1984）？

　　7 岁的儿童在回答这个问题时，会同时考虑父母和孩子的立场，而年龄小一些的儿童只能从一个角度看待问题。儿童要到 12 岁以后才会将一些价值标准放在实际的人与环境条件之前（例如"人类生命的价值"）。

3.2.3 区分现实与虚构

　　要真正理解媒介呈现的信息，还需要洞察其虚构特征，即图像、影片与故事所呈现叙述的，都是人类想象创作出来或根据现实选择改编的。

　　对媒介传递的信息中有几分真实的判断能力，是媒介素养中非常重要的一个方面，它需要一个先决条件，即能将"媒介中展示的现实"与真实世界以及个人经验进行比较（例如"人真的能够飞起来吗？"），并同时参考不同的信息来源（例如"爸爸妈妈口中的家乡是什么样的？电视里又是怎样说的？"）。

　　即使对成人来说，这种能力也不是人人都具备的，许多人自然而然地相信媒介所传递的信息都是真的（Böhme-Dürr，2000）。成人也难以从多种多样的媒介表现方式中看清其中包含的真实成分有多少，这从"电视真人秀"、合成照片以及电影特效上就可以略知一二。

洞察媒介信息就是总是带着批判的眼光去看待

　　要想区分现实与媒介中的世界，自身精神上的强大且与媒介的"暗示"保持一定距离是必需的。能够将真实与媒介创造的"真实"进行区别的能力是一种不断思考的能力，这种能力的培养也不可能一蹴而就。

　　儿童很早就有了区别真实与虚构的基本能力。从 2 岁起，他们就能将现实与幻想世界区分开来。这在"假想游戏"中表现得十分明显，他们沉浸在一个

区别现实与虚构

幻想世界中，发明了许多幻想事物，但绝不会将幻想世界与真实世界相混淆。即使儿童会将一个洗衣篮在游戏中当作小船，一旦现实中需要用这个篮子去晾衣服，儿童马上会让篮子恢复原来的身份。

对儿童而言，在分辨自己身处的现实世界与"媒介世界"时，最难分清的是电视画面。根据一项研究，大多数的3岁儿童认为电视里的人物始终生活在电视机中，但没有儿童会认为广播员的家是收音机（Böhme-Dürr，2000）。

还有相当比例的学龄前儿童认为电视里的人可以看见和听见观众，他们往往要到学龄前才会开始放弃"电视里的事在生活中也同样存在"这个想法（Hoppe-Graff & Kim，2002）。

在判断媒介内容中的现实成分时，儿童和成人一样，也要视节目的种类和表现手法而定例如，动画片就被公认为是离现实最遥远的媒介种类。

3.2.4 解读媒介信息的意图

在每一种媒介信息的背后，都隐藏着或传递出某种目的。这种洞察媒介信息背后动机的能力，也是媒介素养的重要方面。

因为只有当人类了解某一媒介信息的目的时，才能决定取舍，做出评估并使自己免于受影响。例如：一张冥想音乐的CD在人想放松时是"合适"的背景音乐，但不适用于狂欢；一个幻想故事可以令人兴奋，但无法成为可靠的信息来源；而广告显然是为了刺激我们的购买行为，即便它看起来赏心悦目。

来自实践的声音

　　"要想让儿童明白广告的意图，依然是十分困难的，因为一些深受儿童喜爱的角色，如海绵宝宝，也逐渐在杂志、玩具市场出现，使得故事内容和广告的衔接越来越顺畅。动画人物自身也通过广告宣传更深入人心。

　　此时，可以将广告作为一个主题与儿童一同思考：什么才是我们真正喜爱的，而不是人云亦云。"

　　（卡特林·埃芬贝格尔，来自不来梅阿尔斯滕圣约翰斯幼儿园）

　　对儿童而言，看清媒介信息的意图依然是件困难的事，因为他们还缺乏接触各种形式的媒介信息的经验，也不了解商业市场和广告的规则。所以对 4 岁的儿童来说，分辨广告和电影片段还很难。相关调查显示，儿童只能正确辨别剧照中 40% 的内容，而 8 岁儿童已经能正确辨别 80% 的内容（Charlton，2007）。这项研究也显示，儿童对媒介和市场经济了解得越多，就越能区分广告和电影片段，年龄较小的儿童的判断依据较为单一，例如他们认为广告的特征是"彩色的、快速的、大声的"（Charlton，2007）。

关于广告的知识

　　幼儿园阶段的儿童判断失误的原因，通常是他们对广告的认知十分有限，如果对他们进行媒介素养教育，扩大他们对广告的知识经验，他们很快就能更好地辨认广告。因此，让儿童在幼儿园时期就学习相关的"媒介知识"是合情合理的（Aufenanger & Neuß，1999）。

　　不同媒介之间复杂的商业关联，例如市场营销和广告宣传，对学龄前儿童而言还是很难理解的事（Theunert，2007），**同时考量**不同的立场和目的，这超出了他们的能力范围。

　　不过，我们还是可以帮助儿童在复杂的市场环境中进行一些简单的个案分析。例如，一个动画人物的市场产品包括 DVD、有声故事、玩具、服饰、儿童食品广告等，当看到酸奶制造商把这个大家喜爱的形象印在酸奶杯子上以吸引他们时，就可以和儿童共同探讨这一现象了。

3.2.5　有意识地选择媒介信息与管理情绪

　　如果把儿童视为媒介的"被动受害者"，就低估了他们的创造力和行动力。年幼的儿童已经是主动的受众（Hoppe-Graff & Kim，2002；Neuß，2003a），因为他们会主动选择媒介信息，将它们融入自己的幻想世界，在游戏和想象中继续丰富这些内容和角色（参见"儿童是主动的媒介使用者"，第

儿童能主动利用媒介

76 页）。虽然电视、影片和有声故事的欣赏是被动的，但它们并不会限制儿童的体验，反而会增加、补充他们探索自身与世界的机会，并在游戏或绘画中激发出新的表现形式（Neuß，2001）。

儿童是主动的媒介使用者

在以 2～6 岁儿童为观察对象的一项研究中，研究者观察儿童在什么样的环境下选择什么样的媒介（事先准备好丰富多样的图书、磁带和影片）。

最常见的情况是，儿童会选择与之前游戏主题契合的媒介，而在他们看过媒介承载的信息之后，又会在游戏中继续那个主题。

儿童也经常会改编主题游戏的故事情节，并灵活地将来自媒介的信息穿插在其间。

除此之外，儿童在选择媒介信息时十分谨慎小心，会有意避开那些令他们害怕的信息，例如会跳过让他们感到恐惧的章节或片段。

（Charlton，2007）

从情绪上来说，媒介经验对儿童造成的影响远比对成人要强烈。他们会主动将所见所闻与一些关乎自身的主题联系起来（例如长大、孤独、力量与软弱），因此媒介其实提供了一个处理矛盾与恐惧的好机会。儿童会将电视里的英雄——例如童话人物，当作一种身份的象征和投射，以应对冲突、完成心愿。在这个身份代入的游戏中，他们可以体验到力量与强大感，并在幻想中实现愿望（例如幻想自己拥有更多自主权）以及象征性地解决冲突（例如与父母之间的冲突）。儿童还会主动将媒介中的人物及其故事进行改编，以适应自身的情绪状态与环境（Paus-Haase,1998）。

由于儿童经常会将来自媒介的信息融入自己的想象及幻想游戏中，并将之改头换面，因此我们很难预料哪些信息对他们会产生什么样的情绪影响。每一个儿童的感受都不同。例如某些成人看起来无害的场景，却可能令儿童十分害怕。所以当成人陪儿童体验媒介信息和帮助他们处理相关情绪时，深入了解儿童的个人感受是必需的（Charlton,2007）。

一个处理情绪的好办法是绘画，让儿童把自己的媒介感受用画画的形式表达出来。成人可以以此为基础，与他进行对话，大家一起思考所经历的事，从而帮助儿童自我分析（Neuß,2001）。

能和儿童共同分享、分析媒介体验的前提条件是一个开放的、宽容的氛围，使儿童敢于分享自己与媒介相关的经历和看法——即使他们所谈论的媒介信息在教师看来没有什么教育意义（Neuß,2003b;Paus-Haase,2001）。

总结：儿童如何感知、理解媒介信息

在学龄前阶段，儿童已经有了基本的认知和社会能力，能够理解和思考媒介承载的信息：

- 儿童在与身边人的互动中，理解媒介具有对特定信息进行交流和展示的特征，例如大家共读一本图画书。

- 儿童在学龄前就明白，不同的人对现实的看法并不一致，从而会产生不同的行为，以这一认知为基础，他们会逐步：

  - 反思媒介承载的故事中那些观点以及与自己完全不同的角色的行为（例如，因为他们得到的信息不同，或者他们犯了错）。

  - 对媒介中角色的动机、行为进行批判性反思。

- 幼儿园的儿童已经可以分清现实与虚幻，因此他们可以和成人一样根据自己的实际生活经验和主动思考，来对照和分析媒介信息中的真实成分有多少。随着现实经验和媒介经验的增加，儿童的思考能力也会不断增强，表现在：

  - 进行"现实比对"，区分媒介中的幻想故事情节与现实状况。

> － 了解一些媒介信息的意图，例如广告。
> - 儿童是主动地接受媒介的，表现在：
>   － 他们会为自己的游戏选择合适的媒介故事，并经常在游戏中将故事情节加以改编，以"适应"自己的游戏。
>   － 他们会动脑筋避开那些令人感到恐惧的内容。
>   － 他们将媒介中出现的角色作为身份代表，并同时改编故事情节及其特色，以适应自身的需求。

3.3 媒介与性别身份的逐步确认

在 3 岁时，儿童就知道自己有稳定的生理特征，而且知道自己是男孩还是女孩，与此同时，社会性的性别角色观念也开始逐步确立。因此在 3～6 岁这个时期，男孩女孩对性别身份的问题都特别感兴趣，他们会为此花费很多时间和精力，去理解：什么是男孩，什么是女孩；他们各自有什么属性；什么样的活动对这个性别而言是合适的；他们各自的社会角色是什么（Trautner，2008）。这个年龄的儿童的性别观念通常是十分僵化的，在这个成长阶段，

可以看到男孩女孩如何寻找一个稳定的性别导向，而随着年龄增长，有关性别角色的观念越来越宽松（Trautner，2005）。

性别是一种社会身份的构建

虽然男女天性有别，但许多研究结果显示，性别差异有很大一部分是社会化的结果，确定一个儿童是男性化的还是女性化的，在我们的文化中始终是具

有重大意义的。当一个人的言行与通常的性别观念背道而驰，甚至表现出来的性别不明显，那么通常他会在社会环境中遇到很多困扰和排斥。

因此性别身份的确立不是一个纯生理的过程，有研究提出"做性别"（doing gender）这个概念，以表明性别特征不是一次性获得的，而是在社会环境中积极主动地构建起来的。性别身份的确立也不一定是自愿的，例如女性通常会受到一些负面形容词的影响，所以经常有女孩希望自己是男孩（Eder，1999）。

男孩和女孩在主流性别观念下，经常会受到来自成人、同龄人以及媒介的巨大压力。如果有男孩或女孩试图违背传统的性别角色，听凭自己的兴趣自由发展，通常会导致与社会发生冲突（MacNaughton，2004）。

在男孩女孩寻找自身性别身份的过程中，家庭内部以及所处的环境（例如幼儿园、家长和朋友圈）中的榜样会扮演重要的角色。儿童在社会化过程中，会发现男女之间存在着一些"明文规定"的差别，即男孩或女孩"可以"或"应该"这样做（Eder，1999）。

除了家庭，媒介也是一个重要的社会因素。媒介承载的信息对儿童来说是重要的借鉴和指导，帮助他们了解男女性别角色的内涵。

媒介是一种社会化因素

媒介对性别身份的社会化建立过程有很大影响，因为媒介描绘不同性别的外表特性和能力，定义性别角色，介绍两性关系以及普及社会生活中不同性别的社会地位观念（Theunert，2005b）。当然媒介中的宣传并不是被简单接受的，在对信息的消化吸收过程中，其他诸如环境、已有经验、儿童的个性以及个人处境的因素都起着决定性影响。

媒介提供了性别角色的范本，可供学习和模仿。它向观众定义了在当下的社会什么是"正常"的，被普遍接受的；什么是异常的，行为有偏差的，所以是被禁止的（Lemish，2006）。媒介中的性别展示在与儿童熟悉的经验环境相契合时，会产生巨大的说服力，并进一步影响现实经验。而如果儿童对周遭现实不满，媒介也可以提供一个更好的选择（Theunert，2005b）。

女孩与成年女性形象在媒介中明显受到了贬低，她们的个性通常十分模式 *女性形象受到贬低* 化。媒介中缺乏有魅力的女性形象，也未能反映出女性五光十色的生活状态，因此女孩很容易缺乏心理认同（Curth，1994）。

纵观德国电视中儿童节目的主角，我们发现一个明显的倾向：男性角色占据四分之三，女性角色仅占四分之一。当我们观察这些角色"类型"时，这种不平衡则更加清晰，因为如果把动物角色也算上，男性角色会达到 87.1%（Götz，2006）。

媒介中"典型的女孩"与"典型的男孩"

女性形象不仅在数量上稀少，她们的外形也极其模式化——儿童节目中的女性几乎都是长发，三分之一是红发，几乎没有主角是年长女性；恰恰相反，男性角色呈现丰富的外表特征，并跨越不同的年龄段（Götz，2006）。

同样值得注意的是，在节目内容中，女性通常是以受害者的形象出现的，然后必须由男性来拯救。

"无助而美丽的公主形象很少被打破……"

（Eder，1999）

媒介研究专家玛雅·格茨（Maya Götz）在一项调查中对 40 个儿童电视节目中的 90 位主角进行了分析，着重研究他们如何处理剧情中的冲突。她描绘了 6 种不同的行为模式，唯一一种男女比例接近的模式（56% 的男性角色，44% 的女性角色）是"无助型"——这些角色因为本身的被动与束手无策，必须靠他人拯救才能脱离危险；或者即使他们自身个性积极，但为环境所迫，无法独自从环境中脱身（见图 4）。

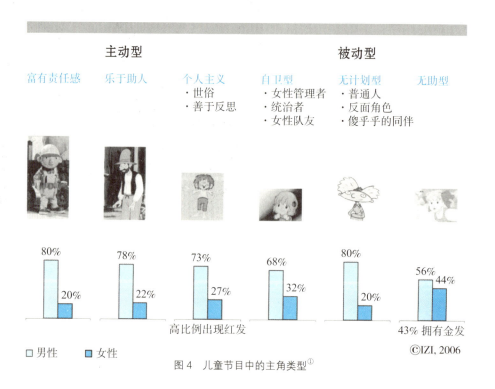

图 4　儿童节目中的主角类型[①]

主动型

被动型

富有责任感　乐于助人　个人主义　自卫型　无计划型　无助型

·世俗
·善于反思

·女性管理者
·统治者
·女性队友

·普通人
·反面角色
·傻乎乎的同伴

80%　20%
78%　22%
73%　27%
高比例出现红发
68%　32%
80%　20%
56%　44%
43% 拥有金发

□ 男性　■ 女性

©IZI, 2006

---

①　数据来源：Götz, M.（2006）. Die Hauptfiguren im deutschen Kinderfernsehen. TeleIIIon, 19, 4–7。

> "男性——无论年少或年长，总是儿童电视节目中的主人公……他们可以解决日常生活中的所有重要问题，能成功度过各种危机，并经历形形色色的冒险。"
>
> （Lemish, 2006）

同样的偏见模式也可以在广告或玩具中看到。广告中经常出现模式化的男孩和女孩形象——针对女孩的广告通常色彩柔和，剪辑节奏缓慢，背景音乐甜美；而那些针对男孩的产品广告则使用对比鲜明的色彩，剪辑节奏快，背景音乐活泼。通过这样的电视内容，社会对性别角色的定义被灌输到了收看节目的儿童身上。

媒介带来性别角色压力

同样的，玩具市场上针对女孩的产品主要和家务或社交相关，而针对男孩的玩具则偏向未来的职业或探险活动（Eder, 1999）。

儿童们很早就意识到这类性别差异，所以会偏向于与自己性别相同的角色行为，或者是更符合男孩或女孩标准的形象（Knobloch & Fritzsche, 2004）。女孩更看重人际关系、美貌、社交能力和妥协让步；而男孩喜欢强势主动的男性形象，尤其是那些在逆境中勇于抗争的角色（Theunert, 2005b）。

男孩与女孩的媒介偏好

在选择自己最喜爱的节目时，3～6岁的儿童也呈现出两极分化：女孩偏爱那些以"咨询建议"为特色的节目，她们最常提名的角色有《蓝精灵》中智慧的"蓝爸爸"、"小花本杰明"和"小女巫碧碧"；男孩偏爱"独立自主"，所以提到的角色都是进行"正义斗争"的卓越拯救者，例如"超人"（Curth, 1994）。

在这种性别刻板印象的思维中，产生了一个教育难题。一方面，对儿童特定的成长阶段而言，为了有清晰的自我性别定位，一个性别角色榜样是十分重要的，因为成长中最重要的任务之一就是建立稳定的自我性别认知，这当然也包括对另一种性别的界定。榜样可以给男孩和女孩带来指导和安全感，对不同性别有清晰的认识以及明白自己的性别，是日后能够灵活对待性别观念的基础。在一个长期的研究中发现，那些能清晰界定性别的儿童，长大后对性别的态度会特别灵活而不死板（Trautner，2005）。

另一方面，男孩和女孩都不该因为那些狭隘的成见而限制了自身的个性发展，他们需要不同的榜样来对抗主流的性别压力。正是媒介中那些有点僵化的性别展示使女孩缺乏身份认同与丰富的行为榜样，并在无意识中被灌输了性别的极端二元论（Mayr-Kleffel，1994）。因为她们在实际生活中体验的或希冀的一些问题和行为在主流的大众传媒中得不到反映，这使得女孩很早就明白自己的观点或想法在一个男性占主导地位的世界是没有一席之地或被轻视的（Eder，1999）。那些在幼儿园的女孩已能注意到女性形象的单一化，所以一见到性格丰富、与传统定位不同的角色就会格外喜爱（Mayr-Kleffel，1994）。

不过，受到媒介性别形象限制的可不只是女孩，男孩在成长的过程中也会受到影响。媒介中的那些男性形象使男孩能够按照自己真正的个性去建立性别角色的空间格外狭小，尤其是让他们在成长中丧失了大部分的释放能力，例如对恐惧的表达（Aufenanger，2003）。

还有一个问题，就是女孩可能在实际生活中的成长完全偏离了传统设定的角色，而男孩依旧按照固有的观点去了解女孩（Eder，1999）。那样的话，媒介向男孩传递的关于女性的信息就是与现实不符的。

总结：媒介与性别身份的逐步确认

性别身份的逐步确认对学龄前的男孩和女孩而言，都是一项非常重要的任务。他们通过与社会环境的互动建立起自己的性别身份，而其中一个特别重要的社会因素就是媒介。

- 在儿童确定自身性别身份的成长阶段中，男性和女性的角色榜样是非常重要的。而媒介对男性和女性的个性与行为的表现往往是单一、僵化的。
- 媒介可以为男孩女孩提供不同年龄段的性别角色榜样，但对这些角色，儿童并不是简单接受，而是根据自己的生活经历、个性和实际处境进行加工处理。当现实世界中缺少有魅力的榜样时，媒介中的人物就能产生巨大的影响力。

- 媒介中表现的性别形象往往较为固化，对男孩和女孩都有特定的社会角色标准，例如：
  - 女孩很少在媒介中找到吸引人的榜样形象。
  - 女性的角色总是被贬低，多数是弱势、被动的。
  - 男性经常成为主角，但性格十分单一。
- 榜样及相关信息对正在建立性别身份认同的儿童而言是重要的指南，但是：
  - 僵化的榜样会使个性发展空间受限，并形成极端的性别二元论。
  - 对小女孩而言，那些不局限于"弱势、被动"的非传统女性角色是十分有吸引力的，她们非常乐意接受这样的角色。

3.4 媒介与儿童的学习过程

当今，整个媒介科技给儿童带来了丰富的信息、学习的动力和各式各样的学习机会。

从整体来看，媒介科技提高了儿童的知识层面，今天的儿童比过去几代同龄人的知识量都要大。

因此，这也向我们发出一个明显的信号：针对儿童智商的测试内容必须不断更新（Charlton,2004）。

3.4.1 借助媒介学习

在基础教育领域有针对性地使用媒介始于对电视长年深入的研究。因为自20世纪70年代起，像《芝麻街》这样带有明确教育理论背景的电视节目就承诺，要帮助那些来自社会弱势群体家庭的学龄前儿童，为他们创造平等的机会。的确，经过时间和大量研究的检验，这些节目的效果都得到了证实。

针对新型互动媒介的辅助学习效果的研究也已经有了实验结果,结果显示：新媒介（如学习类游戏软件等）的效果从根本上和电视节目一样，但决定性因素是教育质量，而不是技术手段（Wartella,2004）。

电视

几十年来对教育类儿童电视节目的研究结果证明：儿童可以从电视中获益，但前提条件是，这些节目必须有很高的教育质量（参见下文"高教育水准的电视节目"）。

高教育水准的电视节目

优秀的教育节目，例如促进语言能力发展的节目，有以下特点：

- 内容情节适合儿童年龄，在儿童看来有趣且容易理解。
- 能吸引儿童的参与和互动（例如通过歌曲和提问）。
- 内容对成人亦有吸引力，可以让大人和儿童一起观看节目并互动。
- 语言对受众来说不过于复杂，却是丰富多彩的。

（Close, 2004）

以上这些研究结果仅适用于幼儿园阶段的孩子，针对 2 岁以下婴幼儿节目的研究还远远不够。目前的研究认为，这一年龄段的婴幼儿通常并不能从电视或影像资料中获益（Close, 2004）。

对 2 岁以下婴幼儿的语言发展而言，这类节目和影片并没有什么效果。这一年龄段的婴幼儿如果长时间待在屏幕前，会缺少时间与身边的人互动，也没有人与他们进行充满情感的模仿、语言刺激等良性游戏，反而会对语言能力发展产生负面影响（Zimmerman, Christakis & Meltzoff, 2007）。

互动型媒介

语言与阅读能力

学龄前儿童是否需要借助互动型媒介来达到特别的学习效果？前提条件又是哪些？到目前为止，相关研究主要聚焦于语言和阅读能力方面[1]。研究的结论是多样化的，许多单个实验证明多媒介形式的图书或故事是有正面效果的，例如，点一点鼠标人物就会说话，可以开启游戏和画面，儿童可以在故事中搜

---

[1] Plowman & Stephen, 2003; Wartella, et al., 2004; Wartella Lee & Caplovitz, 2002; Wartella, O'Keefe & Scantlin, 2000.

索新的"空间"等。但另一些研究也发现，多媒介形式的图书与传统的普通图书无甚差别，还会出现出人意料的反面效果，如儿童会匆匆点击浏览去观看精美的画面，欣赏有趣的音响效果和玩游戏，却完全忽视了故事的文字内容。

有些研究显示，儿童可以通过电子游戏增强空间想象力和快速反应能力（Greenfield & Cocking,1996）。但是把成长局限于反应能力和空间想象力的培养，会缺乏教育的意义。而且这类电子游戏多是二维的，儿童通过电子游戏获得的快速反应能力和空间想象力并不一定能应用到其他的现实生活领域。

增强反应能力和空间想象力

这些不同的结论说明，当我们评价新式的互动型媒介学习工具时，需要仔细检验其教学质量和学习环境。因为和电视的情况一样，决定互动型媒介学习结果的并不是媒介的种类和科技手段，而是**教育内容和教育方法**（Wartella 等，2004）。

以今天的眼光来看，学习软件或电脑游戏就是诸多的学习工具之一，可以帮助儿童培养语言和空间视觉能力。它们对很多儿童而言是充满乐趣和动力的，但并不比"传统"的学习媒介（如书本）更优越。因为研究结果显示，这类新媒介只是诸多学习方式中的一种，没有必要将其完美化，也没有必要妖魔化。

互动型媒介真正的优势并不在于培养阅读能力或动作反应能力，而在于为儿童提供更多的互动可能性，从而使共建构的学习过程成为可能。

增强互动

所以，互动型媒介提供了儿童自己搜集资料并根据个人兴趣和需求选择的可能性。举例来说，在使用学习光盘时可以选择一个主题，在某一个点决定是否要深入（例如是否要多看一段影片，多玩一个游戏或多做一道谜题），或者仅仅浏览一下标题目录，然后转向其他相关主题。设计优秀的学习软件能帮助儿童**自主地去探索**一个主题领域，同时要求儿童围绕这个主题项目提供带有说明性质和代表象征性的图文资料（Wartella 等,2000）。这种积极主动的做法能激励儿童反思自己的认知方法，并提高儿童的**元认知**[1]和**学习能力**（Wartella 等，2004）。

使用媒介自己规划学习过程

互动型媒介可以协助培养**合作沟通能力以及创造性解决问题的能力**（Siraj-Blatchford & Siraj-Blatchford,2007）。许多互动型游戏（例如探险游戏）要不断尝试新的解决方法，并需要玩家相互交流。除此之外，互动型媒介（例如带大尺寸触摸屏的电脑）适用于创建一个合作型的学习环境，让儿童共同思考一个问题，相互讨论交流各种办法以及最后的结果。

教育机构中的互动型媒介

有人担心儿童玩电脑可能会玩物丧志，研究则显示：在电脑游戏中，合作型游戏占极高比例（Clements & Samara,2002）。从另一个方面看，许多项目实验[2]将互动型媒介融入基础教育后都获得了正面的效果，其中有

---

① 具体参见第 5 章。
② 例如：Siraj-Blatchford & Siraj-Blatchford, 2007。

IBM 公司的"聪明孩子"（KidSmart）项目[①]和微软的"狡猾老鼠"（Schlaumä
use）项目（Kochan & Schröter,2006）。对教育机构的电脑配置以及教师
培训的评估结果显示，儿童、教师和家长都对电脑和学习软件有相当正面的
体验和评价。

有两位学者（Aufenanger & Gerlach,2007）对一批幼儿园进行了为期一
年的研究，研究在教育机构中使用电脑学习和游戏后，儿童的认知能力发展情
况如何。结论是，与这个年龄段的平均水平相比，这批儿童在这一年中的进步
十分显著。虽然人们还不能将这个出色的结果直接全部归功于电脑，但有一点
十分明显——使用电脑对儿童认知能力的发展没有危害。

3.4.2 接触媒介可能产生的风险

一些夸张的表述将许多问题产生的责任归咎于"媒介"，尤其是"显示屏媒介"，
例如过度肥胖、注意力不集中、孤僻、有暴力倾向（Cordes & Miller,2002；
Spitzer,2005）。这种对媒介的"妖魔化"是有失公允的，没有确凿证据显示，
媒介能产生直接的负面结果或长期的负面影响。如果我们要从成长风险的角
度对媒介带来的影响进行严肃的思考，就应该进行更深入精确的了解，而
不是对坊间流传的"电脑让儿童变笨"或"看电视造成肥胖"的观点人云
亦云。

*关键在于"看什么"
和"怎么看"*

在媒介心理学领域早就有了这样的研究，在不脱离儿童自身与其生活背景
的情况下观察媒介产生的效果。媒介是儿童成长与学习环境的一部分因素（还
有其他诸多因素），同时还要考虑到儿童的年龄段不同、经历不同、接触媒介
的方式不同。至于儿童的成长到底是从媒介中受益了还是受阻碍了，对这个问
题并不能以简单的"是"或"否"来回答，而是取决于媒介是以何种方式作为
儿童学习的**一小部分**被选用的，儿童和他周围的社会资源又是如何运用它们的
（Six,2008）。

电视与幻想游戏

有一项研究针对媒介的内容（而不是媒介的形式）做了长时间的深入调查，
是关于电视对幻想游戏的影响（Hoppe-Graff & Kim,2002）。这项研究显示，
电视本身对儿童的专注力和耐心没有负面影响，许多诸如电视这种高速且信息
量丰富的表现形式以及观众的被动状态，是否会造成认知下降、行为乖张和幻
想能力缺失的担忧，都没有被研究证实。但是，对儿童游戏行为产生负面影响
的电视内容绝对是存在的。经常观看暴力内容或动作片、探险节目的儿童，较
少参与幻想游戏，对这种现象的解释之一是，这类内容易引起儿童较高的兴奋
水平，容易让人激动不安、注意力时间缩短和缺乏耐心，这些后果都会阻碍幻
想游戏。

---

① Siraj-Blatchford & Siraj-Blatchford, 2004；Siraj-Blatchford & Siraj-Blatchford, 2007.

另一个问题是，电视有可能对语言和阅读能力的发展产生不利影响。一些 *电视与语言能力* 经过教育者深思熟虑制作的电视节目，让儿童在一个合适的环境下观看，的确能促进语言能力。但看电视这个习惯，从教育角度来看，不具有太大意义，会不会占用了正常的语言发展时间呢？

研究的结果对这个问题做出了回答，证实电视在下述情况里对语言能力有不良影响（Close，2004）：

- 故事情节**混乱**，儿童不能很好地理解。
- 节目的语言**贫乏**（例如广告、卡通片）。
- 儿童经常与成人一起观看**不适合自己年龄**的节目。

同样的，**阅读能力**也受儿童观看的内容质量影响。一项为期 4 年的追踪调查研究显示（Ennemoser & Schneider，2007）：儿童观看教育类儿童节目的时间越长，阅读水平就越高；而娱乐类节目看得越多，阅读能力就越差。情况更为不利的是，看电视过多的儿童在阅读学习中，进步明显慢于其他儿童，这有可能是因为他们在生活中的阅读时间太少了。

有一种对儿童特别不利的环境是"电视家庭"，负面因素如下：他们将大 *不利因素：电视看* 量时间花在电视机前，经常观看成人的节目，这些节目儿童并不能真正理解， *得过多* 因此获得的语言刺激很少。除此之外，家长将大量时间花费在电视机前，与儿童之间的互动也相应地减少了，来自这种家庭的儿童与家长直接互动的机会变少，这会直接影响他们的语言能力发展。

总结：媒介与儿童的学习过程

决定媒介对儿童的成长产生正面还是负面影响的，并不是媒介的技术层面，而是它的内容质量、儿童周遭的环境和使用方式。其中要考虑的重要问题如下：

- 媒介的内容是否适合儿童？
  - 儿童是否能够理解？是否与他们切身相关？是否没有暴力和动作场面？
  - 非专门为儿童制作、故事情节并不为儿童所理解的内容，以及动作片和充斥暴力的影片对儿童的幻想游戏能力与语言能力发展有负面影响。
  - 儿童如何接受媒介传递的信息？他们会自己重新改造一个令他们不安的故事吗？
  - 故事或内容是否能引发幻想、个人思考和社会互动？语言水平是否能为儿童所接受，并同时通过新词扩充儿童的词汇量？
  - 互动型媒介是否提供了让儿童自己构建知识的可能性？是否促成了互动与合作？
- 儿童认识了哪些"媒介文化"？
  - 媒介是否设置成"洗脑模式"？内容能够满足丰富的双向选择吗？
  - 媒介的使用与社会环境相融合（例如全家一起看DVD），还是孤独化（例如儿童独自在房内看电视）？
- 儿童是否有自由选择各种媒介内容的机会？
  - 是否满足儿童好动、渴望接触社会与探索世界的需求？是否为缺失的生活经验提供了替代和补充？
- 在一个不良环境下，儿童会"上瘾"。
  - 这类儿童与他人直接互动的机会过少，他们的语言能力发展慢于其他人。
  - 这类儿童通常在看电视成瘾的家庭长大，并观看了大量不适合自己年龄段的节目。

4

媒介素养教育的目标

4 媒介素养教育的目标

娴熟使用媒介的
儿童

早期媒介素养教育的目标就是**培养具备媒介素养的儿童**，这样的儿童有能力在满足自己的需求、进行社会交流以及处理重要问题时使用媒介。同时，他又能明白使用媒介的局限性，知晓其他的工具和方法。他能够反思自己使用媒介的行为和过程，与他人一起讨论媒介经验，还能用批判、审视的态度去看待媒介本身以及媒介信息背后的制作方式和意图。

所以在媒介教育中，重点不仅仅是理性使用媒介的能力，还包括带着批判精神去反思媒介及自身行为的能力。

媒介素养教育中不同层面的目标

媒介素养教育涉及 4 个能力目标[①]：

A　获得使用媒介的经验与知识

儿童与教师**在日常生活中都能发现媒介和它们的实际应用**。因此，儿童在**不断提升自身使用媒介的实践能力**的同时，还能与其他儿童、教师一起**完善**对如何使用媒介的基本认识。

B　使用媒介以满足自身需求、解决问题和进行社会交流

在媒介素养教育中，儿童使用媒介来处理一些具有重要意义的任务，如**学习、信息采集、创意表达、娱乐放松及审美欣赏**活动。

C　反思并总结自己使用媒介的经历与经验

在媒介素养教育中，教师会以儿童的媒介经历为素材，与儿童进行主题性讨论，儿童可以通过这个机会**相互交流**，并与教师**沟通**自己的媒介经验以及由此引发的情绪感受。他们**回顾自己的经历与行为**后，会慢慢培养出一种**对媒介**

[①]　参见第 1.3 小节"媒介素养教育的目标"（第 14 页）。

负责任的批判态度。

D   了解并思考媒介信息的制作方式和功能

儿童从自身的经验出发，可以与教师一起探知媒介信息的制作方式、功能和创作用意。在接触媒介时，他们会发展出一种**反思批判的态度**，同时认识到，媒介信息是**由人类生产制作出来的，同时带有目的性**（如广告）。

儿童保教机构作为学习场所的意义
儿童学习媒介、培养相关能力的场所有许多——家庭、与同龄人或年长儿童进行接触的各类文化场所。 　　因为本书首先是为教育工作者而写的，因此重点放在由保教机构所设计的教育活动上。本章节将从**学前教育阶段的教师角度**出发，详细阐述媒介素养教育的目标和相关教育活动。这个视角将帮助教师在园所的教育计划范围内设计教育方案，包括：儿童在幼儿园内应该掌握、完善哪些能力？应该设立什么样的学习目标，提供哪些符合儿童年龄段的教育活动？儿童的学习经验该如何在别处进行巩固和深化？

4.1 丰富的媒介类型

媒介素养教育涵盖了所有不同年龄段儿童感兴趣以及能够接触到的媒介类型，包括电视、电影、广播、录音机、照相机、DVD、CD 以及电脑、电脑的输入和输出设备，还有适合儿童的各类游戏，绘图和学习软件，当然还有手机、电话这样的通信媒介。

这些种类繁多的媒介可以被使用在各种活动和项目中，通过积极的互动来提高批判地使用媒介的能力。因此，不同类型的媒介会适用于不同的教育活动，有各自不同的重点。

4.1.1 电视、电影和录像

电视迄今仍是儿童的首选媒介，也是他们体验经验最多的媒介。

在媒介素养教育中，首先要面对的就是这类儿童经验。教师可以促成、主

持相关的讨论会，在儿童之间进行讨论，让他们充分发表与分享自己的经验。教师与儿童一起思考看电视的过程和行为，大家一起去了解电视节目是如何"做"出来的，带有哪些目的，还可以深入讨论电视对现实生活的呈现。

电影和录像为记录自身经历、传达个人创意提供了很多的可能性，教师与儿童要充分利用这一点。在拍摄自己的录像作品（如活动记录）、观看动画片或拍下游戏场景过程中，儿童会和教师一起认识到，电影是人想象制造出来的，电影中看起来"真实"的事物，并不都会在现实生活中存在和发生（Peponidis，2004）。

在拍摄电影和录像活动中尤其要注重的是，由教师与儿童一起设计的活动应该采用**比较简单**的形式。如果将一部电影从故事编写到剧本成型，再到分镜头拍摄、剪辑、后期制作都走完一遍的话，就大大超出了学龄前儿童的专注力和忍耐力范围（Anfang，2007；Demmler，2005）。

实践证明，在拍摄项目中，儿童可以负责制作过程中的一个环节（例如编写剧本，但不包含拍摄和剪辑），或从头到尾制作一个相对不复杂的电影故事。对儿童而言，比较容易掌握的有动画电影，可以让玩具或木偶在影片里经历一个精彩的故事（Lutz，2005c）；或使用自己绘制、拍摄的图片，然后再加上配音。

4.1.2 摄影

儿童多数是在家庭中认识照相机以及知道如何使用照相机的。尤其在数码相机出现后，自动化功能的出现使拍照技术更加简单。

数码相机的另一个优点就是，"失败之作"可以立刻消除，不会产生成本。儿童还可以立即见到照片，并在电脑上筛选。

对教育活动而言，摄影是一项重要的技能，可以将儿童的学习过程以及经历记录下来，如项目中的外出游学、儿童的实验、园中的节庆演出以及形形色色的活动，都可以让儿童和教师用照相机进行拍摄。

这种成像的档案非常适用于各种事后讨论活动，教师可以借助它们与儿童讨论自己的所见所学，进一步思考与总结，同时还能向家长汇报，吸引家长参与。

举例：用照相机记录"建筑之旅"

在"建筑之旅"这个项目活动中，来自安堡圣米歇尔幼儿园的幼儿穿梭在城市中探访在他们看来十分有趣的建筑物。从一开始他们就用照相机记录下了自己的发现之旅。

- 首先，摄影小组拍下了多个值得一游的建筑物，然后召开会议，对这批照片进行筛选。
- 然后，实地参观被选中的建筑物，儿童和教师可以拍摄任何他们感兴趣的事物。
- 最后，儿童将精选的照片放入档案袋中，供以后向他人报告此次游学之用（例如在会议上使用）。

在这个活动中，儿童通过摄影展示了自己对所在城市的独特视角，并记录下自己的学习过程。[1]

照相机还为儿童提供了创意表现自我以及以独特视角观察世界的机会。例如，儿童可以和教师一起将角色扮演游戏的过程拍下来制成图文故事（Bobach，2005），或拍下自己的真实生活片段（Lutz, 2005a; Pohl, 2003）。

4.1.3 声音媒介

对于声音媒介——音乐或有声故事的录音带、CD 以及电台广播，大多数儿童也是认识并熟悉的。在媒介素养教育中，教师同样可以利用儿童这方面的经验，例如开展角色扮演游戏，和儿童讨论他最喜爱的有声故事。除此之外，在幼儿园的音乐欣赏和舞蹈活动中，也会用到音乐磁带或 CD。

从这一点可以进一步设想，无论是录音机还是数码录音器材（如电脑），都很适用于儿童自己创作音像制品。单单一台录音机（包括麦克风）就能让儿童不必借助复杂技术，毫不费力地录下自己的声音（Lutz, 2005a），或者录下活动现场的原声（如"森林里有哪些声音？"），还能在采访专家学者时录下采访过程。

---

[1]　详细的项目案例参见本系列丛书中《德国学前儿童数学教育》分册。

录音也适用于艺术创作。例如，儿童可以自己录制一个故事，或用各种背景音效以及朗诵来为图像配音（参见下文）。[①]

举例：为一本图画书配音

在这个活动中，教师先给大家读一遍故事，幼儿在此过程中必须留心故事里出现了哪些声音。然后大家一起讨论故事中是如何描述这些声音的。除此之外，幼儿可以从家中带来自己的有声故事，听一听故事中有哪些音效。

幼儿和教师开始用各种各样的道具和物品来做实验，如纸筒、塑料桶等各种物品，听一听它们分别可以发出什么声音。

在录音的过程中，幼儿朗诵文本和对白，并在每一个关键节点配上选好的音效。大家在听到自己录制的有声故事后会很高兴。

（Pohl, 2003）

4.1.4 电脑与"办公室游戏"

电脑在媒介类型中是一位"全能型选手"，它不仅是受欢迎的游戏道具，可以供儿童在角色扮演游戏中使用（例如"办公室游戏"），人们还能用它玩电脑游戏。

只要配上相应的软件和打印机、扫描仪、麦克风和音响喇叭等设备，电脑就能提供**作品创作**的各种可能。儿童可以将语言、图像和声音输入电脑；然后选择编辑图片，再将所有素材聚集到一处，制作出自己的幻想作品，例如幻灯

---

① 具体参见项目案例 8 录制一个有声故事：大巨人和小矮人（第 222 页）。

秀或配音图画书。即使是还不会读写的儿童，这种方式也能让他们充满乐趣地创编故事，并表达他们对世界的看法（Lutz，2005b）。

建议：适合儿童的电脑设备

为成人设计的电脑在使用上并不完全适用于儿童。[①] 在教育机构中，可以用较低的成本布置出适宜儿童的电脑使用环境。重要的是以下几点（IBM，2003）：

- 要让儿童有多人共同使用电脑的机会，因此一条长凳比单把椅子更好，**一个大尺寸显示屏**也方便大家一起操作和游戏。最理想的是大尺寸触摸屏（所谓"互动黑板"），这样的设备可以让儿童通过触摸和手的移动来操作软件，同时（借助相应软件）直接在屏幕上写字画画。

- 桌椅和显示屏的**高度设置**要合理，也可以用坐垫和脚垫来帮助儿童调整坐姿。

- 使用电脑不能影响到儿童正常的肢体活动，所以应该和**其他游戏及肢体活动相结合**。关于儿童使用电脑的适宜时长，一项研究[②]给出的标准是，3岁儿童适合10～20分钟，8岁儿童最多40分钟。这是正常情况下的大致数值，并不是必须分秒不差进行执行的僵化规定。如果儿童在专心地做一项任务，在完成以前就被打断无疑是不合理的。

- 儿童在教育机构接触的电器设备都应该是**品质优良、性能安全的**。如果儿童使用的电器是旧的，要特别注意是否有松动的零部件或有害健康的材料（例如电池板）。

电脑作为**信息来源**有多种用途，包括：儿童可以查阅自己感兴趣的主题光盘，如果有什么疑问也可以（在成人的帮助下）上互联网快速搜索相关信息（Kröll，2007）。

因为电脑是一种**交流工具**，儿童可以借助相关软件表达与分享自己的想法，同时借助电子邮件（和擅长打字的人一起）与远方的人进行交流。

[①] Plowman & Stephen, 2003; Siraj-Blatchford & Siraj-Blatchford, 2007.

[②] 参见网站：http://www.ioe.ac.nk/cdl/DATEC/datecfrml.htm。

4.2 媒介素养教育的目标

A 获得使用媒介的经验与知识

儿童在家里和日常生活中几乎每天都会见到媒介，他们会观察成人和大龄儿童是如何使用它们的。图像和声音会吸引他们的注意力，而他们也会兴致勃勃地去寻找那些图像和声音的来源。他们会把媒介当成玩具，饶有兴趣地把收音机的音量调高调低，或自己放 CD 来播放。

教师要利用儿童这方面的兴趣，和他们一起去发现日常生活中的媒介，并在顾及儿童兴趣的情况下，有意义地使用它们。这可以让儿童了解媒介的功能与使用方法，并拓展他们的实际操作能力。

> 这类教育活动的目标是帮助儿童拓展媒介相关的经验与知识，包括：
> - 共同发现日常生活中的媒介产品或技术，研究它们的功能。
> - 有意义地使用媒介产品或技术。

帮助儿童了解媒介产品或技术的功能和意义，并能尝试接触它们的重要学习情境之一就是**角色扮演游戏**——儿童在模仿一些社会场景时就会用到媒介；当他们象征性地使用这些"道具"与其他儿童互动时，会了解它们的功能以及相关的社会规则。例如，在这类游戏中他们"打电话"，在众人面前拿"麦克风"唱歌，在"办公室"里"打印信件或收据"。[①]

在角色扮演游戏中去探索和了解媒介

学习的过程主要是在儿童之间进行的。教师可以在一旁组织这种互动，让他们带有目的性地去扮演游戏中的角色；当需要操作比较复杂的设备（例如照相机、打印机）时，教师可以提供指导帮助或者为儿童创设一个游戏情境（例如开设一家"电台"，让儿童进行"采访"）。

教师要协助儿童将丰富多彩的媒介融入角色扮演游戏中，不仅可以使用有实际功能的"真"设备（如随身听、电脑、打印机），也可以使用报废了的器材和相关的仿真玩具（如玩具手机）。

与技术教育的联系

这一部分的媒介素养教育也涉及媒介的技术知识，与技术教育密切相关。[②]

教育机构要为儿童学习使用媒介提供很多机会。教师应该设计并组织这样的学习过程，鼓励和帮助儿童主动使用媒介，也可以让年幼儿童在年长儿童或成人的帮助下开关音响设备，使用学习软件以及与电脑连接的设备（如打印机、扫描仪）。

在保教机构学习媒介

为了让儿童在自由玩耍和日常生活中了解媒介及如何使用操作的知识，一个富于启发性和激励性、并方便接触到各类媒介的学习环境是尤为重要的。[③]

增强对自身能力的信心

获得使用媒介的经验与知识可以提升儿童在生活其他方面的独立自主能力，因为儿童可以感受到自己的能力和行为结果。

儿童使用媒介完成一个项目或一项任务，就是与教师一起去体验、了解了媒介的意义、功能和目的，这种效果胜过平日的生活接触和自由游戏。在这样的教育活动中，他们学到的不仅仅是实际的媒介操作知识。

在项目中认识媒介

他们还根据自身的兴趣和需求了解了媒介的意义。因此，这与媒介素养教

---

① 关于角色扮演游戏的意义，参见第 2.2 小节及第 6.10.3 小节中"在角色扮演游戏中培养自控能力"内容。
② 参见本系列丛书中《德国学前儿童技术教育》分册。
③ 参见第 2.4.1 小节"学习环境的重要性"（第 60 页）。

育的第 2 个目标"**使用媒介以满足自身需求、解决问题和进行社会交流**"紧密相关。

> **操作实例建议**
>
> 在第 6 章涉及的项目案例中，采用了一种或多种方法帮助儿童获得使用媒介的经验与知识。以下是将技术知识作为重点的项目案例：
> - 第 6.3 小节的项目案例 3（第 174 页）。
> - 第 6.5 小节的项目案例 5（第 195 页）。

B 使用媒介以满足自身需求、解决问题和进行社会交流

媒介是帮助人类达成目标、满足需求、维持和拓展社会关系的工具，媒介能起到的作用有：

- 作为信息来源和学习工具
- 作为交流工具
- 作为创意表达的方式
- 作为休闲娱乐，带来审美体验

在媒介素养教育中，媒介作为一种工具，可用于满足个人需求、解决问题和完成有趣的任务，儿童在教师的帮助下合理地将媒介作为"工具"使用，这种学习方式在不同的教育领域都可以见到，最常见于项目活动中。

儿童的需求也可能是游戏性质的，他们在角色扮演游戏中的角色可能需要使用媒介，例如通过玩具手机"打电话"或者在打印机上打印"账单"。

B-1 将媒介作为信息来源和学习工具

当儿童在一个大项目中专心完成一个子项目任务时，媒介是重要的信息来源，他们可以在书本和儿童杂志中寻找资料，访问儿童网站，查阅相关光盘和学习软件，查看影视资料，通过这些方式了解大量自己感兴趣的相关主题的信息。

媒介的信息搜索功能在各个教育领域中都能发挥作用

通过媒介搜索信息在所有的教育领域中都是重要的学习手段，无论是想了解一件艺术品或一种绘画技法，还是熟悉一些国家、城市、动物、科技发明、体育项目、音乐风格，甚至仅仅是去找一份食谱或一个游戏，媒介都能为每一个主题提供丰富的信息、启示和创意。

> 这类教育活动的目标是培养儿童将**媒介作为信息来源和学习工具**的能力和意识，包括：
> - 围绕一个主题，一起利用各种资源去搜集信息。
> - 对各式各样的信息进行比较，了解各种的观点，筛选评估这些信息。
> - 对主题形成自己的认识和观点。

在媒介素养教育中，儿童与教师一起搜索、使用丰富多样的信息资源（如光盘、影片和图书），教师可以鼓励儿童通过提问以及各种适宜的方法去寻找和比较信息，例如：

采集信息

- 针对某个主题，儿童知道家中有哪些信息来源吗？家里是否有一本有趣的相关图书、一部电影或一款游戏可以带来园所分享？
- 还缺少哪些方面的信息？儿童该如何获得更多的资料？是否可以和成人（教师或家人）一起到本地图书馆或互联网上找到更多资料？

在信息搜索的过程中，儿童会利用各种形式的媒介，教师不应对信息来源做出限制，因为每种媒介都有其优缺点，儿童是否能够从中受益取决于其中包含的信息内容和表现方式，来自一本书的信息未必就比来自一张主题光盘的信息更"正确"。

利用各种形式的媒介

而且，媒介能够让儿童实现一些自己不可能完成的经历。例如，他们可以自己用眼睛去观察一对燕子如何从巢中飞进飞出，但巢中哺育小燕子的情形就只能通过影片去了解。

促进学习能力的提高

在学习中，将媒介作为信息来源使得儿童能够进一步提高自己的学习能力。他们因此提高了采集信息的技巧和策略，同时也会思考自己的方式方法，与其他人进行比较，做出计划，最终能够对自己的学习过程进行深入的思考。

儿童可以通过合适的主题光盘和学习软件来了解新的主题，有些儿童会对这种科技形式特别感兴趣。[①] 在共同建构的学习过程中，这类软件和游戏特别

适用于激励儿童用合作的方式去解决问题，让他们自己去发现和创造。而互联网也为儿童提供了与成人一起探索、发现海量信息的机会。（参见下文"与儿童一起上网"）

教师们通过谈话与儿童一起思考信息采集这个学习过程，在这类思辨型对话中可以提出以下问题：

- 儿童如何找到需要的信息？
- 儿童可以向谁提问？到哪里去寻找？
- 儿童如何进一步找到更多的信息？

对搜索技巧的思考　　在这类思考中，对儿童各式各样的努力方式进行了评估，因为指向同一个目标的路径有许多条——信息采集同样如此，并没有一个"最好"的方法。教师应当让儿童认识到，他是依循了一个特定的方法去做事的，而其他儿童完成任务的方式虽然不一样，但同样也是有理有据的。通过这种方式，教师让儿童学会尊重不同的思考方式和解决问题之道，也让儿童有了**如何学习**的意识。

与儿童一起上网

- 尚不识字的儿童通常是**和年长者一起上网的**，例如哥哥姐姐、父母、祖父母或教师，因为互联网上的大部分信息是以书面语言的方式呈现的。
- 教师可以在儿童搜索信息时提供帮助，**和他们一起阅读文字和链接，并一起商量打开哪些链接**，选择哪些信息、图片、游戏创意并打印。
- 在没有旁人协助阅读的情况下，儿童可以玩符合自己年龄段的在线游戏，使用一些为儿童设计的搜索引擎（如 www.blinde-kuh.de），即使不识字也可以通过点击图标符号来上网。
- 这类搜索引擎还屏蔽了网络上儿童不宜的内容，只能打开与儿童相关的网页（参见第 8 章中有关**儿童专用搜索引擎**的内容）。

---

① 参见第 4.2 小节"优秀的电脑游戏有哪些特点？"（第 109 页）。

与获取信息的能力同样重要的是，分辨信息重要与否的能力。因为在一个   *评估筛选信息*
"信息社会"，儿童面对的往往是令人眼花缭乱的海量信息，如果不进行有意
识的筛选是无法使用的。

所以当儿童为了一个有趣的主题从不同来源搜集到多种多样的信息时，针
对自己的疑问和兴趣对这些信息进行取舍也是十分必要的。

信息筛选的过程由教师主导，他们与儿童进行相关讨论，以确定对这一主
题到底需要了解什么。讨论的内容可以包括以下几点：

- 到目前为止找到的资料是否能回答儿童的疑问？
- 有没有一些信息虽然有趣，但与主题不甚相关？
- 有没有新的问题出现，激起儿童了解更多信息的欲望？
- 是否存在一些非常有意思的相关主题，但被儿童暂且搁置在一边？
- 儿童将如何利用这些资料，"如何入手"？

通过这种方式，教师与儿童一同探索了一个对儿童而言十分有趣的主题。
儿童之间彼此交流信息，相互解释个人的经历和经验，对该主题达成一个共识。
在对大家搜集的信息资料进行评估时，教师与儿童共同思考以下问题：

- 在这个主题中，我们学到了什么？
- 不同的儿童是如何通过不同的渠道来搜集信息的？

这个学习过程会让儿童清楚地意识到个人观点的建立，尤其当这些"小专   *形成个人观点*
家们"在一个项目中记录了自己的发现成果并向他人展示说明时，例如幼儿园
在节庆时要布置海报墙或举办一场公开发表会。

在一个主题项目中，媒介在搜索信息方面总是扮演着重要角色。在下列案例中，信息搜索的价值尤为明显：

- 项目案例 4　魔法森林里的电脑（第 186 页）
- 项目案例 6　使用媒介来记录、反思和呈现：森林项目（第 205 页）

B-2　将媒介作为交流工具

借助媒介，哪怕远隔千山万水，我们也能与他人保持联系，与他人分享创意、经历并进行合作。媒介是一种可以公开发表个人意见观点的工具，还允许各类评论，造成社会影响。

日常生活中的社交媒介

儿童会有许多接触各种社交媒介的经验，也会将对其的反应带到幼儿园里，例如电话、图书和电子邮件。在日常生活中，他们也知道表达想法和经历的多种途径，如照片、视频、涂鸦与绘画。教师要抓住儿童的这些经验，然后与他们一同深化认知。大家可以一起探究这些丰富多样的日常社交工具，通过游戏和主题项目来了解媒介交流的多重可能性及意义。

了解交流的多重可能性

在这些探究活动，尤其是主题项目中，儿童在集体学习的过程中使用媒介与他人进行沟通合作。他们借助媒介发表个人想法，与他人进行交流。

教育工作者和儿童一起探索各式各样的交流方式，并努力理解它们各自的这类教育活动的目标是培养儿童关于**媒介可用于人际交流沟通**的认知和相关能力，包括：

- 能够使用不同的社交媒介工具，并了解它们的多重可能性。
- 通过媒介工具向他人表达个人的想法和认知。
- 通过媒介工具公开发表个人观点，从而影响自己周遭的决策和活动。

特点与意义。儿童在自己的学习环境中可以接触到多种社交媒介，如（玩具）电话、对讲机、自制的"罐头电话"、通信系统、（自己绘制的）告示板、"邮局游戏"等。儿童可以将这些社交工具融入自己的游戏中，并以游戏的方式利用它们解决一些日常问题，这样他们可以认识到这些不同的社交工具各自的特点和社会意义，例如：

- 不见面也能彼此交谈，如使用对讲机。
- 尝试"无语"的交流沟通，如手势、哑剧、光信号和击打信号。
- 在小组中相互寄信件和包裹（信件可以由教师口述，并附上图片、照片）。
- 解决一些日常问题，如寻找丢失的玩具或邀请一位朋友。

对儿童而言，媒介扩展了他们原本的生活空间。他们原本在家庭中就已获得这类经验，例如和异地亲友打电话或与父母一起寄信件和包裹，以及发送电子邮件（或数码照片、扫描的儿童画等）。

社交工具的应用也会丰富幼儿园内的社会人际交往，如果与其他机构建立合作关系，儿童的学习空间就获得了延伸。例如，两家幼儿园的儿童可以在教师的帮助下用电子邮件交流，如共同写一个故事，解开一个难解的谜题，或通过数码照片和视频相互做自我介绍。

而儿童的亲人也可以通过这种方式加入学习活动，例如热爱旅行或远方的外祖父母，可以和孙子孙女的幼儿园建立电子邮件的通信联系。

对那些家中没有条件接触新媒介的儿童而言，在幼儿园引入新型的社交媒介当然是极其有益的。这类教育活动有助于缩小"数字时代的社会鸿沟"。[①]

媒介为儿童提供了表达个人想法并与他人进行分享的多种可能，它促进了儿童间的合作，让他们共同完成一个项目，对一个项目的学习结果进行评估和记录。

向他人展示自己的想法和认知

---

① 参见"数字时代的社会鸿沟"（第66页）。

例如，一个展示报告会可以采用海报墙的形式，由照片、自绘图片、复印书上的材料以及评论文字组成。也可以由儿童自己设计一本"专题"图书，自己选配图片和照片。还可以由儿童与教师一起用电脑制作报告，以儿童为主导进行编辑，然后制成光盘后由他们带回家。

帮助儿童提高学习能力

当儿童运用媒介记录一个主题的学习成果并向他人展示时，无论对观众还是对他们自己来说，一目了然的不仅仅是相关的专业知识，还有整个学习过程。因为在做展示汇报之前，儿童需要集体讨论：哪些成果比较重要，应该选取哪些材料、发现、照片、绘画和产品向观众进行展示。当然，最终"成品"被展示时，儿童都是倍感骄傲的。

公开发表自己的意见

媒介素养教育的更高目标是，儿童学会使用媒介来公开发表个人观点、评论和创见，从而承担起构建自己生活环境的相关责任。对儿童而言，那些简单明了、意义重大的主题都与他们的实际生活环境和生活经验息息相关，例如他们的园所设施、儿童广场或幼儿园里的营养菜单。儿童针对这些主题进行拍摄、采访和调查，并将成果在幼儿园大会或家长会上公开发表，他们也因此逐步形成了自己的看法和观念。

操作实例建议

以下案例子描述了儿童是如何借助媒介来呈现一个主题项目的学习成果的，而且通过媒介，他们还拓展了交流与沟通的可能性：

- 项目案例 1　为幼儿园拍一部电影：孩子眼中的幼儿园（第 146 页）
- 项目案例 10　从创编故事到戏剧表演：咪啰和魔法石（第 242 页）

B-3　将媒介作为创意表达的方式

媒介与音乐、美术、表演和语言创作

媒介为个人创作和艺术表达提供了丰富多样的可能性：在音乐、语言和表演艺术（如戏剧表演、木偶剧场和影子戏）领域的有组织的教育活动中，尤其如此。在这些领域会运用到各种各样的媒介，如绘画、声音、电影和电脑（多媒体）。

> 这类教育活动的目标是培养儿童使用媒介工具进行创意表达的能力。

媒介的一个巨大优势在于，它可以将多种多样的表现手法融为一体，让儿童轻松地跨越各种"表达鸿沟"，制作出梦幻般的作品。例如：

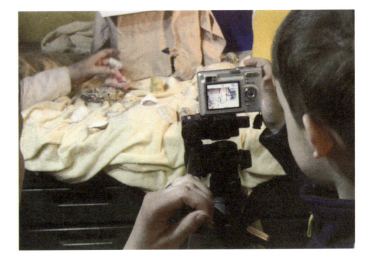

- 将照片与手绘相结合，制作一个图片故事。
- 在电脑上为照片配上背景音乐。
- （在成人的协助下）利用电脑制作请束，可以结合电脑绘图软件、写作文案以及从大自然中搜集而来的物品（如一根羽毛）。

儿童编故事、讲故事的喜好也可以通过结合不同的媒介工具得以实现和提升。例如，儿童和教师一起为一个图画书故事配音[1]，不仅可以展示书中的画面或拍摄故事中的背景，还能配上音效和文字（与成人合作）。

借助媒介讲故事

一起创作一本童话书

在这个主题项目中，儿童制作出童话《金鹅》中的场景，包括所有舞台道具和背景，然后用数码相机拍摄下来。

在家长日，请家长将儿童拍摄的照片与故事文字合成在一起，制作成一本电子图画书。

最终成品就是儿童与家长共同完成的电子图画书。

（Bobach，2005）

对儿童而言，数码相机是一种相对简单、容易掌握的工具，可以用来表达他们对世界的感受。而且他们可以立刻在电脑上看到成片，对这些照片进行挑选、描述和说明，还能在必要的时候与教师一起进行后期编辑处理（如裁剪照片）。

将摄影作为创意表达的手段

---

[1] 参见"举例：媒介项目涉及的跨领域教育"（第58页）及"举例：为一本图画书配音"（第94页）。

在这类照片拍摄的项目伊始，儿童要和教师一起确定主题——想用照片表现什么，展示什么？通常要选择那些容易激发儿童自我表达和能引申出更多内容的主题，例如"我的朋友和我"或"幼儿园中我最喜爱的地方"。

将录音作为创意表达的手段

同样可以选择技术上不复杂的录音机或更为简便的数码录音笔。后者可以轻松地在电脑上剪辑录下的音频，并与其他媒介（如照片）相结合。针对某个正在进行的主题项目，儿童还可以和教师一起录下自己的乐器演奏、自然中的声响、自编的故事，或者为一个故事配上音效背景音乐。

与儿童一起拍电影

与儿童一起制作电影会比较复杂。但实践证明，只要有成人的支持，拍摄计划又比较简单，儿童讲故事的兴趣和创造性可以通过拍电影得到很大的满足（参见下文中的例子）。

举例：学龄前儿童表演并拍摄一部木偶剧

在这个项目中，儿童自己创编了一个故事，并用木偶进行表演。他们可以在故事中自由发挥与创造，包括：

- 集体编写故事
- 与教师一起将"剧本"写在故事板上（分镜头）
- 自己准备木偶和背景
- 自己在舞台上操纵木偶
- 自己念旁白和对白

影片的技术部分（拍摄和剪辑）主要由成人负责，儿童也共同参与。

（Lutz，2005c）

影片拍摄的一大优势是，儿童能立刻了解他们最熟悉的电视节目的来龙去脉。在亲身参与自己制作的电影后，儿童便能与教师一起思考媒介的工作原理，并联想到那些他们在电视中看过的电影和动画片。他们通过这种方式"解构"了媒介制造出的所谓"现实"，并能看穿其虚构的本质。[①]

因此，使用媒介进行个人创作与媒介素养教育的一个目标紧密相连，即目标 D **了解并思考媒介信息的制作方式和功能**。

操作实例建议

在下列项目案例中，创意表达是重点：

- 项目案例 7　创编一个幻灯片故事：朋友（第 214 页）

---

① 参见"对社会现实的解构"（第 167 页）。

- 项目案例 8   录制一个有声故事：大巨人和小矮人（第 222 页）
- 项目案例 9   表达与记录个人审美：带着数码相机进博物馆（第 231 页）
- 项目案例 10   从创编故事到戏剧表演：咪啰和魔法石（第 242 页）
- 项目案例 11   用电脑绘制故事（第 255 页）

B-4 将媒介作为休闲娱乐，带来审美体验

儿童对媒介的使用也会带有娱乐性质（尤其是在家庭中），他们欣赏电影、电视剧、录像带、有声故事、广播剧、儿童歌曲 CD，也会玩电脑游戏和游戏机。这类媒介类欣赏和游戏活动也属于媒介素养教育的范畴，因为自我放松，与他人一起游戏，以及欣赏优美的语言、图画、音乐的能力都是教育目标之一。

日常生活中的媒介娱乐

这类教育活动的目标是**有意识、有思想地将媒介用于休闲娱乐，带来审美体验**，以此培养儿童相关的认知和能力。

可供娱乐的媒介种类十分丰富，除了文字书和图画书，还有以下产品形式，例如：

- 广播剧、有声图书和儿童诗歌朗诵录音制品
- 儿童歌曲、异国音乐、古典音乐
- 适合儿童的电影、动画片
- 适合儿童的电脑游戏

一方面，这些媒介产品可以帮助教师开展让儿童着手研究的课题；另一方面，一个多媒体教室或多媒体区角能让儿童按照自己的意愿和需求来自由选择使用媒介。[1]

教师根据与儿童的交流结果来选择媒介。通过与儿童的交谈，教师知晓了他们特别喜爱的广播剧、音乐或电脑游戏。在这类谈话中，儿童自由交流自己的喜好，并集体形成一种认知，即他们可以主动决定自己想看什么，听什么或玩什么，从而培养出有意识地、有目的性地选择和使用媒介的能力。这与媒介教育目标 C 的关联十分紧密——反思并总结自己使用媒介的经历与经验。

有意识地享受媒介娱乐

让儿童参与到媒介娱乐环境的布置中来，可以加强儿童有目的性地选择媒介的意识，并能更好地乐在其中。例如，可以让儿童根据自己的喜好布置一间多媒体教室，在其中静静地欣赏一部广播剧或一些音乐，而不是仅仅作为活动的"背景声音"。放映电影也可以成为一场特别活动，儿童与教师一起选择影片，准备"放映厅"及相关事宜——电影票和爆米花，一切可以和真的电影院一样。安排大家一起外出观影，对儿童来说，也会是一次非常特别的经历（参见下文）。

自主选择和享受一次观影活动

与儿童一起计划准备一次影院观影或在园内播映电影能增强他们的媒介意识，即他们可以随心所欲地看电影，更可以经过深思熟虑，凭自己的喜好选择（或拒绝）一部电影。

在这种情况下，电影是作为一种文化产品被介绍给儿童的，儿童对观影活动的体验是特别的、美好的、共同享受的。在这类活动中，教师要与儿童一起选择主题适合的影片。

想要培养主动的观影意识和行为，放映结束后的讨论也是十分重要的。儿童和教师一起讨论影片中喜欢和不喜欢的部分（与艺术、美学教育横向联系），他们从影片中获得了哪些新体验，又有哪些问题是他们想寻求答案的。电影还可以引发许多活动，如角色扮演游戏，根据影片来创编故事、绘画和制作道具等。

（Zipf, 2003）

在电脑上游戏、学习

电脑游戏对儿童来说是一种极富吸引力的娱乐媒介。教育机构可以利用电脑游戏的潜在学习优势增强儿童理性对待游戏的能力。教师可以和儿童一起去寻找那些符合儿童成长需求的游戏[2]，并在园所中配备相应设备。电脑游戏对儿

---

① 参见"学习环境的重要性"（第 60 页）。
② 关于适合的游戏，参见"优秀的电脑游戏有哪些特点？"（第 109 页）。

童而言是莫大的乐趣，实践结果也显示，电脑游戏可以为儿童提供很多学习机会（Gerlach，2006）。在电脑上，游戏对学习的效果与其他的自由游戏是一样的。

优秀的电脑游戏有哪些特点？

判断一项游戏产品是否适宜的第一个指标就是它的年龄适宜性，但这仅指它不含儿童与青少年不宜的内容，要对它的教育价值做出评估，还需要更多项标准，例如：

- 这款游戏能否激发创意和培养解决问题的能力？整个游戏的过程是否灵活，是由儿童掌握节奏，还是儿童只能得到一个唯一的"正确答案"？
- 这款游戏是否要求团队合作，并寻求一个集体解决方案？
- 这款游戏的内容是否与儿童最近的主题活动相关？
- 这款游戏是否对儿童来说简单易懂，容易操作，使得儿童对自身的能力产生信心？
- 这款游戏是否对儿童有鼓励作用？能否让儿童拥有足够的成就感（例如达到一些间接目的）？
- 这款游戏能否让男孩女孩都产生正面的性别认知，并避免性别偏见？

因为电脑游戏的更新很快，建议从互联网上获取最新版儿童游戏的信息。[1]

优秀的电脑游戏能够激发儿童的交流、合作，增强他们解决问题的能力，同时儿童又会在游戏的过程中展现自己的耐心和毅力。通常来看，那些适宜儿童的游戏（如电脑上的探险、模拟和建筑游戏）都要求解决问题时具备灵活的思路，并有开放性的方法路径。尤其是后两种游戏，可以和其他活动结合起来，例如先在电脑上模拟，然后在现实中搭建（Siraj-Blatchford & Siraj-Blatchford，2007）。

将电脑游戏融入教育活动

除了电脑游戏，一些教育类软件产品也可以让儿童深入了解某些主题。这类媒介可以让儿童以独立自主的方式学习，可以就一个主题自由选择其方方面面的内容（如一个游戏、一个谜语或一部电影），儿童还可以自己选择学习重点。

那些不太适合儿童的游戏往往只有一个"正确"答案，这类训练性质的软件（如数字、分类、颜色辨认）对不同能力的横向联系比较少，因为"正确"答案只有一个，儿童的主动权很小，因此很难激发出他们积极、热情、主动探索的学习态度。

[1]   参见第 8.2 小节"网络资源"（第 289 页）。

操作实例建议

有目的性地在娱乐、审美和放松体验中选择和使用媒介的能力，在下列项目案例中有针对性的涉及：

- 项目案例2　制作一部动画片：电视世界里的孩子（第161页）
- 项目案例4　魔法森林里的电脑（第186页）
- 项目案例13　面向家庭的媒介素养教育：家庭媒体中心（第272页）

C　反思并总结自己使用媒介的经历与经验

儿童会将自己已有的媒介经验全部带到幼儿园，而这些经历都是感性的，例如他们会对电视中的一些形象特别着迷，还会把这些形象带进游戏中。在角色扮演游戏中，他们也会重复再现那些曾让他们不安或特别兴奋的场景。教师要懂得抓住这些媒介经验，无论是园内的还是园外的，以此为基础，与儿童共同思考讨论媒介对儿童的意义以及他们是如何使用媒介的。

这类教育活动的目标是培养儿童管理由媒介引发的正、负面情绪的能力，并思考自己使用媒介的方式。

这种针对自身媒介经验与媒介使用方式的反思心态，是构成负责任地应对媒介的态度的基础。

教师对儿童的媒介经验要抱着一种开放、接受的心态，这是儿童在幼儿园中能对自己的媒介经验畅所欲言、主动与同伴和教师交流的前提条件。如果教师对儿童的媒介经验分享持保守态度，甚至是拒绝的，或者流露出不愿多谈的倾向，这种态度自然会令沮丧的儿童再也不想提起自己的经验。

教师的接受态度

媒介对儿童情绪的影响绝不仅仅是负面的，因为媒介经历可以唤起儿童的想象力，而对媒介中角色的身份认同让他们有机会体验强大的自我，并对恐惧、矛盾等心理进行象征性的处理。媒介中的故事与角色能帮助儿童面对一些重要的生命主题（如成长、独自一人、独立与依赖、愿望和矛盾）。当媒介中的男女主角成为儿童的榜样，主动去探险、反抗或跨越障碍时，他们对儿童是有正面的鼓励作用的。

教师要抓住儿童对自身媒介经验充满幻想和游戏精神的表述，用创意组织的手段将它们融入游戏与对话中。例如，与儿童一起将故事改编成角色扮演剧目，并准备制作服装与道具的材料。实际上，各种教育活动都是歌曲、故事和电影主题的演绎和"延伸"，这个过程要靠教师与儿童共同组织、建构和创造发明。

创造性地表达、思考媒介经验

儿童关于媒介经验的绘画是一个适宜的出发点，能帮助教师与儿童探讨他们的感性经历，并做进一步的共同思考。例如，教师可以请儿童就一次愉快或不愉快的看电视经历画一幅画（Neuß，2001，2003b），

绘画能为媒介经验和对话提供契机

然后向同伴和教师说明自己画的内容和当时的心情。这样的对话能帮助教师找到儿童对媒介信息的感受以及内心世界的一个入口，因为通常仅解读一张画的意义是不够的。这类的表现方式给儿童创造了一个机会，首先用绘画的方式来表达自己的体验，紧接着用语言的方式来说明，通过这种形式，儿童可以将个人的媒介体验抒发出来，并在谈话中明确自己的情绪和感受（在这类谈话中恰当的提问参见下文）。

对基于媒介经验的绘画的提问

教师可以通过提问来促使儿童表述自己画中的情绪含义，提问的形式应该是：

- 开放性的，让儿童自己来描述。

- 不先入为主，充满兴趣，不做评判。
- 在对儿童而言有重大意义的细节之处补充提问。

提问举例：

- 你画了什么，告诉大家好吗？
- 这个角色在做什么？
- 后来怎么样了？
- 这个故事中你最喜欢的是什么？
- 有什么地方是你不喜欢的？

（Neuß,2003b）

角色扮演游戏是思考媒介经验的方法之一

　　另一个帮助儿童思考处理媒介经验的重要方法是角色扮演游戏(Greschitzek & Neuß, 2003)。当教师组织发起角色扮演游戏时，儿童可以模仿电视节目，也可以从大家喜爱的电视剧中抽取剪辑片段进行演绎，从而为大家一起探讨媒介对儿童生活的意义创造机会。

增强抗压能力的契机

　　表达自己的受挫情绪，并与他人进行交流，能够帮助儿童看清这类经历对个人的深刻意义，并在他人的协助下克服各种可能的负面影响。具备这样的能力能够增强儿童应对挫折的基础素养。

将家庭中的媒介经验带到幼儿园

　　当教师与儿童一起布置一个"媒介展览"时（Eder，Neuß & Zipf,1999），儿童在家庭中积累的媒介经验就能在幼儿园得到有针对性的讨论。儿童可以从家中带来心爱的图书、影片、电脑游戏或有声故事，然后教师与儿童一起将书本的复印页、杂志剪报和照片布置成一次"展览"。这样的活动给予儿童一次宝贵的机会，将那些对自己富有意义的故事与角色展示给他人。在这种时候，他们俨然成为专家，能向他人说明和解释这些心爱的故事和人物最吸引他们的地方。

　　通过这种对媒介以及媒介与人的关系的展示，儿童能与教师一起逐步形成一种认知，即媒介对个人的意义究竟是什么，包括：

- 这些惹人喜爱的角色身上最吸引人的地方是什么？（如力量或美）
- 在哪些情况下欣赏这些角色和故事是特别美好的？（如感到疲倦或与朋友一起玩耍时）

在关于性别意识的教育中，教师要与儿童一起反思在媒介的使用和偏好方面，是完全出于独立思考的决定呢，还是觉得这样做"符合"自己的性别身份。[①] 教师要和儿童一起形成关于如何使用媒介的多元化态度，例如，儿童可以在感到无聊或舒适愉快时做出他们的选择。

思考自己对媒介的使用和偏好

D　了解并思考媒介信息的制作方式和功能

> 这类教育活动的目标是**对媒介承载的信息及其功用有实质性的了解**。
>
> 包括：
>
> - 了解媒介信息的创作意图。
> - 了解媒介信息是由人创造的。

媒介在方方面面影响着儿童的真实生活，是社会现实的一部分。例如，媒介向儿童传达社会生活的一些概念和观念，同时对种种社会角色（如男和女、贫与富）进行说明，还经常带有一定的目的性（如希望人购买某个产品或希望观众经常关注某个电视台）。

---

① Theunert, 2005b; 参见第 3.3 小节 "媒介与性别身份的逐步确认"（第 78 页）。

媒介素养教育的目标是，与儿童一起深入思考媒介信息的特性与功用。在这样一个教育框架下，儿童会认识到媒介信息是由人类创造、使用和掌握的。像电脑那样的机器如果没有人的操作就成了"傻子"，而人们希望通过媒介信息将一些特定的行为模式或观念传递给别人。

对媒介信息的制作方式和创作意图持批判反思的态度是媒介素养的重要组成部分。儿童要了解媒介信息的创作机制（例如广告对性别角色的一些保守呈现），并有能力对抗媒介信息对意识形态的操控。

教师与儿童对媒介信息的探讨是一种对真实的建构，在这个过程中，儿童会了解到，媒介展示的信息都是由人类策划制作的，而这些行为都带有特定的目的。因此，教师与儿童是在共同"解构"一个由媒介构建的"社会现实"。[1]

辨别含有偏见的内容

能够辨别出性别歧视或种族国别歧视这类偏见内容，同时对其产生的效应进行评价，远离这些偏见并加以抵制，这些都属于对媒介信息进行批判性审视的表现（Theunert，2005b）。教师可以和儿童一起对偏见进行深层次的探讨，鼓励儿童提问，与现实进行对照，例如，谈论他们熟悉的女孩与成年女性形象或男孩与成年男性形象（参见下文）。

与男孩女孩讨论性别偏见

要讨论性别偏见以及男孩女孩对媒介的偏好，可以采用以下列举的活动：

- 教师可以请儿童从家中带来他们特别喜爱的角色，然后将这些玩偶放在围成一圈的椅子中间。
- 让大家先猜一下每个玩偶分别属于谁，如果猜错了，就请真正的主人自报家门。

---

[1] 参见"对社会现实的解构"（第 167 页）。

- 每个儿童都来说一说，为什么自己喜欢这个玩偶，平时是如何与它一起游戏玩耍的。

在儿童表达自己的观点和说明缘由时，教师要及时与他们一起讨论，倾听他们对男孩或女孩的典型兴趣的观点。

（Beinzger, 2007）

洞察媒介信息的创作意图和它对现实内容的筛选取舍，对成人而言也不是一个简单的、可以万无一失的任务，因为他们也会受到广告的影响，也并非每次都能辨别出一幅被处理过的画面。而对学龄前的儿童来说，这一切就更加困难了，因为广告、媒介和商业之间的利益、动机相互纠缠，错综复杂，儿童是没有能力完全理解的，他们还经常把电视里的内容当成现实。

辨认媒介信息的创作意图

但是在学龄前，针对媒介信息的媒介素养教育是可以为批判性反思态度的培养做出贡献的。这个年龄段的儿童绝对能够思索出人们行为背后的特定目的，也能够理解不同的人，知道他们的观点与动机是不同的。

为了帮助儿童洞察复杂的商业策略，教师要与儿童一起将它们"分解"成单个的、简单的、容易分析的意图，例如相对浅显的广告动机——贩售商品，对儿童来说就很容易理解。教师要与他们一起去寻找，可以通过哪些特征来辨别广告（例如，电视台的台标不见了，节目内容总是围绕着某种商品）。[①] 而当事物关联并不那么复杂时，甚至是儿童也有能力洞察市场策略的更多组成部分——例如为什么自己最喜爱的人物不仅仅在广告中出现，也在儿童商品的包装上出现了。

要想了解媒介信息是由人组织创造的，一个适宜的出发点是教授儿童自己进行媒介信息创作。当儿童组成小组自己画一个图画故事或给一个图片故事录制配音，拍摄一部角色扮演的剧目，或为了自己的主题项目记录收集图片与其他材料时，从根本上说，他们就是媒介信息制作的"专业人员"。他们思考自己要叙述表达的内容，从而产生创意，收集图片和资料，依照"剧本"表演其中的场景，并从这些材料中进行筛选。例如：哪些片段可以采用在正式演出中，哪些要被舍弃？哪些音效或音乐适合这些图片？

了解媒介信息由人类创造并控制

举例：由儿童设计一个电脑游戏

在这个项目中，儿童（可以在其他活动的同时）使用 POWER POINT 软件，自己设计并制作一个简单的电脑游戏：

儿童先收集押韵的名词，然后给这些物品拍照。这些图片需要（通

---

① 为提高儿童的媒介素养，以辨别和理解广告为目的而设计的各类活动、游戏、歌曲，可以参见 Neuß, Lehmann & Michaelis（2003）研究中的内容。

过数码相机或者扫描仪）转化成数字格式。然后，他们朗读相应的名词，录制下来后也输入电脑。

将数码相片与录音结合，使用 POWER POINT 软件做一个文件——当儿童点击一张图片时，可以听到相应的单词发音。

虽然这个项目涉及的是简单的创意和技术手段，但儿童通过这个活动明白了电脑游戏的一个基本原理——它们都是由人设计并制作出来的，电脑只是"奉命行事"罢了。

（Lutz, 2005b）

在这类让儿童自己动手创作的活动中，教师可以通过提问促使儿童去比较他们熟悉的不同种类的媒介信息：

- 在电影导演开拍之前，需要考虑些什么？
- 电影应该产生什么样的效果——滑稽的？紧张的？还是想说明什么？

为了让儿童理解电脑与人的创意、操作的从属关系，最好的做法是让他们亲手操作电脑，一起思考如何让电脑"听从指令"（参见上文"举例：由儿童设计一个电脑游戏"）。

通过自己动手制作媒介信息，并反思整个过程，儿童会明白媒介虚幻的一面，能够回顾自己是如何组织材料，如何取舍需要表现的"现实"。例如，他们会舍弃现实中发生的真实事件，并增添不符合现实的内容（如他们会对着一张图片编出一个故事来）。

举例：外出参观广播电台或电影工作室

参观广播电台或电影工作室，对儿童（与成人）而言是一次激动而兴奋的经历。儿童会对广播、电视节目、电影或动画片的制作过程留下深刻的印象。

参观地点的选择视当地的具体情况而定（附近是否有广播电台或电视台？在大都市会不会有电影工作室？），也可以根据项目的主题而定（例如儿童自己制作一部动画电影后，可以去参观一家动画工作室）。

在准备过程中，建议与被参观的机构共同达成一些详细的约定，例如：

- 儿童能够详细参观的内容有哪些？
- 谁负责引导儿童？
- 是否能安排一些适合儿童的活动与演示？

更多建议参见拜仁州社会劳工部门青少年保护行动组织出版的手册。[①]

（Rainer Strick，1996）

当幼儿园将一些专业的媒介制作和传播机构（如录音棚、电影工作室、放送机构，参见上文"举例：外出参观广播电台或电影工作室"）纳入教育计划时，教师应该与儿童一起通过亲身体验来寻找媒介制作与媒介"作品"之间的现实逻辑关联。 *幼儿园以外的教育场所*

通过将自身的制作体验与被参观机构的制作过程进行比较，儿童会找出一些相通的基本原则，包括：自己构思电影、有声故事或幻灯片情节并借助技术手段实现，那些大制作公司也有着相同的工作流程。

操作实例建议

媒介素养教育的目标D——了解并思考媒介信息的制作方式和功能，在下列项目案例中被特别提及：

- 项目案例1 为幼儿园拍一部电影：孩子眼中的幼儿园（第146页）
- 项目案例2 制作一部动画片：电视世界里的孩子（第161页）

[①] Hinweise siehe Aktion Jugendschutz, Landesarbeitsstelle Bayern e.v., 1996, Broschüre Projekt „ Flimmerkiste "; Verfasser: Rainer Strick.

5

共同建构的学习过程：
项目教学法和元认知对话

5 共同建构的学习过程：项目教学法和元认知对话

结合了元认知理论的项目教学法是一种教育教学构想，尤其适合落实本书第 1.4 小节（第 19 页）提及的教育理念和目标。因为一个项目的设计和实践为师幼共同建构教育活动提供了无数的可能性，同时也会引起关于自身学习和思考的讨论。[①]

什么是项目教学法?　　项目教学法是一种教学组织方式，根据儿童的需求与兴趣，与儿童一起设计组织他们的学习和发展过程。项目并不是由独立的任务组成的，而是包括一系列相互关联、协调统一的活动，这些活动以加强儿童的认知、语言、运动和社会情感等能力为目标。对一个项目而言，最重要的不是最终结果，而是达到这一结果的过程。项目教学法是对教育机构中传统课堂教学的补充，而非独立的、全面的教学。[②]

元认知理论　　元认知理论的目标是：儿童在学习过程中有意识地产生一套自己的学习方法论，从而增强自控、自制的能力。要想提高这种元认知学习能力，需要以儿童已有的知识和理解能力，以及他们感受、加工和理解周围世界的方式为出发点，在反思性问题的启发下，儿童会对学习内容有理论性思考和表述，同时也总结自己的学习方法。

借助元认知来掌握学习方法

元认知，即对自己认知过程的认知。个人的认知过程成为反思和有意识控制的对象。对认知过程"有意识"是元认知的重要标志。

元认知包括两方面：

（1）了解自我认知过程的存在

- 了解自己已经知道什么

---

① Gisbert, 2004; Katz & Chard, 2000a; Pramling Samuelsson & Carlsson, 2007.

② Fthenakis, 2000; Groot-Wilken,2007;Textor, 1999.

- 了解自己是如何学习的
- 了解自己如何学习是最有效的（例如是通过"听"还是"看"，能更好地理解某件事情）

（2）掌握并调控这些认知过程

- 有意识地自我引导，批判性地学习新知识的能力
  - 有目的地获取和加工新信息
  - 掌握新知识，自行理解它们的意义
  - 储存和整理新知识
  - 熟练使用媒介，批判性地看待媒介
- 运用和迁移已经学会的知识的能力
  - 将知识举一反三，在不同的情况下解决不同的问题
  - 在不同情况下灵活运用知识
- 自我观察和调整学习方法的能力
  - 反思自己的学习过程
  - 了解和尝试不同的学习方法
  - 有意识地着手处理一项指定的学习任务
  - 发现自己的错误并独立修正
  - 合理地预测和评估自己的学习成果
  - 自行制订学习计划，并有意识地管理自己计划的实施

拥有掌握学习方法的素养，使个体能够依据自身的特点来选择针对不同问题和不同挑战的学习方法及解决方案。具备这种素养的前提就是拥有元认知能力。

核心的教育问题是：

- 如何促使儿童进行自我反思？
- 如何帮助儿童加强掌握学习方法的素养，使得学习过程更高效？

（Gisbert, 2004; Hasselhorn, 2006; 黑森州社会和文化部（Hessisches Sozialministerium und Hessisches Kultusministerium），2007）

反思的对象不只是学习的内容，也包括学习行为本身。因为只有在儿童对学习有了一定的理解后，他们才有可能控制自己的学习过程并运用学习方法。这种"对学习的理解"来自各种各样的经历累积，通过这些经历，儿童意识到自己是一个主动的角色，能够影响学习过程。学习不再是一种偶然的意外（如"突然我就能系鞋带了"），而是自己行为的结果（参见后文"儿童对学习有哪些理解？"）。对教师来说，在设计针对儿童学习的反思时，以下两方面视

角很重要：第一，儿童是如何学习的；第二，儿童如何看待自己的学习，也就是他们对学习有哪些理解。

儿童对学习有哪些理解？

较年幼的儿童对学习的理解有限，随着儿童成长，这种理解会逐渐丰富起来。引导儿童思考自己的学习过程，将帮助他们拓宽对学习的理解。[①]

"什么"视角——"你学会了什么？"

儿童对学习的理解，大致有三种：较年幼的儿童倾向于认为学习就是"做些什么"（如"我学会了剪出各种各样的形状"）；部分学龄前儿童认为学习意味着"知道些什么"（如"我知道正方形、圆形和三角形是不同的形状"）；小学阶段的儿童认为学习是"理解了什么"（如"人们可以在各处见到不同的形状，例如画框就是正方形的"）。

"如何"视角——"你是如何学会的？"

关于"如何学会"的问题，我们发现儿童对学习的理解（不考虑他们发展状况的个体差异）可以划分为三种层次，它们之间有质的差异：

- 第一种层次：儿童无法区别"学习"和"做"。
- 第二种层次：儿童把学习归因于"长大"。儿童认为，要学习做某件事情，除等待外，不需要做其他事情了（如"等我5岁就会系鞋带了"）。
- 第三种层次：儿童将学习理解成不同经历的结果。"当我做些什么，当有人展示了某件事该如何做，或者当我对某件事进行反思，我就能学会一些东西。"

元认知理论认为，一个人对学习的理解对他的学习过程有着决定性的意义：

- 因为学习者对学习的思考会影响学习过程，并且这是深入学习的前提。
- 在这一过程中，动机也起了重要作用。例如，当一个儿童意识到通过体验可以获得学习，那么他的行为就会受到相应的影响。

（Pramling Samuelsson & Carlsson, 2007）

[①] 参见"通过元认知对话进行反思"（第133页）。

5.1 项目教学法的特点

在项目式的任务中，儿童将在一段较长的时间内对一个主题进行研究。儿童被分成不同的小组，负责这一主题的不同方面，这些内容不仅是儿童感兴趣的，也是教师认为有意义的（Katz & Chard,2000a）。在这种教学法的构想中，教育是一个由成人和儿童一起规划、共同建构的过程，大家在合作的框架下，一起发现知识，发掘意义，观察整个学习过程。项目教学法具有以下特点：

- **让儿童积极参与设计自己的学习过程**，确定项目的主题和活动内容。
- **鼓励儿童以共同建构的方式发展对项目主题的理解**，儿童和教师平等地在项目中贡献各自的想法、建议和解释。
- **允许儿童参与民主协商的过程**，在项目的实施过程中倾听、讨论、共同做出决定，并根据不同成员的贡献进行调整。
- **提高儿童合作和共同解决问题的能力**，由若干儿童负责一个主题的不同方面，他们需要交换结果并对探索的结果有一个"全面认识"。
- **组织儿童在有意义的情境中学习**，项目总是基于儿童的生活经验，儿童通过了解事物间的内在关联和意义来学习，也可以通过教育机构对外开放来实现这种学习。
- **支持儿童整体地学习**，一个项目包含不同的活动和方法，会调动起儿童所有的感官参与，加强他们在不同教育领域的能力发展。
- **鼓励儿童尝试各种各样的学习方法**，儿童在项目中会面临不同形式和难度的挑战，他们将自己决定所用的对策、进度和合作形式。
- **强化儿童掌握学习方法的能力**，儿童并不会直接得到解答，教师只会帮助他们发展策略，发现新的可能，激发他们去反思自己的学习和思考过程。

媒介在项目工作中扮演着一个特别的角色：一方面，围绕媒介本身提出的很多问题本就适合作为项目的主题。在这类项目中，儿童可以探索这样的问题："电视是如何出现画面的？"或者"电脑的工作原理是什么？"。许多项目的重点本就属于媒介素养教育领域，所以在项目进行的过程中自然包含媒介的内容。例如，儿童自己制作一个有声故事或一本电子版的图画书。在这些项目中，儿童不仅学习如何借助媒介进行自我创意表达，也学习如何

以媒介教育领域为重点的项目

操作媒介以及了解媒介的功能和工作原理。

另一方面，即使是那些内容重点属于其他教育领域的项目，媒介在其中也扮演着重要的角色（参见下文）。

媒介在项目中的意义

媒介是项目中信息搜索、记录、交流、总结学习过程与学习成果的重要工具：

- 在每一个项目中，儿童要共同针对项目主题搜集信息，并对信息进行评估。除了采集"第一手"资料，还可以从专家学者那里获取信息，借助媒介搜索资料。

- 在每一个项目中，儿童需要记录自己的观察和发现。这时他们就需要使用照相机、录音机和电脑来记录、筛选、处理这些内容。

- 在每一个项目中，儿童需要相互交流信息，向他人解释、展示自己的成果，并共同讨论。这时媒介就能成为有用的助手，儿童可以制作照片海报，使用投影仪做报告，播放自己的录音资料。

- 在每一个项目中，儿童要与他人一起讨论、反思自己的学习方法，这样才能对自己的学习过程形成认知，并提高自己的学习能力。媒介能为这样的交流与反思提供很大的帮助。因为当儿童使用媒介记录展示自己的学习成果时，他们面临应挑选哪些材料和成果进行展示的任务，因此，他们不仅要思考自己已经学到的知识，还会反思自己获取这些知识的重要步骤与过程。

考虑到幼儿园的时间与工作安排，项目与幼儿园的日常活动接轨有多种可能性，也能与幼儿园的现有机制相适应。例如，项目可以被组织成微型或是短期的，在某一有限的时间段里，如一天里的几个小时或是一周里的几天，让儿童专注于一个主题的研究；也可以是跨小组合作式的项目、项目周或是一个伴随儿童和教师整个学年的大型年度项目（Stamer-Brandt，2007）。

5.2 项目的主题

项目开始之前，首先要找到一个合适的项目主题，教师和儿童要一起参与主题的确定，因为一个好的项目主题不仅要符合儿童的兴趣，加深他们的理解，同时也要与教师以及教育机构的兴趣及能力相匹配。例如，项目主题要符合教育大纲中制定的目标，还要结合对教育机构的硬件、人力资源条件以及当地环境进行综合考量（如媒介器材配备、组织外出参观的可能性）。

儿童很容易对自己使用媒介的经历与周遭发生的事件产生兴趣并提出相关问题，例如，一个当下在儿童间流行的电视人物，或一件有趣的媒介设备（如在幼儿园内发现的幻灯片投影仪）。

儿童的问题和兴趣

这些兴趣就可以成为一个项目的出发点。教师可以将儿童的问题和假想收集起来，以此为基础，和儿童共同确定一个项目主题。也可以与一个已经完成的项目相关联，引申出一个儿童愿意进一步探究的新主题。当然，教师还可以主动提供一个项目的主题，只要它能激发出儿童的兴趣，例如一次观影活动，或者向儿童介绍有趣的材料和设备（如幼儿园新购置的电脑）。

项目的主题也可以通过观察和阅读文献生成。来自儿童的"成长档案袋"可以作为很好的参考，因为它能记录和帮助反思儿童的学习和成长过程。本系列丛书的《德国学前儿童档案袋工具》分册，详细描述了不同形式的档案袋如何作为记录和反思的工具在教育实践中进行运用。其中也具体介绍了人们如何借助于"成长档案袋"来观察儿童的问题和兴趣，并将其用于教育工作中。

什么是合适的主题?

要开始一个成功的项目，除了考虑儿童对主题的兴趣，还要考虑其他条件（Katz & Chard,2000a;Katz & Chard,2000b）。例如，项目的对象对儿童来说必须是可观察和可研究的；主题对于儿童来说应该是熟悉的，这样他们才能够从中展开自己的想法和假想；项目中涉及的实验必须是可以安全实施的；同时在儿童的周围应保证有足够的资源供他们完成对主题的探究。

教师在和儿童共同商讨项目主题时，也应该考虑到这一主题是否适合幼儿园的实际情况和它的外部条件。例如，项目是否强化了幼儿园制定的某重点工作？是否可以融入幼儿园课程的教育大纲？同样重要的是，主题的选择要有利于儿童的家庭参与进来，即家长能否为一次"展览"提供照片？家长中是否存在相关的专业人员，如业余摄影师、艺术家、IT专家等，为儿童提供探究资源，或者向教师提供支持与指导？

一个好的主题项目应该为儿童的学习提供充分的空间，支持其调动所有感官、情感与智力因素，促进儿童各种能力的发展，激励他们使用不同的方式表达，以不同的创意展示。为了实现这些目标，在媒介素养教育的项目中，要让儿童学会利用媒介进行个性化的创意表达，并将媒介素养教育的其他目标与这种积极主动的媒介创意活动进行结合。

一个媒介项目的主题设定并不需要十分特殊，反而应给予儿童足够的自由，允许他们在项目的进行过程中提出更多的个人问题，并进行深入的探索。即使是一个很大众化的主题，如果它的学习内容和相关知识是儿童不能够理解的，也无法获得令人满意的效果。

选择项目主题的标准

- 儿童对项目的研究对象表现出极大兴趣，或者这个对象值得儿童进行研究。
- 儿童能直接观察到项目的研究对象。
- 儿童对项目的研究对象已有经验积累。
- 儿童能直接对项目的研究对象开展研究。
- 项目的主题既不能过于笼统，也不能过于具体。

- 教育机构能为项目的开展提供合适的资源，或者资源易于获得。
- 项目的研究对象可以用不同的方式来表现和处理，如角色扮演、建构、图片展示等。
- 家长和教育机构的周边环境能参与到项目中来。
- 项目的研究对象与教育机构的社会文化背景相吻合。
- 在对项目的研究中，儿童的基础素养可以得到提升。
- 项目的研究对象在相关领域的教育大纲中有所体现。

（Katz & Chard, 2000a）

5.3 项目的计划和准备

一旦小组对项目主题达成一致意见，教师便可以开始项目的计划和准备工作。项目的实施方法和教育意义是首先要考虑的准备工作。做计划时，要着重考虑内容、内容的结构、学习过程，这些因素会在项目的执行过程中被儿童再次一起讨论。

在计划项目的内容时，不仅要让儿童参与到对内容的理解和讨论中，也要让他们意识到其他人的不同的思维方式。例如，在儿童拍摄自己的生活环境的项目中，儿童有一个与教师一起去获得新的认识的绝佳机会——了解每个人都有自己的喜好，在自己的世界中有特别重要的事物。

通过这种方式，儿童不仅思考了内容（每个儿童都有自己的拍摄对象），同时也注意到其他儿童与自己不

项目的内容

127

同的想法和思路。这一经历会促使儿童思考自己的思维方式，同时也表明项目教学法与元认知理论之间存在着关联。

内容的结构

对内容的结构进行考虑，主要是使内容能归入一个更大的相互关联的背景框架中。教师在准备和实施一个项目的时候要考虑，如何让儿童将项目的内容归入到更高层级的结构中去，而这个结构又与他们的日常生活相关联，从而在项目进程中，儿童可以深入讨论这一主题对自己（以及他人）的日常生活有何意义和重要性。例如，当儿童自己创作一本图画书时，可以将其纳入更广阔的背景框架中去——其他的媒介内容，如电影、有声书，和图画书一样，也是由人构思并组织创作出来的。

主题内容的结构和更大的背景框架指什么？

- 存在于现象背后的原理，如"所有媒介信息都是由人构思并创作的。"
- 适用于不同情境的相同原理，如"制作动画片的基本原理和制作电影是一样的。"
- 某一原理或现象在日常生活中的意义，如"电视在我们的生活中扮演着什么样的角色？"
- 某一原理或现象对人类生活的普遍意义，如"人们使用电脑来做哪些事情？"
- 将某一现象归入一个循环过程中，如"从一个构思如何演变成一部电影？"

通过共同建构得出内容之间的结构和关联是幼儿园运用项目教学法的重要目标，因为儿童可以通过这种方式将项目的结论推演到更广泛的范围中。

学习过程

在项目计划和实施过程中还需要考虑学习过程。教师要思考：如何让儿童对他们个人的思维和学习过程进行思考，这涉及元认知能力的加强。针对这点，教师可以提出以下问题：

- 为什么我们会用某种特定的方式来做一件事？
- 还有其他方式吗？
- 我们是如何找出这个（或这些）方式的，要如何应用这个（或这些）方式？

例如，在一个和天气有关的项目[①]中，儿童想要知道人们是如何预报天气的。于是他们约定，每个人都去思考这个问题，然后在下一次项目小组讨论会上汇

---

① 巴伐利亚州劳动和社会事务、家庭和妇女部以及国家儿童早期教育研究所，2007；Gisbert，2004。

总。下一次碰面时，儿童各自报告了对天气预报的了解和发现，并介绍他们是如何进行研究的：有的儿童询问了父母，有的收看了电视或阅读了报纸上的天气预报，还有的儿童通过观察天空来获得相关信息。随后，由教师和儿童共同归纳概括，有哪些不同的方法和获取相关信息的可能途径。通过这种方式让儿童思考自己获取未知信息的方式，他们的学习能力由此得到提升。同时，儿童也意识到：解决同一问题存在多种不同的方式，可以从彼此的身上学到不同的学习方法和解决问题的方式。

在项目实施的过程中，内容、内容的结构和学习过程这三方面无需严格区分。但需要注意的是，这三方面都应遵循以下这些已经在前文中提到过的原则：

- 在学习过程中既要强调内容，也要强调学习行为本身；
- 学习的重点应该立足于儿童熟悉的生活环境，共同建构对特定知识的理解和意义；
- 通过交谈和其他方法，让儿童反思自己的思考和学习过程；
- 对思考过程进行反思时，要考虑到个体思维方式的差异；
- 学习发生在儿童的日常生活中，与儿童的日常生活经验相关联。

（参见本书第 1.4 小节中的相关内容，第 19 页）

在项目开始前，清晰地界定内容、内容的结构和学习过程，将有助于落实以上原则。

起决定性作用的是，如何从元认知角度和儿童共同探讨以上三个内容。[1] 因此，合理的做法是撰写一份书面的项目计划书，涵盖上述三方面，即内容、内容的结构和学习过程，并列出详尽的项目目标。项目计划书要能清楚回答下文中的若干问题，同时关注儿童参与的权利（Textor, 2005）。

计划项目时要考虑的问题

- 本项目要达成的目标是什么？
  - 儿童的认知、语言、运动和社会情感能力的哪些方面可以通过这个项目得到加强？
  - 哪些学习能力和元认知能力可以得到发展？
- 为实现这些目标，需要开展哪些活动？如何合理地安排它们的顺序？
- 如何对项目实施的过程进行记录和反思？
- 在哪里开展项目活动？
- 实施项目需要哪些条件（如材料、特定人员的帮助）？
- 谁来负责哪项具体任务？

---

[1]　Gisbert, 2004; Pramling Samuelsson & Carlsson, 2007.

在计划项目时，要灵活地安排各种活动，这样才能使儿童共同参与对项目过程的设计，同时也能及时应对新出现的问题。

但有些事情必须由教师在项目开始前就充分考虑并做好准备，例如事先准备好特定的材料或图书、视频等其他媒介的材料，或者组织一次外出参观活动。当项目的执行陷入困境或是儿童感到兴致索然时，教师也可以广泛收集建议，以推进项目持续开展（Textor，1999）。

5.4 项目的实施

开始阶段

教师和儿童开始一个项目时，第一步是了解儿童具备的知识经验的初始状态：关于主题，儿童已经知道些什么了？他们有哪些相关经验？他们听说过什么，看到过什么？对以上问题，不同发展阶段的儿童可以通过不同的方式表达他们已经拥有的知识和经验，例如角色扮演、画画、讲述经历以及交换对问题的猜测和假想。在这一阶段，儿童也有可能做出一些不合适的解释或者假想。但教师不必急于马上纠正他们，因为即使是错误也能激发儿童的探究和追问，并在最后产生"恍然大悟"的良好效果（Katz & Chard,2000a）。

在项目的开始阶段，教师应该对儿童的现有知识和兴趣有一个全面认识。同时，儿童将在这一阶段中发展和细化对主题的认识：在他们已知的内容中，哪些方面他们还不够确定？他们还想知道哪些与主题有关的新知识？伴随着对儿童问题的进一步细化，项目的主体阶段也即将展开，在这一阶段，小组成员们将共同针对主题进行探索。

下一步进展：搜集和评估信息（项目的主体阶段）

在这一阶段，儿童将通过不同的方法来搜集和主题相关的信息，提出假设并验证它们，再把各自获得的知识集中到一起。在一个共同建构的过程中，他们要考虑在哪里、通过何种方式才能找到所需的信息。根据儿童的兴趣和所处的发展阶段，可以将他们分成不同的小组，运用不同的信息搜集方法来研究不同的问题。

在这一过程中，儿童可以获得第一手信息，如造访一处建筑工地、一间工作坊，观察机器，采访工头、手工艺者之类的"专家"，还可以就项目主题询问家长和其他亲戚，或者参观一场与主题相关的展览。

在媒介素养教育中，搜集**第二手信息**尤为重要，儿童可以从与主题相关的图书、电影、适合儿童观赏的影音资源以及有家长陪同的网络搜索等方式来获得这些信息。这有助于提高对我们这个"信息社会"而言很关键的一种能力——有针对性地检索和获取信息，将重要信息从无关信息中筛选出来，以及根据自己的问题对信息进行评估。

在儿童和教师共同思考如何搜集特定信息的同时，儿童也有了许多机会对自己的思维方式进行思考，学习能力也得到提高。

儿童深入探究项目主题的过程是系统性的。在一个项目的主体阶段，儿童　*典型活动*
会有以下典型活动出现（Textor，1999）：

- 仔细观察事物或现象（如"木头漂浮在水面上"）。

- 探索事物或现象的特征和表现（如"如果将一只橡皮鸭子按进水里，会发生什么"）。

- 对比不同的事物或现象，寻找相同和差异（如"一块木头能漂浮在水面上，但一块石头不能"），并对类似的事物或现象进行分类（如"会漂浮的物体和会下沉的物体"）。

- 记录自己的观察（如用图画、照片等方式记录）。

- 测量（如会浮起的物体和会下沉的物体的重量）。

- 角色扮演游戏。

- 提出假设并进行验证（如"木头制成的物体会浮起，而那些由金属制成的则不会；轻的物体会浮起，重的物体会下沉"）。

- 搜集信息，如查阅图书，请教了解主题内容的人。

- 参观特定场所。

- 围绕主题开展唱歌、演奏和跳舞活动。

反思阶段

记录

  探究、搜集信息和实验的过程中，儿童必须时刻对已经获取的知识进行总结和描述。根据儿童的不同发展水平，他们会用各种各样的方式来展示自己的成果。较年幼的儿童主要采用绘画（色彩画或线条画）、搭建或角色扮演游戏的方式。例如，让他们描述对一家超市参观后的印象，儿童会画下对超市的印象，搭建、布置一家类似的超市场景，再进行角色扮演游戏（如水果摊前的售货员和顾客）。除此之外，他们还可以通过向他人讲述、展示和说明相关物品的方式，把他们的观察和结论表达出来。较年长的儿童会逐渐使用表征符号来展示他们的研究结论，发现使用媒介（如照片、电脑上的演示文档或视频）来记录的重要性（Katz & Chard,2000a）。

当项目进行到"中间阶段"时，研究主题不同方面的各组儿童应该交换他们的研究方法和新的认识，同时一起思考：他们有哪些发现，哪些问题仍然悬而未决，或者又出现了哪些新问题，在接下来的进程中要如何处理这些问题。像这类针对阶段性成果的反思和下一步进展的思考应伴随项目持续进行。因为正是在反思中，儿童和教师完成了共同构建知识体系的过程，同时儿童也参与了教育过程的设计。

交流和反思

交流提供了思考自身思维方式（元认知）的绝佳机会，因此，交流也是项目实施过程中的重要一环。反思阶段不仅有利于提高儿童的学习能力，还能促进其社会能力的发展，因为儿童在总结和展示成果的时候，会反思自己的学习和思维方式，他们一起思考：我们学习了哪些和这一主题有关的知识？我们是如何学习的？我们为什么要学这些？学到的知识对于理解项目的主题有什么作用？在这一过程中，他们不仅了解了自己的思维和学习方式，同时也获悉了他人的想法和解决问题的方式，并且对不同的方式形成了自己的评判标准。通过这种成果展示、交流以及对下一步的计划，儿童的合作能力也得到了提高，反思能力和规划个人学习的能力（元认知能力）同样得到了发展，而这些是一个"有能力的问题解决者"所必备的技能（Fritz & Funke,2002）。英格丽·普拉姆（Ingrid Pramling）认为"元认知对话"能帮助加强以上这些能力（Gisbert,2004）。

通过元认知对话进行反思

在所谓的"元认知对话"中，教师和儿童共同探讨他们学了什么、如何学习、为何学习。教师通过这一方式引导儿童对自己的学习和思维方式进行思考。在这里，加以思考的不光是内容，还有内容的结构和学习过程。

下列问题可以引发儿童对自身学习和解决问题的方法的反思：

- 我们昨天做了什么事，整个过程是怎样的？

- 你们从中学到了哪些之前并不了解的知识？
- 你们是如何学到这些知识的？
- 想学到更多知识，下一次要怎么做？
- 可以用什么方法把自己学到的知识教给其他人？

元认知对话的目的：

启发儿童就学习内容和学习过程，对自己的想法进行思考、反思和交流，并形成对自己的学习方法的自我意识（要学什么？如何学？为什么要学？）

- 儿童各自不同的思路和解决问题的方式可以成为共同反思的出发点。
- 儿童会意识到学习是一种有意义的、重要的能力，从而扩展自己对学习的理解。
- 儿童对有效的、深入的学习过程树立起正确的学习态度，即学习不仅要钻研内容，也包含掌控学习过程。

在实施项目的过程中，可以在小组讨论、角色扮演游戏或者自由活动中开展元认知对话。在幼儿园的日常活动中，教师与儿童的单独谈话（如针对儿童的成长档案袋的谈话）也是开展元认知对话的好机会。

（Gisbert, 2004; Pramling Samuelsson & Carlsson, 2007）

项目的完结

一个项目何时完结并不是事先计划好的，要根据儿童的需求来决定。重要的是，教师要时刻关注：儿童的问题什么时候得到了解答，什么时候学习到了所有预先设想的知识（即实现了儿童和教师共同制定的目标）。项目应以儿童展示最终成果的方式来结束，这样很有意义。有许多活动可以用作项目的结束环节，例如一次作品或成果展览，一个幼儿园年度节日上的公开展示，一场关于项目的图片秀或电影展，儿童根据主题设计的戏剧表演或

项目成果的展示墙。[1]

此类成果展示对儿童来说，是令人满意的项目结束方式，它为儿童带来一 *展示* 种成就感，他们的努力最终以一种看得见、摸得着的形式呈现出来，并得到他人的认可。还有一种展示方式对儿童的学习意义非凡，即对整个项目过程的文档记录。这些详细的记录不仅包括项目成果，也包括儿童的作品，对他们的学习活动的描述以及来自他们的各种想法和主意。这些详尽的记录也能为提高教育工作的质量做出贡献。[2] 这些记录的价值体现在

- 这些记录支持着儿童的学习过程，如果儿童在完成项目的过程中记录下他们的工作，那么就会对自己的成就和进步有较为直观的认识，这能激励他们继续学习。

- 这些记录给予儿童一个信号——他们的想法和努力很受重视，这将鼓励他们全身心地投入认真学习。

- 这些对学习活动和成果的持续记录有助于教师和儿童进行交流，支持他们共同规划项目的进展。

- 这些记录能激发家长参与幼儿园活动的兴趣，他们可以了解到项目的进展情况，也能提出自己的建议。

- 这些记录有助于教师了解每个儿童的学习和发展过程，并促使他们反思自己的教育行为。

这些记录的优点还包括：它能引发儿童对自身思维和学习方法的反思。在以后相当长的一段时间内，对项目实施过程和成果的记录仍可用于对儿童的思维和学习方法的研究。同时，如果儿童能通过这些记录领会其他小组的研究成果和研究方法，也有助于儿童相互学习和从他人的想法中获得灵感。

总结：计划和实施项目的步骤

1. 师幼共同寻找项目主题

- 儿童和教师通过一个共同建构的过程，寻找并确定项目的主题；

- 主题取决于儿童的兴趣以及教师（或幼儿园）的兴趣和其他相关条件，如教育大纲的要求；

- 讨论和反思儿童在寻找主题过程中的思维方式和学习方法，以此提升儿童的元认知能力。

2. 教师对项目进行计划和准备

- 教师针对活动计划制定一个粗略的时间表，安排相应的活动；

---

① Fthenakis, 2000; Groot-Wilkern, 2007; Katz & Chard, 2000a; Katz & Chard, 2000b.

② Fthenakis,2000;Katz & Chard,1996.

- 从内容、内容的结构和学习过程三方面考虑确定项目目标，同时留意在哪些环节能制造加强儿童元认知能力的机会；
- 项目计划要为儿童留出空间，让他们共同参与规划项目，以及提出新问题。

3. 项目的开始阶段

- 先进行状况调查：儿童对项目主题已经有哪些认识；
- 和儿童共同探讨：不同的人对主题有哪些不同的思考方式；
- 细化儿童针对主题提出的问题。

4. 项目的主体阶段

- 在一个共同建构的过程中，儿童思考如何获取想要的信息；
- 儿童用不同的方式寻找和项目主题有关的信息，并对此做出评估；
- 儿童提出假想并加以验证；

  → 在此过程中，根据儿童的兴趣和发展水平分组，不同的小组负责项目主题的不同方面。

- 在完成信息搜集、探究和实验等活动之后，儿童相互交流任务实施的方法，展示已经获得的认识并将这些总结记录下来（记录项目的进程）；
- 儿童在反思阶段中回答这一问题：我们学会了什么，怎么学的和为什么学。同时，通过元认知对话，儿童将研究和反思自己对学习的理解。

  → 继续提问：哪些问题仍悬而未决？是否有新问题出现？在接下来的项目过程中，这些新问题怎样解决？

（在项目的主体阶段，将不停地重复执行以上各步骤）

5. 项目的完结

- 儿童向他人展示项目成果，如通过墙面展示、展览，或者以某节日为契机；
- 利用对项目的记录帮助儿童反思他们的思考和学习过程。

6

媒介素养教育领域的项目：
来自实践的案例

在接下来的这一章中，我们将详细阐述在实践中诞生并经过检验的一些项目。这些案例可以说明，在第 4 章中所提及的媒介素养教育目标是通过哪些方式在具体的教育活动中达成的。这些活动还同时遵守了学前教育阶段的基本教育理念和针对媒介素养教育提出的特殊原则[①]。

呈现项目案例的目的

在教师们开展以媒介素养教育为重点的项目时，以下这些项目案例可以作为指导手册来使用。当然，幼儿园自身的教育计划是首要的，教师应该首先对园方的工作负责。但同时，也可以本指导手册为契机，为儿童联系到更多的学习场所。

当教师决定应用这些项目案例时，并不意味着照搬所有的内容和形式——它们只是为你的项目提供更多的灵感和建议。因为实施项目活动的基本原则之一就是与儿童一起规划，使活动更灵活，满足本园儿童的愿望并与他们的需求相匹配。

除此之外，还必须考虑到，每一个项目的设计必须因地制宜，重视园方的现状、技术条件，尤其是教师队伍的素质、兴趣以及当地的资源条件。因为这个原因，本书举出的案例各有侧重点，从而也可能产生多种不同的调适版本。例如，在有的案例中，儿童利用媒介来全程记录自己的学习过程，而在另一个案例中，媒介的作用则在于帮助儿童用各种创意方式来凝聚整个集体。

在所有案例中，共同建构理论都是一个具有重大意义的理论基础（参见下文"共同建构"）。本书介绍的诸多项目和各种创意都以共同建构的方式完成，它们本身就是一个共同建构过程的组成部分，是理论与实践的相互结合。园方必须阐明，准备以何种方式来实现自己的教育理念和媒介素养教育的目标，同时站在理论的角度，在前一章提出的各种理论基础上，对自己所运用的理论进行补充说明。整个共同建构的过程是公开的，由于园方应用了这些案例，并通过自身实践对它们进行了扩充，本身便参与了共同建构。因此，我们也希望通过这些项目案例，激发出更多、更丰富的演绎，使我们的理论和实践都得到扩充。

---

① 参见第 1 章和第 2 章。

共同建构原则

在共同建构式教育活动的实践中，教师与儿童始终是共同思考、共同行动和共同感受的，形成的是一种学习伙伴式的互动关系。教师要在这个互动的组织中扮演推动者的角色。但要特别注意的是，成人不能在其中采取居高临下的姿态，使儿童的共同参与地位受到忽视与削弱。例如，项目的主题和进程不应该在儿童缺席的情况下由教师自作主张地决定。儿童参与本身就是共同建构的学习过程的一个组成部分，同时也是达成学习目的的前提条件。[①]

儿童参与教育规划是"面向未来的教育实践的核心要素，是教育民主的关键"。[②] 这既是教育民主的体现，也是对儿童权利的尊重，即儿童有权参与到与他们相关的事务中，并做出与其发展水平相适宜的决策。在联合国《儿童权利公约》中就有此内容。[③] 中共同建构作为一种教育理论和教学法，使儿童有机会以协作和对话的方式参与涉及自身的教育规划。[④]

共同建构与儿童参与是一体的

共同建构

共同建构指的是一个以交流、合作为主要形式的互动过程，在此期间儿童与成人一起积极地行动、思考和相互影响。

从教育行为的角度来看，主要的难题是如何安排和组织教师与儿童之间的互动过程。为了促进儿童的发展和素质的提高，本书认为共同建构的学习过程具有以下几方面的典型特征[5]：

- 在一个社会性的活动过程中共同研究知识和意义，其中不仅儿童是主体，他身边的环境（包括教师与同伴）也是积极的参与者。
- 重视对事物意义的探讨。
- 多角度地认识问题。
- 与他人合作，共同解决问题。
- 拓宽现有的视野。
- 能产生自己的想法并充分表达出来，与他人进行交流讨论。

三个实现共同建构式学习的要素是：

- 组织活动

包括所有呈现出儿童和成人行为、观点和解决方案的活动，例如有

---

① 参见"（7）加强儿童对民主的基本理解与参与"（第43页）。
② 巴伐利亚州国家劳动和社会事务、家庭和妇女部以及国家早期教育研究所，2007。
③ 联邦妇女和青年部（波恩），1993。
④ 巴伐利亚州国家劳动和社会事务部、家庭和妇女部以及国家早期教育研究所，2007。
⑤ 参见"共同建构的学习方法"（第24页）。

绘画、拍摄、制定计划方案或模型等方式。

- 档案记录

包括对活动、观察和认识的描述和记录，也包括对观点和讨论的记录，项目以外的人可以通过这些记录领会和理解整个学习过程。

- 开展讨论

指对个人看法进行收集、筛选、总结以达成最终结论的过程。

组织活动和档案记录让儿童和成人在表达个人的想象和观点的同时能够了解别人的看法和见解。这两者为开展讨论奠定了基础和出发点，使众人得以相互交流各自的想法，并得出结论。

这种包含了**组织活动**、**档案记录**和**开展讨论**三要素的共同建构式学习模式，适用于不同年龄段的儿童。只要根据儿童的发展水平进行调节，都可以形成合作性质的共同建构。而倾听、观察儿童的需求和向他们提供多样的、适当的表达机会则是必要的前提。

参考文献：

MacNaughton, G. & Williams, G. (2003). *Teaching young children: Choices in theory and practice.* Maidenhead: Pearson & Open University Press.

Bayerisches Staatsministerium für Arbeit und Sozialordnung, Familie und Frauen & Staatsinstitut fir Frihpädagogik (Hrsg.). (2007). *Der Bayerische Bildungs– und Erziehungsplan fir Kinder in Tageseinrichtungen bis zur Einschulung* (2. Auflage). Düsseldorf: Cornelsen Scriptor.

Der Bundesminister für Frauen und Jugend Bonn (Hrsg.). (1993). *Übereinkommen über die Rechte des Kindes. UN–Konventionen im Wortlaut mit Materialien.* Düsseldorf: Livonia.

项目案例的结构

项目的过程

一个具体的项目方案可以根据第 5 章中所介绍的结合了元认知理论的项目结构进行设计。接下来要说明的就是一个项目的具体计划和实施过程的每一个步骤[1]：

- 项目的产生——寻找主题
- 项目的计划和准备

[1] 参见"总结：计划和实施项目的步骤"（第 135 页）。

- 项目的开始和主体阶段
- 项目的完结

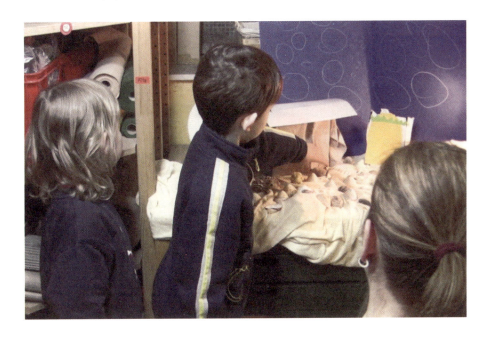

　　本章中这些具体的项目案例会说明如何以儿童的兴趣为导向，带领儿童共同去实现媒介素养教育的目标（详见第4章）。除此之外，这些案例也提供了很好的示范：可以在哪些环节适时地对项目的内容及儿童的学习过程进行反思，以提高儿童的学习能力。 *与媒介素养教育目标的关联*

　　由于项目内容都是跨领域的，所以在每一个项目里都会说明，除了媒介素养教育，还涉及其他哪些教育领域，以及对此可以实施哪些教育活动。[①] *与其他领域的关联*

　　另外，在某些案例的信息框中会介绍一些特殊的教育方法，例如"和儿童一起开展哲学探讨""建立共同学习小组"或者"提问"。针对每一个项目案例，都会详细说明这些方法是如何在共同建构的学习过程中进行运用的。 *对教育方法的提示*

　　在其他信息框中还会阐明，教育理念和基本原则[②]如何在每一个具体项目中，通过何种特殊方式被贯彻实施。

在项目案例中涉及的媒介素养教育的目标概览

　　本书中所列举的项目案例及教育活动对应了媒介素养教育的多个目标（例如"获得使用媒介的经验与知识""使用媒介以满足自身需求、解决问题和进行社会交流"），因为这些媒介素养教育的目标是彼此交融的。不过与此同时，每一个项目依然有自己的侧重点（如使用媒介进行创意表达）。而且根据所使

---

① 巴伐利亚州劳动和社会事务部、家庭和妇女部以及国家早期教育研究所，2007。
② 参见第1.4小节（第19页）。

用媒介类型的不同，每个项目的重心也必然不同。所以，儿童在某些项目中更多地与"电影"接触，而在另一些项目中以"图片"或"声音"为主，或者以使用电脑及各类软件为主。

纵观所有这些项目案例，"积极主动并有创造性地使用媒介"都是一个关键点，多数项目都要求儿童与教师一起制作一个媒介作品。媒介素养教育的其他目标还包括：知其然并知其所以然，了解媒介的使用方法、工作原理和功能，而这些都是与媒介的创意活动紧密相关的。还有一个重点是，我们必须考虑到一切活动都必须与儿童的年龄以及学习能力相匹配，因为学习的方式首先必须是集体的、主动的，并以儿童的兴趣和创意表达为主。同时，这些项目案例还不仅仅止步于此，我们希望达成更高的目标——"反思并总结自己使用媒介的经历与经验""了解并思考媒介信息的制作方式和功能"，这些都是各个项目案例涉及的重点内容和教育目标。

根据媒介素养教育的目标以及使用的媒介类型，各个项目案例的重点分布如下：

电影、视频与电视

项目案例 1　为幼儿园拍一部电影：孩子眼中的幼儿园

在这个项目中，电影是主要的媒介类型。幼儿与教师一起用丰富的创意来满足个人愿望——共同为自己的幼儿园拍摄一部电影。通过这种形式，他们可以向旁人展示自己对周遭社会环境的看法，并发表个人的观点。在整个电影的

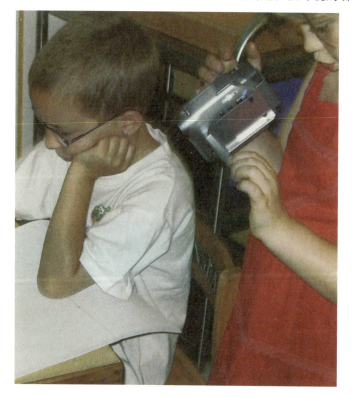

制作过程中，他们可以积累媒介经验，了解关于这种媒介的各种实践知识。通过一部电影的诞生及相关的思考，他们能够明白这种媒介的工作原理和功能，即电影是由人制作的，人们用它来与他人沟通、交流各自的观点和思考。

项目案例 2　制作一部动画片：电视世界里的孩子

幼儿从平日看电视的经验出发，自己动手制作一部动画片，由此表述**自己接触媒介的经验**，并与教师一起反思这些内容。

幼儿**通过动画这种媒介进行创意表达**，并在制作和思考的过程中掌握**动画的制作原理和功能**。

项目案例3　让孩子穿越电视屏幕

该项目的设计基于幼儿对电视的兴趣、经验和已有的认知。幼儿可以畅所欲言，叙述自己因为看电视而产生的**各种情绪和个人观点，并与他人进行交流、探讨和思考**。幼儿与成人一起利用图片、声音和动画等形式来**创作和设计，以此拓展自己使用媒介的经验，积累实用知识**。幼儿和教师一起研究"画面是如何跑到电视中去"的问题，并由此形成认知——**电视节目是由人安排制作的**。

项目案例4　魔法森林里的电脑

电脑

该项目描述了幼儿与教师如何一起学习使用园内的新电脑。大家一起了解电脑的各种操作功能和技术原理，一起积累**自己使用电脑的经验和相关的实用知识**。通过合作的方式，学习如何使用电脑来**满足个人的各种需求——解决疑问、社交、游戏、娱乐、获取信息、学习、创作和设计、交流和沟通等**。

项目案例5　认识和熟悉电脑

同样的，在这个项目中，幼儿与教师共同探索电脑的各项功能和使用方法，用游戏的方式来探究电脑的"内部运行"机制，尝试模仿数据是如何进入电脑的，并设计制作一个属于自己的电脑。幼儿因此**丰富了自己对电脑的认知和经验，也了解了它的基本运行原理**。在今后的学习活动中，他们可以使用电脑**进行沟通、创作、学习，并获得各类信息**。大家一起讨论思考个人与电脑的直接关系，这有助于形成关于使用电脑的基本认知。

项目案例6　使用媒介来记录、反思和呈现：森林项目

通过媒介来记录、思考和呈现项目过程

媒介在这个项目的实施中显示出重大的意义，幼儿在该项目中使用了各式各样的媒介作为工具，并根据项目主题的要求**搜索相关信息、记录并呈现项目的整个过程**。例如，幼儿在森林里通过数码相机进行观察，借助光盘资料和互联网搜集林中动物的信息，随后通过电脑上的软件向他人展示自己所学到的知识。幼儿在这个项目中使用媒介组织自己的学习过程，此时媒介**既是信息来源与学习工具，又是创意表达和交流的手段**。

项目案例7　创编一个幻灯片故事：朋友

充满创意地使用图像媒介

这个项目的设计是基于幼儿对讲故事和幻灯片投影仪的兴趣。幼儿可以自己**创编一个故事**，然后手绘幻灯片画面，最后将它们组合起来形成一个有画面的故事。幼儿利用这个媒介可以**将自己的创意充分表达出来，并与他人进行交流**。在与"图像"打交道的过程中，他们收获了**新的使用体验和知识**。

图像与声音

项目案例 8　**录制一个有声故事：大巨人和小矮人**

在这个项目中，幼儿与教师一起将声音与图像结合起来，**学习相关媒介的实际使用知识并进行创造性的表达，同时深化了这方面的经验**。借由一次制作全新的媒介作品的过程，他们将自己以往的媒介经验与之相关联，形成关于如何制作媒介作品的基本认知。

项目案例 9　**表达与记录个人审美：带着数码相机进博物馆**

这个项目将重点放在借助媒介进行**创意表达**上。从幼儿对摄影和平面艺术的兴趣出发，请他们拍摄一次展览中的艺术品，并**通过他们的眼光和角度来为展出的作品制作一份简介**。

项目案例 10　**从创编故事到戏剧表演：咪啰和魔法石**

通过创编故事和记录，媒介素养教育和**艺术文化创意**之间产生了一种紧密的横向联系。在这个项目中，幼儿可以借助媒介**自己编写一出剧目**，并使用多种媒介手段为它配上图像和声音。

项目案例 11　**用电脑绘制故事**

这个项目描述了幼儿如何借助电脑上的软件将图文进行结合，自制一本图画书的过程。在这个过程中，**幼儿拓展了与电脑相关的各种经验与知识，并学习了如何使用电脑来进行艺术创作。**

幼儿进一步理解了艺术创作的无限可能，因为在项目过程中他们不仅在画架上，也在电脑上进行了艺术创作，并对不同的艺术表现方式进行了比较。

媒介和符号表征

项目案例 12　**掌握表征符号和组织会议：幼儿园全体大会的筹备、主持与记录**

幼儿利用电脑将自己的想法、观点和诉求以表征符号的方式表现出来，并与他人进行交流。在这个项目中，幼儿使用了电脑中的绘图软件和其他软件（包括数码照片处理软件），对全园大会进行筹备、主持和记录。通过组织与参与这项幼儿园民主活动，幼儿可以理解表征符号的意义，也提升了以民主协商的方式参与幼儿园事务的能力。

项目案例13　**面向家庭的媒介素养教育：家庭媒体中心**

这个项目使用了一种特殊的方式来建立团体观念，即通过一个公开的程序为幼儿园建立一个家庭媒体中心。在这个过程中，不仅需要家长、教师和幼儿积极参与，同一个社区的居民也可以作为志愿者和专家参与进来。社区内的其他机构（如剧院、电影院）也可以作为校外活动点加入项目。在这个项目中，跨年龄和跨机构的合作丰富了幼儿的学习生活，增加了他们接触社会的机会，同时，这种团体合作的形式也增强了他们的集体归属感。

6.1 项目案例 1　为幼儿园拍一部电影：
##　　　　　　　　　孩子眼中的幼儿园

案例来源：马汀娜·贝克，奇芬海恩幼儿园，海恩堡和乌苏拉·海默，儿童媒体文化工作网络协会

6.1.1 项目的产生——找到主题

奇芬海恩幼儿园中的媒介文化

　　多年来，奇芬海恩幼儿园中的幼儿都在使用多种类型的媒介，例如使用摄像机和电脑来做游戏和学习。园方十分重视让幼儿利用媒介来记录个人的学习过程、与教师进行讨论和安排下一步的学习计划。例如，每一名幼儿都有一份档案①，里面存有照片以及个人学习活动的资料。通过这种共同建构的方式，幼儿参与了对自己学习过程的计划，并能了解到"自己学了什么""怎样学的"。同时，家长也可以通过翻阅档案袋参与到幼儿的学习规划中来。

幼儿对幼儿园的看法

　　除此以外，园方也十分重视让幼儿借助媒介来传达他们对周遭现实与社会环境的个人看法，让他们借此参与改变环境。在实现上述目的的过程中，园方贯彻了"儿童视角"的理念，即关注对幼儿而言，园中有哪些东西是重要的，他们最喜欢待在什么地方，他们喜欢玩什么，他们对集体生活有哪些看法等。

---

　　①　关于建立档案袋的方法，参见本系列丛书中《德国学前儿童档案袋工具》分册。

这所幼儿园曾开展过一个名为"阿尼画画"的活动，活动成果被制成了一张光盘，光盘中刻录的主要是幼儿的照片和音频，还有一些幼儿用电脑完成的绘画作品。

于是，在那次活动的第二年，园所购置了一台摄像机，幼儿与教师又一起开始了相关实践，能够在屏幕上观看到"活生生"的影像这件事令所有人都非常兴奋。

一段时间后，园方与准备升入小学的大班幼儿一起拍摄了一部有关毕业旅行的影片。那些未能参加毕业旅行的中班和小班幼儿因此产生了一个愿望——拍摄一部有关幼儿园的影片，毕竟这是他们长时期生活和游戏的地方。

一个创意的产生：我们来拍一部电影

针对一位教师提出的第一个基本问题"电影的主题是什么"，安娜回答："这部电影应该展示我们在这里能做的一切事情和应该学的东西。"

基于这个愿望，诞生了一个新的项目，让幼儿从自己的视角来记录幼儿园。

让儿童参与表达个人对社会环境的看法

这个项目的特别之处在于，幼儿利用电影这一媒介手段来表达他们对身边的社会环境——幼儿园的个人看法。他们会公开交流幼儿园中对他们来说颇为重要的东西、他们喜爱的事物以及他们在园中的日常生活和学习活动。通过这种方式，他们可以影响到周围环境的建设。

通过这个项目，幼儿使用了媒介的一项功能，这种功能在一个社会的公共生活中扮演着重要角色，即公开发表意见、观点和看法。

为了帮助幼儿日后顺利地融入社会公共生活，有必要提高幼儿的决断力、参与与组织能力以及承担责任的能力。

在这个项目的实施过程中，幼儿会不断遇到需要做出决断的时刻，例如影片该拍摄哪些情景；在表决的过程中，幼儿便承担起了责任，例如由谁来使用摄像机；所有这些事情的处理方式都是开放性的。

6.1.2 项目的计划和准备

幼儿在做出拍电影这个决策后，又一起进一步讨论了这部影片应该包含的内容。在这个阶段，教师应注意的是，让尽可能多的幼儿表达自己的想法，让每一名幼儿都拥有在一个公开的、受到尊重的环境中发表意见的权利。

利用个体差异，尊重多样性

教师要正面听取每一名幼儿的建议，并予以重视，以鼓励每一名幼儿进行思考、发言。幼儿可以对影片拍摄的内容发表完全不同的设想和建议，整个过程需要长时间的对话和讨论。

重要的是，每个幼儿都可以在一个包容、平静的氛围中逐步产生个人的想法，并告诉别人。通过这种方式，幼儿能体验到自身个性与个人观点的形成。与此同时，所有幼儿彼此交流，从中体会到不同的视角以及观点的相互补充。

并且，在这个共同学习的过程中，幼儿的一些不现实或者不适宜的念头和想法也会被打消，例如"我们不能在屋顶上拍摄"或者"你的哥哥已经不在这所幼儿园了"。关于操作可行性以及内容选取的问题，会在之后的详细计划阶段再次进行讨论。

可以肯定的是，幼儿会找到很多富有创造性的方法，去实现一个有趣的主意。同样的，哪些场景应该被收入影片或用幼儿认为有意义的方式进行拍摄，都会在下一阶段谈到。

为了发起并引导这种"百家争鸣"的场面，教师可以事先准备一些提问，借此来鼓励幼儿发言并把控幼儿之间的交流。

通过对话收集创意

关于此类对话的范例

教师可以问幼儿：

"要在电影里出现的重要的、美好的东西，你们首先会想到什么？"

妮娜在此之前一直在静静地聆听，这时她几次开口说："我的爸爸很重要，应该被拍进电影里。"

教师继续通过提问鼓励她沿着这个思路深入思考，并向众人分享她的想法：

"妮娜，请告诉我们，你的爸爸要在电影里做什么？"

妮娜："他应该在玩游戏。"

教师："再给我们讲讲，他在玩什么游戏或者和谁一起玩？"

妮娜："他应该和我一起玩。"

这时幼儿之间产生了讨论：

丁姆："那我的爸爸也要和我一起玩。"

约翰娜："我可不想只看爸爸们，有一个爸爸就够了。也许我的妈妈可以上镜。"

这时，教师帮助妮娜将她的想法详细地阐述出来："妮娜，你刚才都听见了，其他小朋友也觉得需让自己的爸爸妈妈出现在电影里。现在请你说一说，你的爸爸在电影里应该在玩什么或做什么。"

妮娜："早上爸爸送我来幼儿园，然后总是和我一起玩。其他小朋友可以在一旁看，有时我的朋友也过来一起玩，所有的爸爸都能这样做。"

于是，教师把这个场景描述记录下来，而妮娜需要去询问她的爸爸是否愿意参与电影的拍摄。

以媒介素养教育为核心：教育目标和教育活动

经过第一阶段的筹备对话，项目的目标在幼儿心中已经变得十分清晰——大家想拍摄一部属于自己幼儿园的电影，每个幼儿都想贡献自己的创意，并对最终成品有着明确的预想。参照大班幼儿的毕业旅行电影，他们也想制作出能完整呈现给他人欣赏的作品。除此以外，幼儿也十分期待使用那部新购入的摄像机，他们已经学习了使用方法，希望通过拍摄这部电影使自己的拍摄技巧更上一层楼。

教育目标

媒介素养领域的教育目标

为幼儿园拍摄一部电影的愿望是幼儿自己提出来的。在拍摄过程中，**幼儿接触到各种媒介设备，如摄像机、电脑，从而扩展了使用媒介的经验和知识**。

幼儿利用媒介来满足自身的需求：在电影中他们会展示自己的视角，**并用充满创意的方式来表现幼儿园对他们的重要意义**。通过电影这一媒介，他们可以表达个人观点，**并与他人进行沟通**。

通过一部电影的制作流程，幼儿们不仅积累了相关经验，也会思考与理解**电影的制作方式和功能**，明白在电影的幕后站着人，他们和自己一样，通过电影来传递某种需求。

通过集体讨论，教师会发现，他们与幼儿共同参与了一个要求颇高的项目。作为成人，教师在活动中也需要有所学习，并克服一些困难。尤其影片的剪辑工作，这是一项高要求的任务，不仅需要激发幼儿的求知欲和创意，老师自己也需要学习剪辑等新技能。同时，他们也要学会信任幼儿，放手让幼儿拿着摄像机去自主拍摄。

教师的计划

大家需要达成共识——这个项目是有趣的，是由幼儿与成人结成的"共同学习小组"协同推进的。幼儿将经由这次体验明白，成人并非是万能的，他们同样需要学习（参见下文）。

建立共同学习小组

共同学习小组有哪些特征?

共同学习小组是一个通过**一起学习**来提高自身能力,同时将学习视为**内容与目标**的集体。教师引导幼儿形成一个合作小组,以合作的方式学习,同时增强组中每个幼儿对集体的归属感。能够形成一个共同学习小组的前提条件是,小组必须设定一个共同的目标,所有小组成员对这个目标都充满兴趣且同时都拥有表决权。

在媒介素养教育的项目中,幼儿们要共同完成一件媒介作品,这个过程已经具备了共同学习小组的特性。完成一部电影的拍摄,为一本图画书配音,制作一个有声故事或类似的作品,本身就是一个要求很高的目标,必须通过团体合作才能完成,幼儿们会感到自己就是"影片摄制组"的成员之一。而最终的成品也不是唾手可得的,需要经过共同努力的过程来完成,所有成员都必须不断学习新知识(技术上的操作,如画面和声音的剪辑;审美上的要求,如内容素材的选取和组织等)。

除此以外,以下几方面对一个共同学习小组来说也是非常重要的:

- 学习是一个社会行为过程,人们通过合作的方式来解决问题。
- 这是一个具有开放性的学习过程("你们是如何发现这一点的?""我们如何解决这个问题?"),而不是单项技能的习得过程。
- 共同学习小组的活动内容和目标与幼儿的日常生活及兴趣息息相关,由此提出的问题也必须对幼儿自身有重要意义。
- 共同学习小组能获得丰富的材料与资源。
- 教师要积极组织一个互动的过程,不断通过开放性的提问来引导幼儿讨论。

归属感对一个共同学习小组来说具有哪些意义?

对学习而言,集体归属感是十分必要的,因为它能帮助幼儿在团体中获得愉悦感受。除此以外,集体归属感能提升幼儿的自律能力与自信心,也可以促进幼儿更积极主动地参与学习。可以清楚地看到,在学习活动的规划中,除了认知方面的因素,情感因素也扮演着一个至关重要的角色。下列要点可以增强小组成员的集体归属感:

- 强调本次学习是通过合作,而不是竞争来完成的。
- 幼儿可以平等地参与决策。
- 努力打造一种充满信任感的氛围,令每一个幼儿都感到被尊重;

必须共同制定一些行为规则，避免有人被轻辱或受到伤害。

- 共同庆祝目标完成。
- 教师对待幼儿的态度必须认真且细心，与每一个幼儿都建立起相互信任的关系。

如何在一个共同学习小组中建立合作学习？

要实现合作学习，重点在于选择那些需要共同完成的学习活动。教师需要鼓励幼儿去关注他人的行为、发言和感受，每个人对学习合作都有同等的付出。为了激发合作型的学习过程，还有一些行为模式是需要注意的，例如在学习活动结束时，不必选出一个第一名，避免那些非合作性质的竞争类游戏等。

参考文献：

MacNaughton, G. Williams, G. (2003). *Teaching young children: Choice in theory and practice.* Maidenhead: Pearson & Open University Press.

6.1.3 项目的实施

项目的主体阶段

导入：寻找重要的活动地点，写下各种创意

在项目准备阶段的讨论中，幼儿已经收集了很多关于他们需要拍摄哪些地点和内容的创意。教师应该把这些都做成书面的记录。然后，每一个幼儿都会想进一步完善自己计划拍摄的场景，教师可以通过提问引导幼儿思考如何自己创作单个场景的"剧本"，因为教师无法同时为所有幼儿编写剧本。

幼儿在幼儿园的日常学习中已经获得了一些如何系统地、表征性地将自己的建议和计划表达出来的相关经验，在许多场合中，他们都能使用表征符号来记录自己的想法和愿望，给出个人的评论意见，描述幼儿园的一些规章制度以及报名参加

一个活动等。基于此类经验，他们能够使用不同形式的表征符号来表达。这些表征符号有场景和物品的草图、照片、风格化的绘画、自己发明的符号、图示以及字母。

以此为基础，教师可以和每一名幼儿详细讨论个人如何描述电影中即将拍摄的场景。

发明个人的表征符号系统

通过以下这个例子，看教师如何帮助幼儿发明一个自己的表征符号系统，以代替语言来表达自己的理解和兴趣：

卡丽玛和其他幼儿一起坐在花园里，认真地写着自己的计划。她认为电影里不能遗漏"花园里的秋千"这个画面，所以她希望画一个轮胎，"这样就能很方便地表达秋千"。

她打算记录下这个场景，于是在一张纸上写下了几个字母。教师问她用到了哪些字母，她的回答是："这个我不知道，因为我还不认识这些字母。"教师继续问，那她是如何知道这些正在使用的字母的。卡丽玛看上去有些不高兴了，回答道："我从艾米丽那里学来的。她在学校和家里都必须写作业，所以我就在旁边看，学会了一些。"

教师决定和卡丽玛一起发明一套合适的"书写系统"，所以继续问她如何辨认刚刚写下的东西。卡丽玛解释说："很简单，记住就可以了。"当人们使用了"正确"的字母，就能让人看懂文字的意思，"错"的字母必须被擦掉，但卡丽玛还不认识"正确"的字母，所以她必须牢记自己写下的东西，同时对她来说，也不必擦掉错字，反正她也不认识"错"字。

在接下来的对话中，卡丽玛还向教师解释说，写下的字母代表了自己想朗诵的"秋千诗"。后来她还在字母旁补画了秋千，好让自己不会忘记。

第一部电影诞生

凸显优势

两个小女孩——妮娜和卡丽玛，对这次的项目都非常感兴趣且表现得很积极，她们向教师表示整个活动对她们而言进行得不够快。如何充分地贡献自己的力量又不必干等整个"摄制组"出成果呢？经过思考之后，她们向教师做出如下建议：

"我们到卧室去给那里的孩子讲故事。这样你手头就没有工作，可以来拍我们俩是如何哄孩子们睡觉的。"

这个建议并不是"剧本"中的既有内容，但因为没有人反对，所以就被采纳并立刻实施了。

妮娜和卡丽玛给卧室里的其他幼儿讲故事。她们把书搁在大腿上，讲述她们已经听过的故事以及其中的人物和情节（不过这些内容和她们手上的书并不相符）。教师在一旁用摄像机将整个过程拍摄下来。她俩还请求教师将她们所讲的故事写下来，以后做成一本书。整段录像将专门为她俩刻录成光盘，她们所讲的故事也会被记录下来，制成一本小书。

她俩感到十分骄傲，这是第一份看得见摸得着的成品——一段花絮短片外加一本书。这个"插曲"推动了整个电影拍摄小组，现在大家也该动手拍摄自己的影片了。

规划和组织个性化的教育过程

在这个项目中诞生的电影是所有幼儿共同努力的成果，所以需要很多次的意见表决。但即使如此，还是应该给予幼儿个人空间，顾及每一个人的兴趣点、学习节奏以及学习速度（个体差异）。

妮娜和卡丽玛的创意以及得到教师支持的过程就是一个很好的例子，即使在同一个项目中，也不必步调一致，可以让幼儿充分发挥自己的长处，按照个人的速度来学习。

总体而言，所有幼儿都有足够的空间，将个人兴趣和能力贡献给整个项目。因此，在拍摄电影的幼儿之中会自然形成一个"核心小组"，他们特别地投入，甚至可能担起影片剪辑的重任。其他幼儿则在拍摄的不同阶段加入，只负责单个场景的拍摄。

同样的，在前期确定拍摄地点和场景的筹备中，教师也要看出每个幼儿的长处和兴趣点，注意到这些个体差异。教师需要和每个幼儿进行一对一的谈话，还可以要他们完成一些任务，例如绘制示意草图，写下单个字母，用录音机记录自己想到的点子，或者拍一张拍摄地点的照片等。教师对每个幼儿的协助也取决于幼儿的个人需求和实际情况。

剧本

经过一番准备工作，现在电影摄制小组要集中讨论如何将大家的创意汇总起来，完成一部属于大家的电影。接下来，该着手编写剧本的工作了。

主线：重要的拍摄地点

由教师主持的拍摄计划讨论会向幼儿提出一个问题："大家准备在哪些地点进行拍摄？"这背后的考虑是，幼儿应该对整部电影的拍摄场景心中有数，还要根据幼儿已经画好的分镜脚本来布置拍摄场景。

在影片中传达个人对幼儿园的印象

幼儿说想在电影里展示集体活动室，然后是走廊，还有其他地点，例如创意游戏室、浴室以及花园。教师继续问道：

- "你们在这些房间里做什么呢？"
- "这些地方有什么事情发生吗？"

然后幼儿拿出之前个人画的场景图，大家开始汇总。很快他们发现，很多人画了同一个场景——在花园里玩，假山、自行车和水池也都被多次提及，于是小组达成一致意见——这些地点和整个游戏场面都应该被收入影片里。

此外，还有一些建议。例如，保罗在他的草图中有采访其他幼儿的计划，他的提议是对花园进行现场采访，"我可以对小朋友进行提问"。

分配角色

于是，教师继续和保罗讨论有关采访的提议，教师问道："你已经想到问哪些问题了吗？"保罗说还没有，但是他很想知道同伴都在做什么。教师建议他最好想出一个合适的问题。于是，保罗和其他同伴开始准备各种可能的问题，最终保罗决定在电影里提问："你今天在这里做什么？"

> 提莫在这时插入谈话，提出自己的意见："我可什么都不会说，我只想继续画我的城堡。"教师立刻抓住这点异议，以此为契机，帮助保罗和其他小伙伴深入思考采访者这个角色。
>
> 教师问："要让其他小朋友愿意和你谈话，你准备怎么做？"
>
> 保罗："我会大声提问，让他们必须回答我的问题。"
>
> 教师继续问："为什么你要大声提问？"
>
> 保罗："因为这里比较吵，大声他们才听得见。"
>
> 教师整理了一下保罗的想法，然后征询其他人的建议：
>
> "保罗必须注意，让其他人能听到他的问题。为了让大家愿意接受他的采访，他还应该做些什么？"
>
> 大家发表了各式各样的意见，例如：保罗的态度应该和善；他应该一个人接一个人地提问，而不是一次问一大群人；如果别人手头正忙，他不应该打扰对方，而应该稍后再问……通过这样的谈话，保罗对自己在影片中扮演的采访者角色有了更好的认识。

在角色扮演游戏中提高自控能力

这样一个通过角色扮演来对采访环节进行准备的过程，是一个增强幼儿自我控制能力的好机会[①]。通过"采访者"与"受访者"的角色扮演可以实现以下功能：

- 幼儿能够**从外部获知他们的行为准则**。因为其他人会对角色扮演者有所期待，角色扮演者必须思考和遵守一定的规则——为了让受访者回答问题，一个采访者应该如何做？

- 幼儿能够**对扮演角色者进行关注和监督**。他们希望别人扮演好自己的角色，并向扮演者提出建议——一个接受采访的人应该在采访中如何表现？

- 幼儿能够学习**自我控制个人的行为**。为了使活动顺畅或者"拍摄顺利"，他们必须遵守角色扮演的种种规则——为了让受访者给出一个回答，自己应该如何表现？

对幼儿园的个性化表达

在整个拍摄脚本的设定过程中，幼儿出现了越来越强烈的个性化表达倾向：整个拍摄计划是从选择拍摄地点开始的，随后在描述各个场景的活动时，开始凸显一些幼儿的个性化差异，再随后大家开始贡献更多的想法——如何在影片中表现个人的兴趣和能力。

例如，诺亚就建议说："我还要画一幅画，让它在电影里出现。"于是他来到绘画桌前开始画一艘船。之后他自己把画拍摄下来，像使用扫描仪一样，镜头把画从头到尾扫了一遍，没有

在影片中富有创意地表现个人

遗漏任何细节。他在影片中不仅仅展示了自己在幼儿园中喜爱的活动，同时也展示了自己的特长——绘画。

而提莫也想展示自己的特长，他说："电影里也应该有日历。"

教师问他："你指的是哪个日历？"

提莫解释说："我指的是挂在我们集体活动室墙上的那幅日历，我想把它

拍下来。"

在影片中表现重要
的个人主题

约翰娜和安娜更想拍摄同伴。例如高年级和低年级幼儿长牙的情况就不一样，这很有趣。她们自己还有些牙没有长出来，特别关心牙齿的生长状况，所以她俩想呈现大家牙齿的不同情况。

计划阶段的收尾

到了计划工作的收尾阶段，有必要拟定整个拍摄项目的草案。草案将收录幼儿所有希望拍摄的内容以及整个电影拍摄的大致流程。如果幼儿对此表示满意，就可以进行下一步了。

初步学习拍摄技术

现阶段幼儿要开始准备学习使用摄像机的技术了，在理解掌握了技术操作后，所有幼儿都应该能独立使用摄像机进行拍摄，这本就是此项目的教育目标——培养幼儿使用媒介来满足自身需求的能力。从幼儿的角度来看，学习如何使用不会令他们感到陌生或畏惧，他们反而对此有着浓厚的兴趣。

摄像技术的体验与
经验积累

幼儿和教师一起观察摄像机及其各个部件，然后试用，拍摄一些片段。[1]幼儿此时可以回想一下关于摄像机的已有知识。有几名幼儿之前已经有过使用摄像机进行拍摄的经验，教师便请他们与大家交流心得。还有其他幼儿已经了解照相机的一些基本功能，这一经验也可以用到摄像机上。

最重要的是让幼儿掌握两个功能——"录像"和"停止"，当然还有其他一些操作问题：

- 打开和关闭摄像机时，应该怎么做？
- 如何辨认哪些功能和设定正在运行中？
- 显示屏上的标志都代表什么意思？

幼儿明白摄像机的基本功能后，便可以开始尝试拍摄一些片段。之后让他们观看自己试拍的内容，并交流个人的经验。通过这样的试拍与讲述活动，幼儿可以进一步掌握一些实际的拍摄技巧，如镜头的远近调节或防止晃动。但是，还有一些问题需要教师和幼儿一起想办法解决。

例如，有幼儿发现长时间举着摄像机非常吃力，于是教师向大家征询建议——如何固定摄像机。

- 丹尼斯曾经在电影里看到过一位摄像师，知道他在"拍摄期间"使用了一个支架。但是，幼儿园里并没有这样的支架。
- 拉斐尔说，自己在试拍期间用两只手拿着摄像机，这样比用一只手举

---

[1] 参见"提供帮助——搭支架"（第235页）。

着好很多。丹尼斯还补充说，在这种情况下，必须注意功能键的使用
不受影响。

所有人再一次共同讨论摄像机的使用方式。大家尝试用两只手拿着摄像机，*一起解决技术问题*
同时注意手指不能碰触的地方——镜头和话筒绝对不能被挡住，这样拍摄的影
片中才有图像和声音。

经验丰富的丹尼斯还指出摄像机上那些功能键的名称和各自的功能。他描
述了如何辨认"拍摄"和"暂停"状态。他介绍的通过颜色进行辨认的方法对
大家帮助很大，整个小组都认真学习了。

此外，整个小组就摄像机的使用规则也达成一致意见。而这些规则产生的
原因是试拍期间幼儿碰到的一些问题和困难，例如有些幼儿担心如果其他人迟
迟没有归还摄像机，他们就必须等待很长时间才能轮到自己拍摄。于是教师询
问，为了避免这样的问题再次出现，大家应该怎样做。幼儿继而达成共识：每
个完成拍摄的人必须立刻归还摄像机。

拍摄影片与后期制作

在所有人都已经熟悉拍摄操作后，接下来连续两天是电影的主要拍摄时间。
幼儿根据已经编好的剧本和个人的分镜草案来拍摄各自负责的重要场景。

接着幼儿要认真评判自己拍摄的画面和片段，注意哪些地方需要改进，例
如，有些内容拍得过杂，有些场景重复了，有些事件拍摄时间过长，还有一些
画面镜头晃动得很厉害。

教师就每个场景一一询问幼儿，它们是否必须出现在影片里。对那些大家
都觉得不满意的镜头，教师希望能找到解决的方法。于是，幼儿提出了各种各
样的建议，例如，可以把一段镜头晃动得很厉害的内容剪掉，或者如果这部分
内容很重要，就重拍一遍。针对应该舍弃哪些内容，大家进行了非常详细的
讨论。

此时，幼儿开始形成对一部优秀电影的评判标准。例如，有些幼儿指出，*重新观看电影，做*
晃动的画面令他们感到头晕；而冗长的镜头则十分乏味，应该被剪短。幼儿通 *出决定*
过这样重复观看和讨论，意识到必须在所有人达成一致的意见后，才能做出最
终的决定。

现在幼儿已经能够将这部电影视为一个整体，认真思考它的结构和戏剧效
果。安娜说："我们还没有从外面拍过幼儿园呢，大门那里也没有拍。那应该
在开头就出现，因为我们是从那里进来的。"她的建议获得了其他人的一致同
意，于是大家进行了补拍。

通过对这部"集体作品"的创作思考，幼儿开始将自己的电影和平日见 *明白电影的人为*
到的媒介作品关联起来。他们开始明白自己拍摄的电影和市场上的电影一样，*属性*

都是人为的作品。通过反思自己的拍摄制作过程，他们也会联想到从电视机和电影院中看到的电影。所以，他们打算在影片的最末展示一些有趣的东西，即"拍摄花絮"，例如拍摄期间的一些失误，类似的画面他们经常在电影结尾处看到。安娜和约翰娜还想出了一个点子，在影片结尾展示那些牙齿没长全的幼儿的滑稽画面。

剪辑

现在还剩最后一项任务，通过一定风格的剪辑使影片更丰富，并能最终播映。

幼儿园里并没有剪辑软件，这时兴致勃勃一路关注项目进展的家长参与进来，向幼儿园提供了一套视频剪辑软件。

一起研究技术，认知新领域

在影片剪辑阶段，一些特别认真投入的幼儿组成一个小组，他们主动要求"学习剪辑"。成人和幼儿在剪辑这项工作上便形成了一个共同学习小组，因为这套软件无论对教师还是幼儿而言都是一项全新的技术。他们一起研究软件的各项功能，例如"标记""剪断""删除""拼接"。整个过程是非常复杂的，但是通过幼儿与教师的深度交流，大家把整个剪辑工作和各自的愿望结合起来，其间大家还不断产生新的想法，使这项任务变得既艰辛又有趣。

提示：免费的视频剪辑软件[①]

大家可以通过下萨克森州立媒体中心的网站下载免费的相关软件，网站上有一系列适合儿童使用的视频剪辑软件目录，网站地址：www.multimediamobile.de/seiten_alle/links。

整理档案袋并反思

共同为自己的幼儿园制作一部电影是一种记录和回顾幼儿学习过程的特别方式。

展现和反思自己在幼儿园中的学习

一方面，摄制完成的电影记录了幼儿学习的整个过程。无论是当时还是几年以后，幼儿都可以与他人，尤其是父母，一起回看影片，回忆自己在幼儿园中的生活和学习，看到自己当时的模样，并意识到自己的变化。

另一方面，回想自己当初为什么要拍摄那些场景，当时是如何表现自己的。这对幼儿来说是一项重要的作业。这样的思考始终伴随着一些问题，例如：

---

① 中国国内也有许多适用于电脑端或移动端（手机、平板电脑）的免费的视频剪辑软件，读者可自行选择。（编者注）

"我在幼儿园里能做什么？学到了什么？""我最喜欢做什么？最擅长做什么？"

而通过选择和剪辑拍摄的内容，能再一次深化这种反思。幼儿需要做出决断并给出理由——哪些场景格外重要，必须在影片中保留，而哪些可以被舍弃。

记录和回顾个人的学习过程

在项目结束后的总结讨论中，教师会对每一名幼儿的学习过程和结果进行一番评量。有些幼儿会因个人在电影项目中的表现收到一封反馈信。除此以外，大家还会收集媒介活动中发生的各种小故事，整个项目的活动过程都需要由幼儿自己记录。

把主题延伸至更宽泛的领域

幼儿作为"电影摄制组"的成员积极地参与了本次项目。这是一部属于他们的电影，由他们来决定影片的内容，并在其中表达了他们对幼儿园的感受。幼儿都曾是共同学习小组的重要一员，经历了共同去完成一个目标的过程，并在其间贡献了各自的想法和力量。

幼儿对媒介技术的掌握和相关能力的提高构成了整个项目的重要背景，制作一部自己的电影显而易见是个极富吸引力的活动。对他们而言，电影这种媒介不仅仅是一种创意表达手段，也是一种民主参与的方式，它向外人展示了幼儿对幼儿园的观点和视角，这种公共、公开的交流构成了他们对社会现实的参与。

项目的完结

完成影片剪辑后，幼儿对自己的作品非常喜爱，希望能够尽快播映。于是园内组织了多场傍晚放映活动，家长与幼儿一起兴奋而愉快地观看了这部反映幼儿园的电影。

其中有一场事先计划好的特别播映，幼儿还特意为此制作了宣传海报。

此外，本次项目的所有参与者都得到了一份电影拷贝文件。园方很快就收到了来自家长和幼儿更多的相关建议，包括新电影的摄制计划。

6.1.4 涉及的跨领域教育

语言和读写

在项目的整个计划与总结讨论的过程中,幼儿提高了自己的语言表达能力。他们需要组织、表达个人的观点,聆听、理解他人的意见,从而形成一种"讨论的氛围"。这种有趣的活动甚至能鼓励比较内向的幼儿发言,说出自己的观点和对技术知识的了解。

这次活动也丰富了幼儿的词汇量,例如"剪辑"并不代表"剪断"什么东西,而是一种引申含义。

幼儿还理解了什么是剧本以及它的重要作用。他们尝试了图像和场景的蒙太奇嫁接手法,从而理解为了生动而清楚地描述一件事,为画面安排顺序是十分重要的。

在计划之初以及分镜头的草图绘制中,幼儿加深了对一些表征符号及其功能的认识,这为未来的文字书写学习打下了良好的基础。

创意、艺术和文化

在这次项目活动中,幼儿用多元化且富含创意的手法艺术地表达了自我。他们从各自的审美观出发来选择要拍摄的画面,寻找最佳的拍摄位置和视角。在不同的画面转换间,他们还要注意色调和观众的感受。除此以外,为了影片的拍摄计划,他们也需要自己绘制一些分镜头草图。

情感和社会性

在共同制作一部电影的过程中,幼儿与成人需要通过一种特殊的方式彼此肯定对方的行为,尊重对方的观点并考虑对方的感受。

数学

在影片拍摄过程中,幼儿拓展了自己对空间的认知与经验。例如,他们讨论某一场景在电影中的效果时,需要从不同的角度和距离去拍摄,也要考虑镜头的焦距变化。

在电影的筹备和剪辑过程中,幼儿需要运用到许多涉及空间和时间的概念词汇,例如首先——之后、开始——结束、前——后——旁边等。

在影片的剪辑过程中,幼儿也学习了视频剪辑软件中的各种时间概念。

6.2 项目案例2　制作一部动画片：电视世界里的孩子

案例来源：布朗斯哈特市葡萄园大街幼儿园，尹佳·贝克，儿童网络媒体与文化教育协会

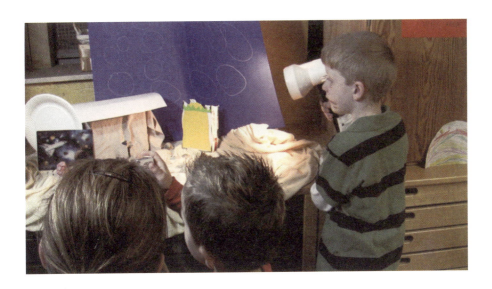

6.2.1 项目的产生——找到主题

葡萄园大街幼儿园位于布朗斯哈特市，其日常教学工作是以档案袋工具为基础来开展的。[①] 因此，园方在每一个新学年伊始都会总结分析幼儿园当下的教育状况，为来年的教学重点做出规划。档案袋内资料的基本内容是教师与幼儿进行的谈话，借此了解幼儿的兴趣与需求。通过分析这些谈话记录，教师发现幼儿对角色扮演，尤其是对来源于媒介的角色扮演游戏有着浓厚的兴趣，而电视里出现的动画角色对幼儿也有着重大的影响。因此教师们决定，在新学年的媒介素养教育中设置一项重点内容，其目标是提高幼儿的语言能力。

通过档案袋工具来回顾教育工作

而针对"媒介"这个开放的教育内容，园方要求幼儿一起参与到具体的项目和教育活动的计划中来。通过这种方式，本次项目的特殊主题得以确定——制作一部动画片，这完全是在与幼儿的对话交流基础之上，从他们的问题和兴趣点出发而得出的结果。

相互交流与媒介相关的体验

[①]　关于幼儿档案袋的内容，参见本系列丛书中《德国学前儿童档案袋工具》分册。

为了解幼儿对媒介的疑问和兴趣点所在，教师以电视为主题召开了一次讨论会，向幼儿提出以下问题：

- 你们最喜欢看哪些电视节目？
- 在电视节目的人物或角色身上，你们觉得有哪些优点？
- 你们不喜欢电视里的哪些东西？

在这次热烈的讨论会上，幼儿兴奋地发表了自己对电视的体验、喜好和反感之处。

幼儿尤其喜爱小羊肖恩，他们是通过电视观看这部动画片的。他们还建议，大家一起观看其中的一集——《恐怖小羊》。在这一集中，小羊家的农场主在看一部恐怖片，而好奇的小羊肖恩也想透过窗户一起看。以这一次媒介体验为基础，教师本想与幼儿一起探讨一下"恐惧"这个主题，但谈话却突然转了一个方向。虽然有几个场景令大家感到有一丁点儿害怕，但有一个女孩说："所有这些都是画出来的，根本不是真的。""对，所以你根本不需要害怕。"另一个小男孩也立刻补充。于是接下来的讨论就开始围绕着这个问题进行——动画片是如何做出来的。

由之前的活动自然地产生项目主题　　所有的东西都是画出来的？根本不是真的？幼儿与教师一起想到了一个主意，即自己来制作一部动画片。通过这种方式来解答之前的疑问。那么，为了制作一部动画片，需要做哪些事呢？

6.2.2 项目的计划和准备

针对如何实现幼儿的想法，即自己来制作一部动画片，教师之间先进行了一次讨论，最后大家一致同意将它作为一个项目来实施，整个过程应该由幼儿自己动手。

以媒介素养教育为核心：教育目标和教育活动

本次项目一共由4位教师执行，每人负责项目的一个分支，各自对应由幼儿自发产生的疑问和兴趣点，分别是：

- 制作一部动画片
- 根据一本幼儿挑选出的图画书制作一部动画片
- 为两本图画书配音
- 动画特效实验

教师们将以上4个主题介绍给所有的幼儿，每个人可以根据自己的兴趣参加其中一个小组。最后一共有40多名4～6岁的幼儿报名参加了各自的项目小组。

在这里将介绍其中一个项目小组"制作一部动画片"的详细情况，以此来说明本次项目是如何实施的。

> **媒介素养领域的教育目标**
>
> 在这个项目中，幼儿将自己制作一个媒介作品，他们需要使用各项技术和制作方法，这些方法常见于动画片的制作。
>
> 通过自己动手制作一部动画片，**表现自己的创造力，并为他人放映这个故事**，幼儿利用媒介满足了自己的需求，解答了自己的疑问，并进行了社会交流。借此他们也大大丰富了与媒介相关的使用经验和知识（电影与摄影）。
>
> 根据这次亲身体验，并与自己平日熟知的电影进行比较后，幼儿会**对媒介作品的制作方法及其功能形成一定的认知**。他们会思考现实世界与媒介中所表现的世界之间的关联，从而共同认识到**媒介信息是由人制作出来的，因此背后也蕴含着一定的目的**（例如，为观众提供娱乐或令他们震惊）。幼儿也会认识到媒介所反映的并非是完全的现实。
>
> 经过对媒介信息的讨论，**幼儿会思考自己对媒介的运用以及各种媒介信息的目的和意图**。
>
> 他们也会通过谈话进一步思索媒介中的性别角色，以及他们个人对此的看法及偏好。

6.2.3 项目的实施

项目的主体阶段

导入：我们对动画片的了解有多少？我们自己的动画片该从哪里着手？

在项目的初始阶段，教师通过提问来探明大家对动画片有哪些了解：

- 你们看过哪些动画片？
- 在哪些动画片中有真人演出，哪些是纯绘画的，哪些是由玩偶或人偶演出的？

幼儿描述了他们最喜爱的电视节目，还动手画出了他们最喜爱的角色，并就"哪些是绘画型的动画，哪些是玩偶演出型的动画"进行了讨论。

教师针对如何自己动手制作动画片收集了必要的资料，最后决定大家将用逐帧画面来构成一部动画片，即用照相机拍下图画后，在电脑中排列组合成为系列动画。幼儿将和教师一起观看这部动画片，并在暂停播放或一帧一帧播放时观察会产生什么效果。通过这些实验，幼儿将和教师一起了解动画片制作的基本原理，还可以就如何使用逐帧图片制作动画片发表、讨论各自的想法。

幼儿对动画片的已有认知

一部动画片是如何诞生的?

一部动画片的诞生,依靠一系列看似几乎相同的图片前后排列后按序播映,图片间细微的差别之处就在于动作变化。例如,为了表现一个正在挥手的人,只需要一系列胳膊轻微摆动的图片即可。通过大量图片的快速切换,如在一秒内切换25帧画面(人脑来不及分辨这种速度下的单张图片),这样一个动作连贯的故事就产生了。当然,考虑到幼儿的耐心和毅力,对这部自制动画片的要求会比较低,每帧画面的停留时间较长。幼儿还可以为自制动画片配上声音,以幻灯片投影的形式进行播放。

在自制动画片的准备过程中,幼儿与教师多方征求意见——这部动画片该使用照片还是自己绘制的图画呢?结果,幼儿倾向于使用某种器材——这个项目中使用的是一部数码相机。此外,有几名幼儿还冒出了点子——从家中带几个玩偶一起参与动画片的拍摄,也是出于这个原因,他们认为拍摄照片的做法十分具有吸引力。

确定主题:动画片的主要内容是什么?

确定了准备制作的动画片类型之后,幼儿就开始一起思考动画片的内容,并就各种建议展开讨论。

利用个体差异,尊重多样性

教师要把握机会与幼儿共同思考,而每个小组成员在确定动画片的主要内容时想法是不同的。

"你是怎么想到这个点子的?"在这个过程中,教师要重视每一名幼儿的不同想法,同时要让幼儿清楚地看到,正因为大家的想法各异、方式方法各不相同,才会诞生一个全新的产物,这单凭个人是不可能完成的。

动画片中应该出现哪些角色?发生哪些情节?幼儿给出了各种各样的创意。他们回顾了平时看电视的经验,总结出以下几点:

- 精彩刺激的故事
- 与宇宙、飞行有关的故事
- 故事中应该有一位美丽的公主
- 海绵宝宝的故事
- 滑稽有趣的情节

......

由于 16 名幼儿构成的团体过大，大家对剧本又意见纷纷，所以教师又进一步将其划分成 4 个小组。每 4 名初始想法接近的幼儿被分到一组，随后再由每个小组的代表协商融合彼此不同的设想。最后的讨论结果是制作 4 部动画片：一个蜘蛛人的故事，一个芭比娃娃的故事，一个海绵宝宝的故事和一个灰姑娘的故事。

运用自己的媒介经验

为了完善每一个故事，幼儿与教师都开展了一系列步骤。下面以海绵宝宝的故事为例进行说明。

幼儿与教师一同考虑动画片中应该有哪些角色：

"我们需要一个海绵宝宝！还有凤梨屋（海绵宝宝的房子）！"

"'派大星'"和'蟹老板'，还有蟹堡王餐厅，也一定要在故事中出现。"

教师继续提问，动画片中的角色和道具该如何获得，幼儿对此的建议是：

"我把家里的海绵宝宝带来！"

"我们去买一个！"

"我来造凤梨屋！"

经过一番讨论，幼儿确定了要去购买人物角色，但问题是缺钱。再次商议后，他们决定在下次活动时从家里带一些玩偶来幼儿园，而剩余的角色则由自己用黏土来制作。

组织拍摄动画片

接下来幼儿要讨论的是故事发生的地点与具体情节，地点是不言而喻的：水下——广阔的海洋世界。

那么拍什么情节内容呢？幼儿拿出铅笔和纸张开始画场景，并向别人描述自己画中的故事。教师通过提问来帮助幼儿理解事件发生的先后顺序，使之串联成为一个完整的故事：

从不同角度处理一个主题

* 接着发生了什么？
* 现在海绵宝宝怎么办？
* 他要上哪儿去？

通过这种方式，小组完成了一个"剧本"，并且在之后的拍摄中进一步修改了剧情——海绵宝宝住在凤梨屋中，他要去蟹堡王餐厅，派大星不让他进去，然后他看见了一道彩虹，接着他飞进了太空。

幼儿将自行搭建舞台背景。"水下世界里有些什么？"教师通过提问鼓励幼儿们进行互动：

收集富有创意的问题解决方法

* 水下世界是什么样的？
* 海底是什么样的？

- 我们如何制作海底？
- 凤梨屋是什么样的？
- 如何搭建蟹堡王餐厅？

幼儿使用不同的材料制作道具、背景，还用黏土做出了主角，他们根据自身不同的设想进行了呈现，并讨论各种解决办法。

教师应该对所有的创意想法予以尊重，因为有一点是显而易见的——每一项任务都有多种完成方式，每一名幼儿的想法都有其价值，正是想法的多样化促成了目标的达成，仅凭一个人的思考实难完成。

针对媒介的反思性谈话

追问对角色性别的看法

在自己动手制作动画片的过程中，幼儿会经常提及自己的媒介经验。他们谈论自己所知道的电视节目，聊动画片里角色的性格。

他们会解释为什么希望某个特定角色在这部动画片中出现，或者在某个节目中他们觉得最棒的内容是什么。例如，海绵宝宝生性滑稽，乐于助人；灰姑娘的故事里最美妙的就是盛大的舞会，人人都打扮得无比漂亮，会一起跳舞；而蜘蛛侠的故事则惊悚刺激。

讲述并思考个人的媒介经验

在幼儿的这类谈话中，尤其是在动画脚本的选择过程中，可以清楚地反映出男孩和女孩各自对性别角色的认知。

教师可以以此为契机，尤其是通过一些故事中的情节（参见下文"对社会现实的解构"），深入了解幼儿的性别意识。教师可以向幼儿直接提出以下问题：

- 女孩（女性角色）在故事中是什么样的？她们的性格如何？男孩（男性角色）又是什么样的？
- 你心目中的男孩和女孩分别是什么样的？

- 在现实中的情况又是怎样的？例如说你认识某位特别有趣的女性吗？

- 假如灰姑娘不想等王子来"解救"，她自己可以怎样做？

对社会现实的解构

解构意味着"分解"，是对各种概念以及计划的分析。通过对这些概念的解构，可以发现、了解各种社会行为，理解它们产生的原因，以及它们是如何通过人们的思考与行为得以维系的。

解构的目的是什么？

通过**解构**可以显示一些概念之间有着什么样的意义关联，而这种关联又是因为什么动机而得以维系的，它们对各种社会现象有着什么样的影响。

解构是一种对社会背景进行批判性思考的形式，其中语言既是对许多含义的注释说明，也是批判性思考的对象。在这里要提出的问题是：某个概念对一个特定的人有什么意义？以此为基础样本，又会引发出什么样的社会现象？

对媒介的解构

在提高媒介素养方面，对**媒介现象**进行解构有着决定性的意义。正是通过这个方法，幼儿探索讨论电视节目中的（画面）语言传递出什么样的信息，有哪些目的。尤其重要的是，由此分辨出涉及媒介的各种相关利益。

举例：对性别偏见的解构

- 女孩在电视节目中的形象是什么样的？通常哪些特征与"女孩"这个概念联系在一起？男孩的形象又是什么样的？哪些特征又和"男孩"这个概念联系在一起？

- 这些概念的含义对男孩和女孩分别有什么影响？对他们的态度和行为又有什么影响？会不会因为"只适合男孩"或"只适合女孩"这类的世俗看法而限制幼儿对玩具或电视节目的选择？

举例：对广告的解构

- 广告是如何表现一个特定产品的？它又和什么特征联系到一起（幸福、健康或强壮……）？

- 和广告相关的利益又有哪些？

如何与幼儿进行社会现实的解构？

如何与能够运用表征符号的幼儿一起来对各种社会现象进行解构，深入了解许多概念的通常含义？幼儿要研究的是这些含义如何影响他们的思想和愿望，同时进行这种研究的目的也是让大家清楚地看到每一个概念都有多重含义的可能性，而人们对一个概念也会有多种理解。在**对社会现实进行解构**时，应该涉及以下几个方面：

- 了解幼儿对自己生活环境中的某些特定的重要概念有什么样的理解，例如："所谓的男孩、女孩分别是指什么？"
- 思考一些相对的词汇概念组合，例如"贫与富""富裕好过贫穷"，寻找其间的对比关系。
- 寻找对概念含义的多样化理解。
- 探索一些概念含义的延伸，例如"一个爸爸（男人）也可能是细心周到的"。
- 研究哪些期望与哪些概念捆绑在一起，而这些期望又如何影响着人们的行为，例如"典型的男孩——典型的女孩"。
- 尝试发现谁能从这些约定俗成的概念含义中获益。
- 讨论这些世俗观念是如何影响幼儿的日常生活的。

对教师语言运用的解构

解构不仅仅是一种有益的思维方法，还可以用来与幼儿一起反思一些概念的含义与影响，并从不同角度观察一些社会现象。而对教师自身而言，这样做也是益处良多，可以帮助他们"解构"自身的语言运用，即分析哪些概念与哪些含义相联系，而哪些对比又因此得到表述。

举例："你还太小了，不行。"
- 在这里，"小"意味着什么？
- 在幼儿看来，"小"意味着什么？
- 在这句话中，对比的概念是什么？

参考文献：

MacNaughton, G & Williams, G. (2003). *Teaching young children: Choices in theory and practice.* Maidenhead: Pearson & Open University Press.

拍摄动画片与后期制作

所有角色与道具准备完毕后，就可以开始拍摄动画片了。教师要再次向幼儿阐述动画的原理和单个场景的拍摄与串连。在整个拍摄过程中，幼儿轮流负责"摄像"、"操作角色动作"和"导演"工作。

对拍摄动画片的建议

在拍摄时，建议一直将摄像机固定在三角架上，因为动画片中角色的动作全仰赖单帧画面的变化，而背景与摄像机的位置应该是不变的。

拍摄时，幼儿每次只需稍稍移动角色的肢体，然后拍下一帧画面。将这些画面连接起来，便构成了角色的动作。为了让成片中的动作看上去不至于太过"粗糙"，每秒至少要有8帧画面。而角色（如海绵宝宝）走动时，迈的步子不能太大，否则看起来会像在跳跃。在每次移动过角色后，要记得将自己的手指移出取景框后再进行拍摄。

更多关于拍摄动画片的指导，请参考以下儿童网站：

http://www.kika.de/fernsehen/a_z/t/trickboxx/tricktipps/index.shtml

那么，摄像机拍摄的画面又是如何导入电脑的呢？幼儿与教师一起用一根专用的连接线将摄像机与电脑连接起来。幼儿要学会辨认电脑上的摄像机图标，然后通过点击来查看摄像机中拍摄好的影片。

幼儿与教师共同思考接下来的必要工作和具体做法。教师在一旁提供帮助和指导，并说明电脑的使用方法。但教师不应代替幼儿完成工作，而是要与他们一起去做，在具体的操作上给予建议。在这个过程中犯错是难免的，但从失败中学习也是一种方式。而且由于拍摄的图像都已安全地存储在摄像机中，所　*共同实验学习*

有步骤都能反复操作。

最后，所有的照片都被导入视频剪辑软件 Windows Movie Maker 中。该软件是 Windows 系统的自带软件，因此大部分使用 Windows 系统的电脑上都有（网上可以找到这个软件的使用教程）。幼儿再次根据每个场景逐张检查照片，以确保所有内容完整、正常。随后，将所有照片根据场景的先后顺序及影片情节进行排列。如果在拍摄过程中，有一个场景遗漏了，就必须进行补拍，再将其插入到正确的位置。幼儿对这种技术十分着迷，因为他们可以自己把握故事情节的走向。他们兴奋地将单帧图片进行各种排列组合，从中获得的知识不仅是关于场景顺序对讲好一个故事的重要性，还有电影蒙太奇的工作原理——"假如我把这张图片放在前面，这东西看上去就不是掉下来，而是飞起来"，因此，只要将图片重新排列，就能出现不同的效果。

为动画片配音

与影院及电视电影的关联

幼儿发现影片还缺少什么——在片头处应该显示影片的片名，在片尾处则应罗列出参与影片制作的人员名单。而且影片中什么声音都没有，所以幼儿决定加上对话和音乐。教师与幼儿一起想出各种主意，例如可以使用海浪声、海绵宝宝的原声 CD 音乐或太空的音效，很快大家就制作出一段充满"嗡嗡"声和"吱吱"声的太空背景音效。

但是剧中对白的内容是什么呢？幼儿与教师讨论不同的角色以及贯穿全片的旁白解说。幼儿就文本达成一致意见后，教师把它记录下来，然后让幼儿轮流来念。

对白和背景音效可以通过录音机和麦克风进行录制，或者直接将麦克风连接到电脑上，用一个录音软件进行录制。

例如"Audacity"就是一款可以在网上找到的免费音频制作软件，因其使用方法简便，非常适合幼儿在电脑上录音时使用。

整理档案袋并反思

三个月后，幼儿开了一次各小组的碰头会。他们向彼此展示了自己的项目成果——4部动画片、1部电影短片、有声图画书故事和动画特效。在展示的过程中，既向他人介绍了自己的作品，也描述了制作过程。这是实践经验与知识的交流，同时也是对不同的学习方法的讨论。

向他人展示学习成果与过程步骤

教师为每一名幼儿建立个人档案袋，记录和回顾他们的学习过程。幼儿可以与教师一起来选取那些他们想要在档案袋中存档的内容，并共同讨论在这次项目中的表现和学习收获，还有自己所喜爱的部分。关于幼儿在未来还想学习的内容也应该一并收入档案袋中。

将对个人学习过程的记录存入档案袋中

把主题延伸至更宽泛的领域

在与教师探讨自己的媒介实践与创作经历时，幼儿会时时回忆起自己的日常媒介经验（**幼儿平日会接触哪些媒介？其中有哪些形象和角色？他们有什么样的特质？对幼儿有什么样的意义？**）。

对自己的媒介经验进行表达和思考

通过创意活动——例如拍摄电影或布置场景，即通过多种多样的技术手段应用，幼儿在与教师的互动过程中，逐渐明白了电影的制作原理和方法（**自己制作的动画片和电视中播放的动画片存在着哪些相同的原理？**）。借助这样的探索和共同思考，幼儿开始认识到他们平时在电视中看到的很多内容只是特效和表演。

了解、思考媒介作品的制作

幼儿之间的合作，例如一起思考如何拍摄电影，也能让他们体会到自己的行为和学习过程是一个更大活动的重要组成部分，他们会体验到这样一个事实，即每个人都用自己独特的兴趣、创意和能力帮助实现计划。

在富有意义的情境中充满创意地使用媒介

开放并联结更多的教育场所

在教师、幼儿、家长共同讨论幼儿的档案袋资料时，家长可以看到幼儿在项目中的具体表现、个人兴趣点与能力所在。家长也应该与教师一起思考如何在家中关注这些兴趣的培养，并将这些想法同样写入档案袋中。同时，幼儿可以发表自己的想法，谈谈自己在家中想做的事。而父母通过档案袋中的记录详细了解了项目的整个过程，便能对未来可操作的项目提出自己的设想与建议。家长还可以在家长会上获得项目计划的最新信息，通过父母间的交流、与教师和幼儿的对话互动，主动积极并饶有兴致地参与到项目中来。

达姆施塔特市的伊丽莎白基金会教育学院与一批幼儿园有着密切的合作，通过实习生、旁听生模式的见习，学生的实践经验与理论知识得到了充分的结合。

而在有公众参与的校园夏日节上，幼儿园将得到更为广阔的活动空间。此外，园方还组织幼儿外出参观了附近的一家电影工作室。

项目的完结

项目收尾时，所有不同小组的幼儿聚在一起，呈现彼此的活动成果。而在即将到来的夏日节上，幼儿将向家长和感兴趣的公众展示自己的项目成果，作为正式的项目结尾。

6.2.4 涉及的跨领域教育

语言与读写

在项目的小组讨论会上，幼儿扩展了关于科技产品及其应用的词汇量。而在动画片的制作过程中，对白的设计、对拍摄流程和场景的描述都能提高他们的语言表达能力。逐步了解一个故事的情节推进也有助于幼儿认识电影的叙述方式。

美学、艺术与文化

在场景布置和道具制作的过程中，会自然产生与审美、艺术、文化这些领域的关联。此外，项目也让幼儿有机会认识到电影是一种重要的文化媒介。

音乐

在后期音效的制作过程中，幼儿要为动画片配上音乐和不同的音效。他们由此熟悉了不同声音的录制方法，并能发现音乐及音效会对画面产生巨大的影响。

科技

幼儿学会了操作使用一些科技产品（如照相机），并尝试使用制作电影的一些特殊软件。此外，他们也探索了媒介的技术层面，即在媒介作品的制作过程中，哪些技术手段是不可或缺的。

数学

通过对图片的制作、编辑和顺序的描述（"第一张图片是……""之后"），幼儿加深了对时间和先后顺序的理解，并提高了相关的语言表达能力。

6.3 项目案例3 让孩子穿越电视屏幕

项目合作方：奥克斯堡媒体站（MSA），乔·克劳（MSA 负责人）

6.3.1 项目的产生——找到主题

项目"让孩子穿越电视屏幕"是由奥克斯堡媒体站与奥克斯堡郝荷佐幼儿园的教育团队自 1991 年发起的试点项目，从那以后，该项目在多个幼儿园成功实施，并不断累积了更多经验。

与专业机构合作　　教师的初衷是向幼儿提供一个机会，拓展他们的媒介经验，并能借此理解电视节目是由人制造的。媒体站与教师以此为出发点，设计了"让孩子穿越电视屏幕"的主题，并且由媒体站的工作人员向教师提供实施项目所需的技术支持。

虽然本项目的创意最初是由教师和媒体机构提出的，但活动组织者依然注重幼儿提出的各种问题和兴趣点（如"电视到底是怎么一回事？"）。

整个项目（参见下文"本项目的详细情况"）可以根据幼儿园的实际状况，即媒介技术水平和设备，来独立实施。项目注重与当地专业机构的合作，以获得关于媒介素养教育和技术方面的支持。

本项目的详细情况

关于本项目的详细报告《让孩子穿越电视屏幕：幼儿园示范项目之经验启发》可以参见奥克斯堡媒体站的主页（www.medienstelle-augsburg.de/Erfahrungen/pdf/Roehre.pdf），由奥克斯堡市青少年福利局下属青少年、电影、电视协会之媒体站出品。

负责人：乔·克劳（社会教育学学士）

媒体站地址：Willy-Brandt-Platz 3, 86153, Augsburg.

电话：0821/324-2909，电子邮箱：msa.stadt@augsburg.de

6.3.2　项目的计划和准备

本项目共由 7 个活动有序组合而成，项目前期的活动围绕着幼儿已有的经验和已经熟悉的表现方式而展开（如绘画形式），而与科技设备的接触要渐进式地加入，包括：

1. 幼儿最喜爱的电视节目。
2. 图像是如何跑进电视机里去的？
3. 图像是一种将时光瞬间凝固的记录和展示。
4. 影片是活动的图像。
5. 影片是由图像和声音构成的。
6. 添加特效。
7. 图像是如何跑进电视机里去的？

本项目专为学龄前儿童设计，其中每一个活动历时约 45 分钟，每周进行一次相关活动。

教师在整个过程中都应该留意幼儿由项目所引发的创意和提问，在项目过程之外的相关反应也不容忽视，可以通过更多活动进行深化。

以媒介素养教育为核心：教育目标和教育活动

本项目的目标是提高幼儿有关电视的综合媒介素质，因此以幼儿已有的媒介经验为基础，鼓励进一步的表达、拓展和思考是项目的主要内容。另一方面，项目的目标中也包含指导幼儿认识电视这一媒介，理解电视节目中呈现的一切都是人制造出来的。

媒介素养领域的教育目标

项目是以幼儿日常看电视的经验为起点的，幼儿得到成人的理解和支持，与他人交流看电视这一行为会引发自己什么样的情绪，对自己的生活有哪些意义，并分析和思考这些经验。

他们将在项目中探究电视画面是如何产生的，由此拓展自己关于电视的**实践经验和知识**。通过亲身尝试制作动画、为动画片配音等活动，尝试利用媒介进行创意表达，并与教师一起认识到**电视画面与电视电影都是由人加工的**，并非真实世界的直接写照。

6.3.3 项目的实施

项目的主体阶段

在媒介素养教育领域的项目活动中，利用外部资源以获得必须的技术支持与特殊指导是十分合理的做法。正如本项目的策划就是充分利用一个媒体站所提供的服务。同样的，一些向公众开放的国家媒体机构或媒体协会也能在项目的进行过程中提供帮助。

开放并联结更多的教育场所

通过与校外各类伙伴的共同合作，幼儿将拥有更多学习的机会，而且这些教育场所是相互交错连接的。

在这个具体的项目案例中，奥克斯堡媒体站不仅为幼儿园带来技术支持、媒介素养教育方面的专业指导，还提供了软件。因为这些幼儿园在项目的策划和执行上十分深入细致，有关媒介素养的教育成为一个有持续影响力的长期活动。教师团队也通过与高科技媒体的接触，体验到更多创意与自身能力的提升。虽然幼儿园在活动之后可以独立运作一些媒介教育活动，但在需要时，还可以随时寻求奥克斯堡媒体站的教学和技术支持。

幼儿还可以去参观对市民开放的电视台区域，仔细研究一个电视工作室，以此来串联更多的教育场所。

由于家庭对幼儿的成长而言，一直都是一个十分重要的教育场所，因此父母从项目伊始就应以教育合作伙伴的身份参与进来。在这个项目中同样如此，家长与幼儿一起制作了电视杂志的剪报——这类体验在这个项目活动中让家长、幼儿与教师始终有机会共同讨论幼儿的媒介经验。家长还特别召开了一个与该项目相关的家长会，以积极主动的姿态参与了项目主题的选择、确定和准备。

活动 1：幼儿最喜爱的电视节目

对媒介经验进行提炼、思考和交流

由幼儿的媒介经验开始引入整个项目。请幼儿将与最喜爱的电视节目相关的一些素材带到幼儿园中，如电视杂志剪报，幼儿喜爱的角色玩偶或玩具。在园内，幼儿可以以喜爱的节目为对象开展绘画活动，教师也可以事先准备电视杂志供幼儿进行剪裁拼贴。

针对幼儿从家里带来的素材与创作的作品，幼儿与教师一起讨论为什么他们对一个节目钟爱有加。对话可以围绕很多问题展开，例如幼儿喜爱什么样的内容，觉得好玩的东西是什么；同时也有必要讨论什么令他们感到害怕，什么是他们觉得不好的东西。

接纳并欣赏儿童

对于电视节目的喜好，幼儿的意见纷纭繁杂。而在对同一个节目的评价上，成人与幼儿之间的差异更是巨大，有些动画片如《海绵宝宝》和《精灵宝可梦》，在成人看来也许十分"愚蠢无聊"，这可能是因为成人总是认为一个优秀的儿童节目应富有教育意义。

成人要学着宽容，将节目"仅仅"视为娱乐。因为成人自己也经常出于同样的动机去看电视。幼儿经常会选择一些节目，因为它的主题与自己当下的生活内容相契合，例如"友情"或"正义对抗邪恶"。教师在与幼儿一起思考讨论这些媒介经验时，要敏锐地发现这些关联，尊重幼儿的喜好以及他们选择的电视节目，不要去嘲笑他们心中的偶像人物。

教师可以从个人立场发表一些意见作为解释，例如："我个人不是那么喜欢《海绵宝宝》，因为……"而不是直截了当地说："《海绵宝宝》是一个傻瓜节目，有谁要看这种东西！"

幼儿经常将自己与偶像产生许多关联，任何对他们喜爱的节目毫无缘由或无心的差评都有可能伤害到幼儿的自尊，羞辱到他们的人格（"假如我看的东西很傻，那我也是个傻子"）。因此，在对媒介经验进行反思时，要学会接纳并尊重儿童的本真。

接下来，活动小组利用自己从家中带来的图片和杂志剪报来制作一张海报。海报完成后要张贴起来，并在整个项目开展期间不断进行补充，它可以为幼儿的电视内容讨论提供话题。

记录对电视节目的偏爱

在这个活动的收尾阶段，教师会抛出问题"图像是如何跑进电视机里去的？"许多幼儿会对此提出自己的假设和想法。于是教师宣布，在下一次的小组活动中，大家就着手解答这个问题。

在第一次和第二次活动的间隙，幼儿可以进一步深化他们关于媒介的经验，例如以电视内容为基础进行角色扮演游戏和绘画创作。教师要充分利用这些活动，创造与幼儿交流的契机，讨论幼儿是如何看电视的，"电视偶像"的意义以及由电视节目引发的情绪。

和儿童一起开展哲学探讨

与儿童开展一场哲学式的对话是个不错的主意。这样的讨论，是一种共同进行批判性思考的过程，例如，想象某件事的后果（可与第189页信息框中的内容进行比较）。与本项目相关的哲学式启蒙问题有：

- 假如没有电视，我们的生活会变得怎样？
- 假如你们变成电视中的人物，会发生什么事？

活动 2：图像是如何跑进电视机里去的？

为了开展第二个活动，教师准备了一个拆卸下来的电视机外壳，可以任由幼儿在游戏中使用，将幼儿的活动过程拍摄下来，供下一个活动使用。

利用幼儿已有的知识

首先，由教师按下这个电视机外壳的开关按钮（和真的电视机一样），出现了一个手偶（由另一位教师控制）。手偶会和幼儿进行一番问答讨论，例如：这是什么地方？家里的电视机与这个电视机有什么区别？

- 这台电视机和家里的电视机有什么不同？
- 图像是如何跑进电视机里去的？

在这场与手偶的谈话中，幼儿汇总了他们关于电视机的知识，并共同学习了真电视机与电视机外壳的若干差异：电视机需要用电，电视机前端是一块平板，必须通过开关来控制……针对"图像是如何跑进电视机里去的"这个问题，幼儿已经有了一些设想，例如，图像来自一台摄像机，有时候也来自录像机或DVD，人们还需要天线……

与电视机相关的角色扮演游戏

通过进一步的讨论，幼儿了解到：我们不能用一个没有屏幕和电线的空箱子看电视节目，但是可以用它来做游戏。所有幼儿都试着爬进电视机外壳里去，表演电视节目中的各种场景。这种游戏即使在项目活动时间之外也是可以进行的。

活动 3：图像是一种将时光瞬间凝固的记录和展示

在这个活动的开头，幼儿先一起观看了前一个活动时拍摄的录像集锦。但是要将摄像机中的画面放在电视机中播放，应该怎样做呢？为了回答这个问题，教师可以提议开展一次头脑风暴（参见下文"解决问题"）：首先，幼儿与教师一起发现问题的关键所在，即摄像机必须先和电视机连接，之后才能观看视频，同时要进行连接调试。

在接下来的环节中，幼儿把所有尝试过的方法、建议都汇总起来。在这个过程中，幼儿和教师一起发明了一些不错的方法。例如"比较法"，幼儿对比了摄像机和电视机上各个连接线的插口、插口形状以及颜色；另一个方法是"寻找共同点"，如寻找大家熟悉的录音机和摄像机上有哪些功能是相似的。接下来，试验幼儿提议过的各种方法。在最后的总结讨论中，幼儿与教师一起回顾：解决问题的整个过程是什么样的，哪些是成功的方法。

解决问题

解决问题

人们对**问题**的定义是：一个人面临的某项任务是他目前为止掌握的各种方法都不能解决的，或者是他不知道应该采用哪种方法来达成目的。问题的解决与特定目的有关，目的是有针对性的。问题的解决包含克服各种困难，所运用的解决方法也有各种各样的特点。整个问题的解决过程必须是有组织的、可控的，最后还必须对所采用的各种方法进行有效性评估（Oerter & Drehr, 2002; Sodian, 2008）。

解决问题的能力对儿童的发展有哪些意义？

培养解决问题的能力对儿童的认知、情商、社交能力与道德观的形成都有着重大意义。研究结果显示，解决问题的能力对儿童主动性、创造性和自信心的培养有着积极的影响（MacNaughton & Williams,2003）。

此外，解决问题能力的日渐成熟也能增强抗压性（承受挫折的能力）。而且，在化解冲突时，主动承担责任的能力、数学思维的发展都能通过解决问题能力的提高而受益。

要成为解决问题的能手，儿童需要哪些条件？

为了帮助儿童提升解决问题的能力，教师有以下责任（MacNaughton & Williams,2003）：

（1）为解决问题的过程创造有利的氛围

这里指为儿童创造一个充满安全感与关爱的环境。还要创造一个学习的氛围，对儿童的各种错误持正面理解的态度。

（2）提供充足的时间、合适的空间和材料

要给儿童充裕的时间来解决问题，对每个问题都允许儿童试错和深入探究，并充分运用现有的解决问题的能力。此外，要给儿童充分的空间进行交流互动，以结成小组共同解决问题。以及在儿童解决问题的过程中，不遗余力地为其提供必要的帮助。

（3）与儿童共同学习解决问题的各种技巧和策略

这是指与儿童一起构建一个解决问题的流程，包含：

◆ 明确一个问题

◆ 进行头脑风暴以发掘各种可能的方法

◆ 尝试多种方法

◆ 对各种尝试的结果进行评估和共同反思

可以通过公开提问的形式来确立解决问题的流程，事实上这是一个共同的"可见可闻"的思考过程，包含：

◆ 要想出对策，我们该如何做

◆ 当……的时候会发生什么

◆ 我们该如何去发现

（4）与儿童共同选择合适的解决方案

要挑选那些儿童有兴趣去解决，并能尝试多种方法，还能对自己采用的方法进行评估的问题。

当儿童能够自己去设立一个目标，与同伴或教师就问题解决的方法、步骤、决策进行讨论，还能预测结果，观察、记录、反思自己行动的结果时，儿童对于解决问题的兴趣就能得到充分培养。

参考文献：

MacNoughton, G & Williams, G.(2003).*Teaching young children: Choices in theory and practice.* Maidenhead: Pearson & Open University Press.

Oerter, R., & Dreher, M. (2002). Entwicklung des Problemlösens. In: R. Oerter & L. Montada (Hrsg.), *Entwicklungspsychologie* (5 Auflage, S. 469–494).Weinheim: Beltz.

在观看了前一个活动拍摄的影片后，幼儿在与教师接下来的讨论中明白了一点，即这些画面与过往相关，它们展示了幼儿在一个星期前所经历的一些事，幼儿对此还记忆犹新。

与幼儿的生活形成关联

此外，幼儿还从家中带来了自己的一些旧照，他们观看这些儿时的照片，然后与数码相片、拍立得相片进行比较。作为准备，幼儿之间也相互拍了照。

幼儿就过去与现在的照片进行了热烈的讨论，并在谈话中弄清了一个事实：

照片能够留住时光，他们能够在老照片中看见自己，但那是彼时的模样。于是大家一起将照片制成一张海报，并张贴在幼儿园的教室里。

这个与电视机相关的原理认识在接下来的活动中又得到了深化，他们用摄像机拍下了自己的婴儿照，然后让这些照片以大幅特写的方式出现在了电视机的屏幕上，相片就这样被转移到了电视机中。

针对"电视中的画面是对现实中某些事物的记录"这一点，幼儿开展了更多形式的活动，将一本书中的图画也通过摄像机转移到电视机的屏幕上。接下来，幼儿一起观看一部动画片或一张 DVD 上的图片故事，这两者有一个共同点——都是被拍下来的图片。

活动 4：影片是活动的图像

在这个活动中，幼儿与教师共同认识了影片的另一条原则——影片是活动的图像。

作为导入活动，幼儿先看了一部介绍某一儿童节目诞生过程的纪录片。随后为了进一步认识"图片是如何动起来的"，幼儿一起动手制作一个西洋镜①或一本手翻书②。

> **如何制作一个西洋镜或一本手翻书③**
>
> 在文化与媒体教育协会（Blickwechsel e.V.）的网站可以找到相关的制作介绍：
>
> http://blickwechsel.org/praxis_meth_basteln.html

幼儿还得到了一些 16 毫米的旧胶片以供研究。他们在胶片上发现许多单帧图片，并试着将这些图片放到投影仪上播放，变成一部能流畅观看的影片。   *会动的图片实验*

活动 5：影片是由图像与声音构成的

在这个活动中，幼儿开始将流动的画面与声音进行结合。

幼儿在前段时间已经与教师一起制作了一批取材自图画书故事的影子戏角   *创作媒介作品*

---

① 西洋镜是一种早期简易的动画装置，也称为走马盘。在圆筒的侧面切出若干垂直的切缝，圆筒内插有一组表现连续动态的画面，当圆筒转动起来后，观看者可以从圆筒上的切缝里看到迅速移动的画面，产生画面运动的幻觉。（编者注）

② 手翻书是指多张连续动作漫画图片组成的小册子，快速翻阅时，因"视觉暂留"效应会感觉图画动了起来，是一种原始的动画手法。（编者注）

③ 关于如何制作西洋镜和手翻书，可参考图书《给孩子的动画实验室》（华东师范大学出版社，2018年出版）。（编者注）

色。首先，全体幼儿一起通过电视机观看了一部剪纸动画片——洛特·赖尼格（Lotte Reiniger）的《青蛙国王》。随后，一位教师朗读了故事，幼儿根据故事内容制作了影子戏所需的人偶角色，并进行了表演。整个过程都用摄像机拍摄了下来。幼儿与教师在观看后开始思考如何为这个剧配上音乐与音效。幼儿用一台录音机录下身边各种合适的声音，还使用了奥尔夫乐器，之后大家很兴奋地一起听这些声音。在下一次集体活动来临之前，教师将承担一项艰巨的任务——为影片配音。

如果换一种形式，幼儿也可以自己构思一个图画书故事，自己来画。之后幼儿把绘画作品拍摄下来，用旁白描述故事，而音效的添加可以按照以上叙述的方法来进行。

活动 6：添加特效

用摄像机做实验

在这个活动中，幼儿将明白电视画面也是可以有"魔幻特效"的。在一开始，教师与幼儿尝试暂停的效果，只需一台摄像机与一台电视机即可。先拍摄一排无人坐的空椅子，然后通过让摄像机多次暂停，让几名幼儿逐一坐到椅子上，最后再拍摄一遍空椅子的画面。结果就是，播放出来的影片中幼儿会突然出现，最后又凭空消失了。

> **亲自试验影视特效**
>
> 在以下儿童频道网站上有许多影视特效的详细信息，包括上述的暂停效果：
> http://www.kika.de/fernsehen/a_z/t/trickboxx/tricktipps/index.shtml

幼儿被这个特效所震撼，在电视上反复观看了多次。接着他们提出了对该特效原理的多种猜想，并与教师一起找到一个合理的解释。随后，他们想出了可以凭借暂停功能实现的各种"魔幻情节"。用这个方法，他们可以让各种东西凭空出现又突然消失。

奥克斯堡媒体站的工作人员向幼儿展示了一台可以制作影视特效的机器，名为制作合成机。借助这台设备，画面可以逐渐形成和淡出，相互重合或者"冻结"。在成人的技术支持下，幼儿试验了一系列特效，例如一半屏幕直播一名幼儿的画面，另一半则播放之前拍摄的镜头，这样一来，就可以在电视机的屏幕上出现幼儿与"本人"遭遇的画面。[①]

由此从幼儿的想象中涌现出许许多多不同的创意，并希望媒体专家借助特效来帮他们实现：一名幼儿将自己变成老鼠一般大小，出现在另一幼儿的两腿之间；让一只橡胶蜘蛛变成巨型蜘蛛爬上窗台等。虽然在整个制作过程的讲解

---

① 有许多适用于电脑端或移动端的中文版免费视频剪辑软件，用它们就可以实现这里描述的特效效果。（编者注）

中幼儿并不能完全理解技术背景，但通过对拍摄制作过程的直接参与，他们明白自己可以和电视工作人员一样，将一些与现实丝毫不相关的神奇想象变成电视画面。

活动 7：图像是如何跑进电视机里去的？

在本项目的最后一个活动中，幼儿要将之前所学的一切知识与经验汇总，并形成完整的概念，即一个电视节目的全部制作流程，其中心就是项目开始时的疑问："图像是如何跑进电视机里去的？"现在幼儿可以详细地回答这个问题了。

在这一次的活动中，教师将一个房间布置成"电视直播间"，在这个房间里架设了一台摄像机，并通过一根长长的连接线与另一个房间里的一台电视机相连。通过这个直播间可以向观众房间里的幼儿进行现场直播。

自己制作电视节目

观众房间里的幼儿最先看到的是，电视中出现了一位教师在直播间里做现场报道。她在总结幼儿迄今为止经历过的一切和学到的东西，并播放在不同项目阶段拍摄的画面。此外，直播间里还有一个幼儿小组，"主持人"在对他们进行采访。观众房间里的幼儿津津有味地观看着电视机里的"直播节目"。过了一会儿，"主持人"从电视里向观看的幼儿发问："大家是否知道他们现在在哪里？"正在观看的幼儿一致回答："在电视里。"然后，同幼儿一起待在观众房间的教师提出建议，大家一起来找出电视画面的来源，并指出与电视机相连的那根连接线。幼儿马上听从建议，顺着线来到了隔壁的直播间。

这时，可以由幼儿来接手直播间，进行电视直播；另一部分幼儿则回到观众房间，继续观看新的直播节目。

整理档案袋并反思

幼儿在整个项目期间的大部分活动都被拍摄了下来。教师可以利用这些录像来与幼儿进行讨论，就"电视"这个主题而言，他们迄今为止学到了什么，又是如何获取这些知识的。

这样的回顾在每一次项目小组开展新活动之前都要进行。幼儿们可以和教师一起回忆、总结上一次活动中和之后的发现，而对接下来的活动有什么样的期待和愿望。

即便整个项目已经结束，拍摄的录像内容也常常能被再一次用于该项目的学习经验讨论。作为一个回顾成果的良好契机，幼儿总是乐意反复观看录像，并描述当时的作为和学习成果。

将主题延伸至更宽泛的领域

一起了解电视节目的基本原理

"让孩子穿越电视屏幕"这一项目设置了一个对许多幼儿的生活而言富有重大意义的主题——电视。在该项目的许多活动中，幼儿所获得的不仅仅是电视画面产生的科技原理，更为重要的是，他们了解了电视（以及其他大众传媒）背后存在的普遍规则——电视画面绝非对现实百分百的再现，而是由人构思并创作出来的。

项目的完结

媒介素养教育的持久动力来源

在项目的最后一个活动中，"电视节目"的现场直播以及幼儿的参与成为一个令大家激动难忘的结尾。而且，通过校外媒体专家的指导和参与，"媒介"这个主题，尤其是"电视"，真正进入幼儿园的教学中，并能得到持久的关注和深化。

具体表现在幼儿会经常谈论他们的媒介经验。通过游戏，他们将日常生活中的相关经验与项目活动中的体验进一步深化了。

教师在与媒体机构的合作过程中，也产生了兴趣和热情。他们在项目过程中对拍摄短片兴致勃勃，并在亲自操作照相机、摄像机和 VCD/DVD 时掌握了更多的技能。自从开展了这个项目，幼儿园中很多活动都少不了摄像这个环节了。

6.3.4 涉及的跨领域教育

语言

当幼儿准备将图画书改编成影子戏和图片故事时，自主阅读图画书、聆听图画书故事、自己创作文本都是必不可少的环节。就像对个人的媒介经验开展讨论一样，这样的活动也能够提高幼儿的语言能力。在对一些个人假设和说明进行讨论时，例如讨论"图像是如何跑进电视机里去的"，以及在进行一些与电视有关的角色扮演时（采访、新闻播报和谈话节目），幼儿都必须熟练运用语言。

数学

在描述哪些图片属于"现在时"，哪些图片属于"过去时"的活动中，幼儿对与时间相关的词汇有了更多了解（如之前、今天、现在、同时、稍后……）。

音乐

在幼儿制作影子戏或自己编写图片故事时，会用到一些奥尔夫乐器。

科技

通过共同解决一些技术难题（如"如何使用摄像机和电视机"）对科技问题进行探讨以及对科技设备的亲自尝试（如摄像机或照相机），幼儿的技术知识得以丰富。

本项目涉及的媒介作品建议

软件

Die„CD-ROM mit der Maus Nr.3 mittollen Animations-und Kreativprogrammen ",Tivola.

影片

„Der Froschkönig ",Schattenspielfilm von Lotte Reiniger,z.B.auf der DVD„ Lotte Reinigers Märchen Fabeln ",ARTE EDITION enthalten.

6.4 项目案例4　魔法森林里的电脑

合作伙伴：英加·贝克，儿童网络媒体与文化教育协会

6.4.1　项目的产生——找到主题

在李德市的诺亚方舟幼儿园，大班幼儿每年都要召开一次全体大会，选定一个他们感兴趣的主题。这次大班幼儿选择的是"魔法森林"，因为他们想做一个与魔幻仙境相关的活动。

家长的倡议　　幼儿自己动手做巫师帽，唱魔法歌曲，练习"魔法"，使得幼儿园里充满了神秘的魔法世界气息。而家长则送来一台电脑，因为家长的愿望是让学龄前的幼儿学习使用电脑，实现一些创意，收集信息，或记录各类项目以及相关的学习过程。

科技与魔法世界的碰撞，使得教师一开始不知所措，陷入困境。因为幼儿一方面选择了主题"魔法森林"，另一方面又对电脑抱有浓厚的兴趣。经过一番集体讨论，情况逐渐明晰，对电脑的热情不单源自家长，幼儿们早就对电脑十分热衷，时常谈及"他们的电脑"。所以教师团队考虑采纳这个新主题，并将它与之前的主题"魔法森林"相结合。

加强儿童对民主的基本理解与参与

在这个项目中，拥有不同愿望、兴趣点和价值取向的参与方——幼儿、家长和教师，通过一种特殊的方式对活动的组织做出自己的贡献。这一切的实现全仰赖在学习的过程中使用了共同建构的方法，即幼儿、家长与教师在项目活动中是平等的合作伙伴关系。

家长希望幼儿能够掌握使用电脑的相关知识，幼儿想着用电脑玩游戏，而教师一开始则有其他的教育目标，例如提高幼儿的语言能力等。随着项目的展开，参与者听取了更多的观点，一起将不同人群的兴趣点和目标都融入了活动的计划安排中。通过这种方式，一起实现了共同建构的学习过程。

6.4.2 项目的计划和准备

以媒介素养教育为核心：教育目标和活动

由于项目重点的转变，教师眼下面临着一项任务，即重新定义之前与幼儿们商定的学习目标，并引入媒介这门新学科。原先计划中的主要目标是提高语言能力和文学素养，这个目标得以保留，但同时也要和使用媒介的能力素养进行结合。

家长与幼儿想要认识电脑的愿望得到了重视和延伸。教师为项目的导入选择了一本集两个主题于一身的图画书《齐丽与魔法电脑》。此外，他们还找来了《女巫齐丽系列》（全集5册）的第一册光盘。

媒介素养领域的教育目标

让幼儿认识电脑，**拓展、加深**使用电脑的经验与知识。不仅可以用电脑玩游戏、学习，也通过使用电脑来满足自身的愿望和诉求，解决问题，**进行社交**：电脑既是娱乐工具，又是学习中的信息来源以及实现交流与创意的手段。

6.4.3 项目的实施

项目的主体阶段

叽里咕噜念咒语——在电脑上像齐丽一样使用魔法

通过阅读分析《齐丽与魔法电脑》中的一个故事，电脑正式进驻"魔法森林"这个项目活动。

有一天，齐丽决定将所有咒语扫描进新电脑里，然后将多余的魔法书扔进废纸篓。"从现在开始，只要动动鼠标就能施魔法了！"齐丽想。而她的小公猫齐伽罗因为在她上网时在一旁捣蛋，在一个下雨天被她扫地出门。到了晚上，小猫偷偷溜回屋子，把鼠标当成一种罕见的老鼠来玩，结果一不小心触动了一条咒语，齐伽罗和整台电脑被一同变成一团白色的影子。齐丽赶到垃圾场时，正好看见一辆垃圾车张开大口吞掉了她的魔法书，这下她真是手足无措了。

现在该怎么办？教师与幼儿们一起来思考解救小猫和电脑的方法。在幼儿看到故事的结尾之前，他们通过讨论想出了许多解决方法，并用纸笔和电脑画下了他们的点子。

同时，幼儿的思路还转向另一个方向——"她的电脑看上去和我们的完全不一样。"一名幼儿在观察了图画书的插图之后如是说。"是的，因为那是一台魔法电脑，明白了吧？"另一幼儿回答，并同时提出一个问题："是否可以用幼儿园中的新电脑来施魔法。"得到的回答是："不行，但是我们可以自己去发现在没有魔法的情况下，如何让电脑派上大用场。"

于是，幼儿想到了一个主意，拆开电脑看一看里面的样子，为此他们特别在幼儿园的大门口竖起了一块告示牌，并在成人的帮助下写明："我们需要一台已经不能使用的电脑。"几天以后，就有家长送来了两台报废的电脑供大家研究。

解密电脑

研究电脑

幼儿是用游戏的方式来观察电脑的运行原理的。当电脑的外壳被拿掉时，一个小女孩说："它看上去就像一座城市。"确实，主板上密密麻麻的微小元件与各种焊接电路看上去很像一张城市地图。有几名幼儿提出可以画一张"电脑地图"，使大家了解电流经过的线路。

被拆开的电脑在接下来的几天中被反复打开外壳，幼儿细细研究其中的零件，询问不同部位的功能，并相互解释说明。

提升掌握学习方法的能力

对电脑不同组件功能的研究提供了一个很好的机会，让教师与幼儿一起来反思学习的整个过程：人们是如何获取信息的？我们如何去认识电脑中的单个部件？幼儿与教师一起搜集、讨论不同的解决方法。

通过向不同的人询问，幼儿了解到"电脑"这个词语来自英语，也叫"计算机"。于是他们有了一个想法——利用拆下的旧电脑元件来自己组装一台电脑。在这个过程中，他们详细考虑了什么零件安装在什么部位，分别有什么功能等问题。

为了加深理解，这个小组还一起观看了科普视频《鼠标节目》，它十分简单明了地解释了电脑的工作原理。在此期间，教师发现，幼儿关于电脑的知识已十分丰富，常常在主持人揭晓问题的答案之前就给出了回答。

和儿童一起开展哲学探讨

为了帮助幼儿就"电脑"这个主题更加深入、广泛地交流自己的想法，教师可以与他们进行一次哲学探讨（参见第178页信息框内容）。通过这种方式，可以培养出一种共同深入研究和反思的思考习惯。电脑作为哲学探讨的主题，可以用以下问题开头：

- 电脑对我们的生活有哪些意义？
- 如果没有电脑，我们的世界将变得怎样？

如果归纳总结一下，也可以进一步探讨科技产品对我们生活的意义。如果没有了这么多"帮手"，我们的日常生活会变成什么样？

为电脑找一个空间

现在幼儿想要布置一间真正的"儿童办公室"，为此将一间平日不用的会客室利用了起来。一位妈妈帮助幼儿安装了电脑及其他配件。幼儿提了很多问题，并希望这位妈妈能够一一作答。就这样大家在新的"儿童办公室"里度过了一个上午。

开放并联结更多的教育场所

家长从项目一开始就与幼儿园紧密合作，因为是他们提出了添加电脑的倡议，并由他们付诸实现。此外，幼儿园还特别召开了一次家长会，让家长了解"魔法森林"这个主题得到了什么样的扩展。家长与教师共同思考，可以进一步组织什么样的活动。有些专业领域的家长还主动提供了支持，许多家长在项目的庆功会上参加了名为"魔法软件——午后游戏"的活动，观看了幼儿们展示的电脑游戏，并一起参加玩游戏。同时也不忘和教师讨论项目的具体情况。

此外，家长们也利用当地的书店查阅了许多与项目主题相关的软件。

利用电脑进行交流

作为电脑项目的第一个实验，每一个幼儿写下了自己的名字。看着手写的名字与电脑上的书写呈现方式完全不同，幼儿感到相当有趣。他们用不同的颜色、字体、大小在电脑上写自己的名字，不断让它变亮、消失、又出现，直到每一个幼儿都用一种特别的形式写好自己的名字为止。

逐步了解电脑的运行方式

如果电脑关机了会怎样？幼儿讨论了种种可能。这时要想让幼儿明白以下道理是需要较高的想象力水平和抽象思维能力的——曾经由他们写在屏幕上的文字，实际都被储存在电脑的某个部位，而那正是由幼儿在拆卸电脑时发现的小芯片与许多电路组成的，是它们确保了人们能够重新找到已经输入的内容。通过这场讨论，之前的主题被重新提起——幼儿在书写名字时发生的一切是魔法吗？当我们关掉电脑，屏幕成为黑色时，那些名字去哪儿了？

在这里需要的是像记忆力那样的认知能力。大多数幼儿可以理解被拆解和重新组装的电脑之间的变化，也可以将科普视频《鼠标节目》与讨论结果之间进行关联。他们能够运用一些专业词汇，如"储存卡""文件夹"与"数据"，一个小女孩由此得出一项令成人都感到惊讶的结论——"这完全合乎逻辑！因此也就不是魔法了。"不过，整个活动依然保留了一个小小的秘密，让幼儿始终保持好奇心，以便在新的问题出现时以积极主动的心态去寻找充满创意的答案和解决方法。

魔法软件的游戏周

为了下一次的"魔法电脑活动"，幼儿各自从家中带来了最喜爱的游戏软件，其中有两款"魔法软件"——《碧碧·布洛克伯格》和《魔法花园中的约纳斯》。而在此基础上，教师也在寻找更多与魔法相关的电脑软件，他们在书店里找到了《马克斯与魔法师》《魔法鱼威利》《女巫之舞与菲乐芳思》等电脑游戏，甚至女巫齐丽的故事也有相应的电脑游戏。

在电脑上玩游戏，对许多幼儿来说是莫大的乐趣，许多成人却对此持批评意见。而教师对幼儿在电脑游戏中所经历的、所学的东西也保持高度关注，通过密切观察，并与幼儿深度交流后，他们发现了游戏背后隐藏的深意——优秀的软件可以在保证乐趣的同时，促使幼儿以积极创造的心态去共同解决问题——也就是寓教于乐。在教师之间、教师与幼儿之间都对此开展了讨论，为优秀软件制定了几条标准，并以此为基础对手头的电脑游戏进行了评估。通过这样的对话，幼儿与教师一起确定了电脑游戏的选择标准。而目前为止大家选择的游戏都得以保留，游戏周正式开始了。

在电脑上游戏、学习

在游戏周的头两天，幼儿完全被诸多软件"迷住了"。他们三三两两地研究电脑与光盘，在完全没有教师干预的情况下，轮流交替着完成任务。

到了第三天，出现了一段小插曲。一个小女孩不愿意遵守已经制定的公约。尽管后来幼儿自己找到了一个解决方法，教师还是利用这场小冲突与幼儿谈了谈"规则"。

与幼儿一起制定规则

幼儿共同思考了关于使用电脑的已知事项，并与教师讨论了"规则"，确定了使用电脑的先后顺序。随后制作了一张带有图示说明的大海报，张贴在"儿童办公室"的门上。

整理档案袋并反思

在一场反映项目主题的小型展览中，幼儿介绍了帮助齐丽解决难题的各种方法。"儿童办公室"里则放置了幼儿自己组装的完整电脑。

而针对另一个游戏的活动总结，幼儿们记录下了迄今为止的每一个步骤，并讨论了大家的创意与对主题的延伸。

在某个下午的亲子活动时间，幼儿用大海报说明了评选优秀软件的各项标准。

将主题延伸至更宽泛的领域

这个项目将电脑的使用及各项功能操作与不同的教学活动及领域关联了起来。通过这种方式，幼儿了解了电脑对人们日常生活的意义所在。他们认识到，与书本相比，电脑是一种科技设备，人们既可以用它来减轻工作负担，也可以用它来娱乐放松。

人们日常生活中的电脑

电脑世界中的各种语言范式和象征符号也被教师用来教导幼儿理解各种象征性的表现方法，这也将成为日后幼儿学习书面语言的重要基础。

电脑与语言

项目的完结

作为项目的收尾，幼儿希望举办一场家长可以共同参与的"魔法软件——

午后游戏"展示活动。为此，幼儿与教师一起布置了一间集体活动室，使用的各种魔法餐具、道具都是幼儿带着极大热情自己动手制作的。为了让所有家长都有机会与自己的孩子一起在电脑前玩游戏，幼儿园还特地向社区借了一台电脑。园长也贡献了自己办公室里的电脑，一位教师则带来了自己的笔记本电脑。

在幼儿园的厨房里准备了"女巫汤"，供大家在活动结束后的庆祝会上享用。几位家长还带来了"魔法蛋糕"。作为活动的开场秀，大家一起演唱了魔法歌曲《巫师施拉普诗卢特》与《小女巫辛布拉》。然后幼儿表演了几个魔术，接着电脑游戏就出场了。

向他人介绍自己已学到的知识

惊讶的家长聆听着幼儿介绍自己最喜爱的游戏软件。他们逐渐明白，为什么那些游戏在幼儿之间如此流行。之前还颇有疑虑的爸爸们现在深深地被齐丽、碧碧、马克斯这些游戏人物给迷住了。

幼儿将来还会就电脑选择什么样的主题，眼下还不得而知，但有一点非常清楚，幼儿园将继续以"媒介"作为主题开展更多活动。因为小班的幼儿在一旁已经好奇地目睹了哥哥姐姐们是如何用科技设备来施展魔法的。

6.4.4 涉及的跨领域教育

本项目涉及幼儿不同的能力领域，除了使用媒介的能力，最重要的就是语言能力、创造力和想象力。幼儿对科技的认知也得到了提高。在学习活动中，软件、图画书、艺术创作和音乐方面的知识都得到了具体的运用。

语言与读写

幼儿认真地阅读了与魔法相关的各类图书，讨论了故事内容，还通过书写软件尝试在电脑上写字。在电脑上对各类符号的运用能够帮助幼儿发展对书面语言的认知。

在讨论电脑游戏内的各种解决方案时，通过研究电脑的各项功能，幼儿进一步提高了沟通的能力。而在"午后游戏"的活动中，向家长以及兄弟姐妹演示各种游戏软件的环节也大大促进了幼儿交流能力的提高。当然，与他人进行意见交换，听取、评价、吸纳不同的意见观点，都是对语言能力很好的锻炼。

价值取向

幼儿就电脑与书本在人类生活中的意义进行了哲学探讨与交流，并形成了个人观点。

情感

经历了一个"魔法世界"，还自己"施了魔法"，让幼儿有了异常丰富的一次感官体验。他们会仔细回味自己的感受，并用语言告诉他人电脑游戏令人兴奋的魅力所在。

科技

在拆装电脑的过程中，幼儿使用了不同的工具，并分析了电路的走向。

数学

幼儿在使用软件和键盘时，发现并使用了数学概念。在描述电脑的内部构造时，也产生了更多与数学的关联。同时，在这个过程中，还涉及对时间概念（首先……然后……）以及逻辑关系（如果……就会……）的描述。

艺术、文化与创意

在庆祝魔法活动的装饰制作、布置过程中，产生了与艺术、文化和创意这些学习领域的横向关联。

音乐

在活动中演唱魔法歌曲是直接与音乐相关的联系。

健康与营养学

在为魔法活动准备食物的过程中，幼儿对食材进行了选择，还在烹饪的时候帮忙。

本项目涉及的媒介作品建议

图书

Paul Korky und Thomas Valerie：*Zilly und der Zaubercomputer*，Weinheim：Beltz。

Ulla Klopp und Dietmar Brück：*Tom und der Zauberfußball*，Freiburg：Herder。

软件

PC-Spiel„*Zilly, die Zauberin*"，Tivola。

如果希望了解本项目更多详细信息及重点，请参见：

Gerlach，F.，Kuse，C.& Aufenanger，S.(2006)．*Computerarbeit in Kindertageseinrichtungen．Handreichungen für die Praxis．*Kassel：LPR Hessen。

6.5 项目案例 5　认识和熟悉电脑

合作伙伴：尼克拉·波克曼（园长），桑德拉·特哈特，吕町豪森圣莫妮卡综合幼儿园

6.5.1 项目的产生——找到主题

圣莫妮卡幼儿园的宗旨之一是将与幼儿生活相关的一切事物与教学相结合，从这个理念出发，教师团队将电脑作为幼儿日常生活的一部分纳入教学工作。他们的目标是，让幼儿将电脑视为生活工具来加以认识和利用。

将电脑作为日常生活的一部分融入教学工作

整个教师团队针对幼儿的电脑入门学习发展出一个观点：幼儿应该学会独立使用电脑，而围绕电脑这个媒介将展开一场由幼儿、教师共同组织计划的探索之旅。基于这个观点，幼儿被视为具有多种能力的、严肃认真的研究者与探索者，因此整个学习活动十分重视"共同构建"这个特性，即教师与幼儿共同寻求关于电脑各项功能的知识。

6.5.2 项目的计划和准备

根据计划，园中每天安排一个时间段作为项目时间，这段时间的计划安排由一位教师负责，她将从幼儿的问题和兴趣点出发，与他们一起来开展活动。

教师与幼儿从"电脑"这个主题出发组织形形色色相互关联的活动，幼儿也组成一个固定的小组（年龄段为5～6岁）。活动内容有：手偶游戏（手偶老鼠），讲各种易于幼儿理解的与电脑相关的故事，以幼儿的提问为出发点的电脑研究，以及对电脑知识的深入发散性思考等。

在自由活动时间，幼儿会独立地温习并进一步探索与电脑相关的知识，同时将自己的所学传授给其他幼儿。因为整个项目的设计十分灵活，幼儿在自由活动时间所产生的任何想法和疑问都会得到重视、研究和回答。

提升掌握学习方法的能力

因为幼儿不断地将自己学到的如何使用电脑的知识填入一本《电脑使用指南》中，并准备布置一次展示，因此学习能力的提高在这个案例中是以一种非常特殊的方式来完成的。这些做法为之后的共同总结与反思打下了一个很好的基础——大家学到了什么？为什么要学这些？是怎样学的？当幼儿用图画的形式记录下他们所学的知识重点，也就是再一次用特殊的方法回顾了自己的学习过程——幼儿受到成人的鼓励，描述自己的学习过程，反思自己的知识获取与思考过程。通过编写《电脑使用指南》，为他人日后的学习提供了便利，也亲身体验了知识的储存与传播。

在整个项目结束之后，幼儿与教师将有关电脑的学习活动进一步延伸，为此特设了一间"儿童办公室"，让幼儿每天都可以根据自身的需求来这里使用电脑。电脑因此成为帮助幼儿采集信息与整理文档的便捷工具。幼儿也将这种能力应用到其他领域，在别的活动中继续利用电脑。例如，在一个自然科学的项目活动中，他们使用电脑来查询各种动物的资料，制订建筑计划，或是打印他们感兴趣的实验资料。

以媒介素养教育为核心：教育目标和教育活动

这个项目的核心内容是电脑及其使用方法、技术原理和各种应用。幼儿们用游戏的方式研究了电脑，学习了各项功能，并将电脑应用于个人的创意活动。

媒介素养领域的教育目标

幼儿探索电脑的科技原理、使用方法，并学会了使用各种各样的软件。他们丰富了有关电脑的**实践经验与实用知识**，将电脑作为一种工具应用于**交流、创意活动和学习过程的记录**。幼儿在与电脑接触的过程中**始终保持着独立意识**，了解电脑可以帮助自己完成哪些任务，而电脑的局限性又在哪里。

6.5.3 项目的实施

项目的主体阶段

导入：徜徉于电脑世界的幼儿

在项目的启动阶段，幼儿与教师用游戏的方式来探究一台电脑的工作原理与内部构造。在这个过程中，教师用手偶老鼠向幼儿提问，为幼儿提供了很多乐趣与启迪（参见下文"提问"）：

- 电脑由什么组成？
- 各个元部件是如何连接到一起的？
- 人们用电脑做哪些事？

提　问

就教学工作的质量而言，互动式的"提问"扮演了一个什么样的角色？

蒂策·罗斯巴赫和格伦纳（Tietze Rossbach & Grenner）从三个方面调查了幼儿园的教学质量，分别是结构的质量、导向的质量与过程的质量：

- 结构的质量取决于教育的环境条件（如空间设置）；
- 导向的质量指教师团队的教育理念与教育原则；
- 过程的质量注重的是教师与幼儿之间的互动质量，也包括教师与幼儿在语言上的互动交流。

研究显示，教师与幼儿之间的语言互动质量决定了该幼儿园能够在多大程度上支持幼儿的成长与发展（Sylva 等，2004）。前提条件是，教师必须拥有爱心与热情，能关注到每个幼儿的需求，并重视幼儿的回答。为了帮助幼儿发展，这类重要的语言互动必须带有"共同思考"的特征。在这个过程中，必须有两个或两个以上的人共同遵循一定的思想方法去解决一个问题或理解一个事实。要想用正确的方法来提问，"共同思考"是一个关键因素。

哪些提问方式适合推动"共同思考"？

问题分两大，即开放性问题和封闭性问题，这两类问题对儿童的认知水平提出了不同的要求。同时这两种提问方式也为幼儿创造了不同的巨大潜力空间。

封闭性问题对可能的答案数量有严格限制，它们通常要求的是对事实的重复。在这种情况下，提问者的脑海中通常已经有了一个确定的答案。因此封闭性问题基本只需要一个简短的答案或用"是"与"否"来回答就足够了。

封闭性问题实例：挖土机是什么颜色的？

与开放性问题相对的封闭性问题并不适合推动"共同思考"。开放性问题之所以能够支持"共同思考"，就是因为它允许多个可能的回答。这类问题经常被用来了解回答者是如何理解并看待自己身边的世界的。教师可以通过开放性问题来鼓励幼儿告诉别人自己的认识、理论、想法、创意以及感觉。开放性问题非常适用于引导幼儿的兴趣，并对一个现象进行深入的思考。幼儿解决问题的能力能够通过开放性问题得到提高，因为它的目标不是对已有知识的一种检验。

开放性问题实例：你认为挖土机可以用来做什么？

开放性问题可以启发"共同思考"，并能提高幼儿的认知能力，它可以分为以下五种类型（部分有重叠）：

- 解释型问题：要求幼儿回答一些现象之间的关联。例如："为什么太阳一出来，小水潭就消失了呢？"
- 转化型问题：启发幼儿将信息从一种表现形式转化成另一种形式。例如："你刚才观察到了什么？"（视觉印象转化为语言信息）
- 应用型问题：鼓励幼儿将知识与能力应用于解决日常生活中的问题。例如："说说看，为什么我们需要钟呢？"
- 综合型问题：要求幼儿将自己的知识与能力相结合，用一种全新的思路与方式来解决问题。例如："你认为我们该如何在这次的儿童大会上共同做出一个决定呢？"（此时，沟通与自律能力也是可以运用到的能力）
- 评论型问题：激发幼儿说出自己的想法与建议，以促成事情的发生、运作，或用另一种方式来进行。例如："你们认为将来该如何组织儿童会议？"

开放性问题还能应用于哪些方面？

- 帮助幼儿回顾知识与事实，以及由此引发的种种感觉。例如："暑假结束后再度回到学校，你的感觉如何？"
- 鼓励幼儿去想象他人的感受。例如："你如果站在丽莎的立场，会有什么感受？"
- 启发幼儿去回顾反思自己的学习过程。例如："说说看，你是怎么想到这个主意的？"

参考文献：

MacNaughton, G. & Williams, G. (2003). *Teaching young children:Choices in theory and practice.* Maidenhead: Pearson & Open University Press.

Sylva, K., Melhuish, E. Sammons, P., Siraj−Blatchford, I., Taggart, B., & Elliot, K. (2004). The effective provision of pre−school education project− Zu den Auswirkungen vorschulischer Einrichtungen in England. In: G. Faust, M. Götz, H. Hacker & H. G. Rossbach(Hrsg.), *Anschlussfähige Bildungsprozesse im Elementar −und Primarbereich* (S. 154−167). Bad Heilbrunn: Klinkhardt.

Tietze, W., Rossbach, H. G., & Grenner, K. (2005). *Kinder von 4 bis 8 Jahren. Zur Qualität der Erziehung und Bildung in Kindergarten, Grundschule und Familie.* Weiheim: Beltz.

为了回答脑海中的疑问，幼儿首先仔细地研究了一台真正的电脑，接着自己用纸板箱仿造了一台大大的电脑，有屏幕、键盘和鼠标，所有部件都用"线路"（粗绳子）连接了起来。幼儿扮演"数据"，通过鼠标被"输入到电脑房子里"（用纸箱制成的大电脑），随后大家一起思考数据是如何在电脑内部穿行的。例如，有人在键盘上敲击一个字母后，会发生什么事？后来幼儿按照这个规则来玩游戏：一名幼儿在纸制键盘上敲击一个字母后，由另一名幼儿将字母通过线路显示在屏幕上。

共同研究电脑

通过这个游戏，教师与幼儿将电脑内部看不见的运行过程外显化了。幼儿通过亲身体验，经历了"电脑内部的运行"，从而对电脑的工作原理有了基本的认知。

在这个活动之后，每个幼儿都用纸板箱给自己做了一台带有基本零部件的个人电脑。

添加打印机

作为项目的第二个活动，幼儿为电脑添加了一台打印机。教师与幼儿根据真实打印机的模样用纸板箱仿做了一台打印机，再将它连接到纸板箱电脑上。幼儿与教师共同思考打印机的工作原理，例如它必须与电脑连接，并和电脑一样需要用电。

游戏与学习

现在，纸板箱电脑已经和一台纸板箱打印机连接就绪，手偶老鼠再度出场，让幼儿再次扮演"数据"。先将数据"传递"给打印机，即每个幼儿将自己的名字通过纸键盘"输入"，而另一批幼儿负责接收数据，将它们呈现在屏幕上。当幼儿在键盘上按下"打印键"或通过鼠标下达打印命令，就有一批幼儿将字母通过线路传送至打印机处。而打印机处的幼儿用字母印章印出收到的名字，并把打印好的纸张推送出来。就这样，每个幼儿都得到一张印有自己姓名的打印纸，可以拼成一张名字海报。

接着，每个幼儿都为自己的纸板箱电脑制作了一台纸板箱打印机。

探索电脑的内部构造

在这个活动中，幼儿将一台已经报废的旧电脑拆开，研究它的内部构造。电脑内部的大量元件与复杂的技术给幼儿留下了深刻的印象。他们现在懂得了使用电脑时应该非常谨慎小心。

建立关联

与教师（及手偶老鼠）一起，幼儿开始探索电脑各个部件的技术原理，并将它们与先前自己通过"纸板箱电脑"学到的知识联系起来。他们在真电脑上再度寻找那些已经认识的电脑部件（如光驱、线路插口、电源开关等），之后在自制电脑上复制这些部件。所以，当幼儿发现真电脑上装有风扇，并能制造出凉风时，他们给纸板箱电脑也安装了一个风扇。

使用电脑：书写软件

幼儿通过自制电脑与拆开的旧电脑了解到电脑的一些基本功能后，在接下来的活动中，他们开始将所学到的知识应用到真电脑上。

幼儿与教师一同思考可以用电脑来做哪些事。幼儿提出的各种建议被收集汇总起来，以供详细讨论。有一名幼儿提出每个人都应该在电脑上建立"个人专属档案"，大家都觉得这个想法很好。这个建议也促使大家首先去学习一种书写软件，随后再逐步添加其他功能。

共同试用书写软件

幼儿打开书写软件，在教师或同伴的帮助下写下了自己的名字，并打印出来。他们共同摸索如何独立使用这个软件，尝试各种不同的命令，例如改变字体、字号、颜色以及打印出来。每个幼儿都利用个人分配到的时间段，凭借个人的兴趣与经验对自己的名字进行了修改和完善，直到字的大小、字形与颜色达到令人满意的程度为止。此外，幼儿在自由活动时间也会相互帮助，共同学习如何使用电脑。

使用电脑：绘图软件

随着时间的推移，幼儿对电脑上的画图功能日渐熟悉。首先，幼儿学会了如何打开这个软件，随后了解了它的各项基本功能，例如如何画出线条。幼儿尝试了这个软件的各项功能，不断改变绘画对象，例如改变线条的粗细、深浅与颜色，色块的填充等。在每天的活动结束时，他们会保存自己的作品，并在第二天继续加工。

幼儿在电脑上画房子，并在自由活动时间实现更多个人创意。

使用电脑：使用光驱

对光驱的使用也是"手偶老鼠"倡议的，有一天它带来了光盘《狡猾的老鼠》，并开始与幼儿一同研究光驱的功能。它问幼儿：

- 我们如何使用这张银色的碟片？
- 它有什么用？

幼儿都提出了自己的设想，并对不同意见进行了讨论，例如：

- 光盘上有一个游戏。
- 必须把它放进电脑里。

于是"手偶老鼠"与幼儿一起将这些建议付诸行动，成功地将光盘放入光驱，在电脑上安装了一个游戏并开始使用。在玩游戏的过程中，幼儿兴致盎然，共同完成了游戏设置的一个又一个任务。

幼儿还尝试了由一位熟识的程序员专门为幼儿园编写的电脑游戏《乌鸦拉

汇总不同的问题答案

孜发现了圣莫妮卡幼儿园》。在这个游戏中，幼儿可以好好探索自己的幼儿园（例如将玩具放入指定区域——"乌鸦的记忆"环节）。在游戏中出现的乌鸦拉孜是这所幼儿园的吉祥物。这个游戏与一个叫《蒲公英》的游戏都是幼儿在自由活动时间内十分喜爱的游戏，在此期间他们共同熟悉了新学到的技能。

使用电脑：添加图片

在这个活动的开始阶段，幼儿将电脑的图片库中已有的图片添加到他们的文档中。但"手偶老鼠"很快就提出了一个问题，促使幼儿去发明新的创意和解决问题的方法：老鼠想在自己的生日派对请柬上加印自己的照片，但在现有的图片库中找不到任何能用的图片。于是大家一起思考，最好自己制作一张可以使用的老鼠图片。幼儿决定用数码相机拍摄一张老鼠的照片，然后附到请柬上去。

接下来幼儿立即将这种新的本领应用到自我表现上。他们相互拍照，然后每人设计了一张卡片，上面有自己的照片、短文与画作。幼儿把这些卡片汇总到一起，布置了一个名为"我们是电脑专家"的展览，在幼儿园里展出。

电脑的使用指南

在整个项目的进行期间，幼儿把新学到的知识汇总记录下来，每一个主题内容都装订成册，形成了一本《电脑使用指南》，将它放置在"儿童办公室"里，供所有人使用。

例如，在纸电脑的书写游戏和相关讨论结束后，一个幼儿在鼠标所指向的屏幕位置画了一个 WORD 图标，另一个幼儿则画了键盘。在向电脑屏幕输入字母时，有一个幼儿负责在屏幕上画出显示的字母。

通过这种方式，幼儿将电脑"打开与关闭"时的重要步骤画了下来，从而使所有幼儿可以更好地独立使用电脑。

整理档案袋并反思

记录学习成果并向他人展示

制作《电脑使用指南》为幼儿提供了一项富含意义与启示的任务，使得他们可以一直对新学到的知识与技能进行讨论和反思。在这样的环境下，他们与教师一起回想：自己学到了什么，怎么学的，为什么这些知识很重要，又该如何向他人解释说明等。在这个过程中，他们明晰了自己的学习过程，记录了每一个进步的脚印——从对电脑简单功能的认知到能独立使用不同的软件，这一切都以《电脑使用指南》的形式得到了保存。

将主题延伸至更宽泛的领域

在这个项目中，幼儿用不同的学习方法探知了电脑与它的各种功能意义。他们用游戏的形式观察了一台电脑的内部构造，研究了它的技术原理，并通过这种形式获取了对他们而言既有趣又有意义的电脑使用知识，还学会了如何操作一些软件。

幼儿因此体验了如何通过不同形式的学习活动来获取自己所需要的知识，并将新学到的知识应用到新的领域。从不同的角度观察一个现象，通过讨论进行比较，再应用到相关联的领域，这些行为都在帮助幼儿理解一些基本规律与原理。在这个过程中，幼儿学到的不仅仅是使用电脑的特殊技能，还进一步获得了对电脑工作原理的深入了解，从而能更好地、独立地使用这种媒介以满足个人需求。

从不同角度审视一个问题，从而形成认知

项目的完结

即使在项目结束之后，幼儿对电脑的学习不会止步，因为电脑已经成为他们的日常工具，可以协助他们搜集信息、游戏娱乐和进行创作。

因此幼儿将进一步完善提高自己使用电脑的能力，并将它传授给别的幼儿。为了促进幼儿持续学习和使用电脑，幼儿园特设了一间"儿童办公室"。幼儿可以每天在这里使用电脑，即使本项目已经结束，幼儿依然可以独立去操作电脑。他们还认真负责地将个人的使用时间限定为30分钟左右，无须教师去额外规定。

开放并联结更多的教育场所

在项目开展期间，幼儿一起拜访了当地的儿童电脑学校"Megakids"，了解该机构提供的各类课程。

家长也参与到项目中来。有一位父亲是信息技术专家，特地为幼儿组织了一次"儿童讲座"，针对相片的输入与编辑处理对幼儿进行了培训。

在教师的协助下，这所幼儿园的幼儿与另一所幼儿园的幼儿相互发送了交友电子邮件，他们最终还通过电子邮件的约定，在一个公园里组织了一次野餐会，一起做游戏。

6.5.4 涉及的跨领域教育

语言与读写

通过自己设计字体、撰写短文的活动，幼儿对文字的兴趣和热情提高了。

同时，他们还努力寻找、辨识键盘上的字母，并通过电子邮件进行了社会接触与交流。

在集体讨论与谈话中，幼儿发表自己的想法，对解决问题提出各自建议，与他人进行沟通，对自己学到的知识进行反思，还对他人的电脑学习给予建议和帮助。这些都有助于培养他们未来在合作与共同构建方面的能力。而在认识电脑的各个部件和相关设备的过程中，幼儿的科技词汇量也丰富起来。

情商与社交

在整个项目的框架中，幼儿有机会与其他幼儿合作交流、相互学习，并将自己习得的知识传授给他人。

自然科学

针对一定的自然科学主题，幼儿可以使用电脑来进行信息的搜索。

科技

在幼儿拆解电脑时，以及用纸板箱仿制个人电脑时，他们理解了一些科技常识（例如，设备需要电来驱动，电流是如何进入电脑与打印机的）。

艺术、文化与美学

幼儿在实现自己的想象与创意时，运用了不同的软件（绘图软件、文档处理软件）；他们还建立了自己的"电脑专家档案"；在为《电脑使用指南》配置图片时，也使用了电脑。

运动

幼儿在玩纸板箱电脑游戏时，各种丰富的肢体动作提高了运动能力。

本项目涉及的媒介作品建议

软件

Löwenzahn Kinderlexikon, ZDF/ZDF Enterprises GmbH.

Löwenzahn: Geschichten aus Natur, Umwelt und Technik (Folgen 1–6), ZDF/ZDF Enterprises GmbH.

Hexentanz und Firlefanz. Das verhexted Hexen-Suchspiel, Tivola.

Schlaumäuse, Kinder entdecken Sprache, Microsoft.

6.6 项目案例 6　使用媒介来记录、反思和呈现：森林项目

合作伙伴：乌苏拉·何默，儿童网络媒体与文化教育协会；艾伦·贝茨，朵丽丝·哥特瓦斯，盖恩哈普茨鲍姆幼儿园

6.6.1 项目的产生——找到主题

教师在远足和校外活动时，观察到幼儿对大自然中的各种动植物，乃至最小的生灵都显示出极大的兴趣。典型的表现是，他们总是将许多树叶、种子与陌生的昆虫带进幼儿园，并进行十分细致的观察与研究。在那样的场合，幼儿总是会提出许多问题，并渴望得到答案。而更进一步的活动是，他们会在创意工坊中对甲壳虫、蝴蝶这样的对象进行写生还有些幼儿会使用资料光盘《热气球驾驶员奥斯卡与森林秘密》。

抓住孩子的兴趣并进行深化

在幼儿园的员工会议上，教师汇总了各方的意见，了解到幼儿对森林有哪些兴趣后，很快提出了一个倡议——与幼儿一起开展一个"森林项目"，并在下一次的幼儿园全体大会上正式对此提议做出决议。

加强儿童对民主的基本理解与参与

在这个项目中，教师与幼儿共享整个进程。负责活动组织与信息发布的是每日举行的幼儿园全体大会，在会上介绍每一个计划的情况，并

形成新的设想。在全体大会上，教师与幼儿可以整理回顾已有的经验，而一些针对项目下个阶段的决策也是在这个场合由幼儿与教师共同做出的。

幼儿可以在这样的情况下亲身体验个人意见的重要性，并见证它产生的影响。幼儿可以明确表达自己的学习愿望，并参与学习过程的安排计划。与此同时，他们各不相同的兴趣点都会得到重视和支持，使得项目产生不同的次级分支和结果。幼儿经由这种做法体会到个人拥有意见与愿望的重要性，并感受到对个体的尊重。

普茨鲍姆幼儿园有一个公开的理念：所有幼儿都有机会在每天早晨举行的全体大会上主动报名参加某个活动或自行决定进入哪个功能教室。而园方提供的活动也是由教师与幼儿共同决定的。最受欢迎的活动包括"电脑专家小组"与"大班聚会"，而现在新的"森林项目"闪亮登场了。

6.6.2 项目的计划和准备

与幼儿一起明确问题、策划活动

在一次全体大会上，教师将开展"森林项目"的提议介绍给大家，以供讨论。幼儿立刻由此想到了许多令他们感兴趣的问题。他们与教师共同思考整个项目应该包含哪些活动。在幼儿与教师共同决定开展"森林项目"后，家长们接到了计划通知。

在下一次的全体大会上，幼儿与教师经过一番讨论，商定了整个"森林项目"的一些特殊规则。为了提醒大家，幼儿在电脑上通过绘图软件制作了一些注意事项标牌，上面都是大家应该共同遵守的内容。

大家还特设了一个"森林文件档案"，收录教师与幼儿收集的报告与观察记录，以全程记载整个项目，而家长也能借此对活动内容有所了解。

本项目的重点是媒介与自然科学这两个领域。幼儿在全体大会上征集的所有问题以及他们的探索热情得到了充分重视，并在"森林项目"的实施过程中居于中心位置。按照项目的规划，在某个上午，一组幼儿要前往附近的一座森林进行"一日森林体验"。幼儿要在那里运用全部感官去接触、认识森林，产生自己的问题，依循自己的兴趣去探索。环境意识、生态责任、自然物种的保护、动植物的生存条件都是幼儿可以探索研究的内容。

"森林项目"给予幼儿机会去提出假设，然后进行验证，并相互交流自己的研究过程。教师必须有这样的意识：本项目的关键并不在于要求幼儿为问题找到一个正确全面的答案，真正有意义的是教师启发了一场共同的探索过程，成人与幼儿一起去为问题寻求解答。教师必须主持各种设想与创见的交流，同时，帮助幼儿掌握不同形式的记录与呈现方式，以将自己的想法"可视化"，便于与他人进行探讨。举例来说，要记录一个事件，可以使用照片的形式或借助绘图软件完成一张草图。

将媒介用于实现共同构建的学习过程

在共同构建的学习过程中，对事物意义的探讨是重要的。此外，产生自己的想法，并充分表达出来，与他人进行交流讨论也是十分关键的。要想实现这样的学习风格，必须与幼儿共同发明、尝试各式各样的表达方式。

这些形形色色的表达方式能够让幼儿将自己的印象观念可视化，同时又能了解同伴的想法和意见。通过不同形式的活动组织与记录，逐步发展完善各种表达方式，针对个人观点、看法、视角的讨论才得以进行。

在这个项目中，幼儿认识了各种媒介，借助它们才能实现、完善个人的创意表达。例如：电脑上的绘图软件、拍摄照片的数码相机以及用于报告的软件的等。

以媒介素养教育为核心：教育目标和教育活动

以前，幼儿园曾以"幼儿园中的电脑"这个主题开展过不少活动。当时，教师就达成共识，即电脑首先是一种工具，它在项目活动中的应有助于探究式的学习，因此在这个项目中，电脑的功用也将成为媒介学习的重点。

媒介素养领域的教育目标

在这个项目中，幼儿积累了**与各种科技媒介打交道的经验**。他们使用绘图软件，拍摄、打印数码照片，借助针对特定主题的知识软件和互联网展开信息搜索，还将电子显微镜与电脑结合在一起进行研究。在这个项目中，幼儿从自身的需要出发，使用媒介进行了以下活动：个人的**创意表达，研究成果的呈现，信息的采集，新知识的学习**，对所学所得的**记录**，与他人的**交流分享**。

6.6.3　项目的实施

项目的主体阶段

森林远足

两天以后，大家第一次向森林进发。幼儿都十分兴奋，抵达停车场时，他们先收集了很多干树枝，造了一个"森林沙发"作为集合地点。随后，他们便四散开来，之后大家带着不同的收获回来。幼儿用随身携带的数码相机拍摄到了两种陌生的甲虫，然后将甲虫放生了。而像树叶、根茎、栗子、石块这样的东西，幼儿将它们统统带回了幼儿园。

借助媒介记录，
呈现结果

在下一次的全体大会上，幼儿纷纷介绍了自己的发现。用数码相机拍摄的照片也已经被打印出来。在《动植物索引》中，幼儿找到了那两种甲虫的名字——黄金步甲（Carabus auratus）与紫光步甲（Carabus violaceus）。

在全体大会结束后，一些幼儿集合到了电脑前，因为他们想用显微镜仔细研究自己捡回来的宝贝。电子显微镜是与电脑相连的，散发着一束光，但是"什么也看不见"。于是，幼儿开始思考问题到底出在哪里，并尝试着推了显微镜上的载物台一下，但情况依然毫无变化。最后，罗宾转了一下物镜，现在电脑屏幕上至少出现了一块灰色的影子。将显微镜上方的光源调节好，幼儿又将载物台靠近物镜，屏幕上的画面才清晰了起来，上面出现了一条透明的绿色"小蛇"，是一根苔藓！

借助显微镜设备自带的图片处理软件，幼儿可以与教师一起拍摄观察结果的快照，将其打印出来后张贴在教室里。

在这个教室里，已经特意留出一角布置成"森林角"，供幼儿展示所有采集的标本、绘画与打印出来的信息。

学习新知，并与"奥斯卡"一起深入

将电脑用于学习与
信息搜索

在接下来的几天中，有几名幼儿想玩电脑游戏《热气球驾驶员奥斯卡与森林的秘密》。首先，幼儿与教师归纳了对"奥斯卡"已有的认识。

森林里生活着许多种动物，而幼儿想知道：

* 它们爱吃什么？
* 它们生活在哪里，生活习性如何？
* 如何称呼它们各自的住所？
* 它们什么时候睡觉，什么时候醒来？

这些形形色色的动物包括松鼠、獾、老鼠、蝙蝠、啄木鸟、蜗牛和蚂蚁。"奥斯卡"光盘专门设计了一些小游戏，使幼儿明白诸如"动物是何时睡觉的"之类的问题。在游戏中，幼儿可以在太阳出来的时候把动物放到床上（代表该动物在白天睡觉），或在星空之下，把动物放到床上（代表该动物在晚上睡觉）。

幼儿分成两组，各自挑选一种他们想要深入了解的动物。在信息搜索的过程中，电脑与"奥斯卡"光盘都可以为他们提供帮助。幼儿也制作了一幅拼贴作品，将他们在调查研究中所有的发现粘贴、绘制和书写在该作品上。

两位积极行动的女科学家

雅娜与莉亚选择的动物是獾，与之相关的有趣内容她们已经收集了很多。现在她们想把资料全部展示在一张海报上。雅娜画了一只洞中的獾，莉亚想在画上再添几只獾宝宝。但獾宝宝长什么模样呢？莉亚询问了教师，教师建议她到图书角去看看，那里有一本《动物百科辞典》。于是，雅娜与莉亚走进了电脑室，在书架上找到了这本百科辞典，开始翻阅。但是，一本书有那么多页，上哪儿去找獾呢？教师在一张纸条上写下了"獾"（Dachs）这个词，并告诉她们，百科全书中的词都是根据字母表的顺序排列的，于是幼儿在字母"D"一栏搜索，很快就找到了獾的插图。幼儿请教师为她们朗读书上的文字部分，并在图画纸上做笔记，但幼獾的模样书中并未提及。

借助不同的媒介搜索信息

森林中的精彩搜索

在下一次的"森林体验日"，一组幼儿与雅娜、莉亚一起出发去寻找獾的踪迹。虽然他们没有找到獾洞，但收集了许多与獾的生活有关的标本——树叶、苔藓、欧洲蕨和蘑菇，所有物品都用数码相机拍了照，之后通过电脑打印出来。趁此机会，两个小女孩也在网上搜索，看能否找到一张幼獾的图片。教师与雅娜、莉亚共同思考，如何在搜索引擎的页面上输入"獾"这个词。之后她们在 www.kinder.tierlexikon.de 这个网站上找到了许多有关獾的说明和几张图片，但始终没有任何关于幼獾的内容。终于，她们在 www.wikipedia.org 上发现了寻觅已久的信息——獾的幼崽是纯白色的！

在互联网上搜索信息

之后，雅娜、莉亚和一位教师共同思考，应该如何整理、呈现她们收集的有关幼獾的知识。她们决定将与獾相关的内容画下来，一旁再贴上打印的图片，这样大家就可以一览无余地了解：獾吃什么，在哪里居住，什么时候睡觉，如何抚育幼崽（幼崽当然会画成纯白色）。

记录并呈现知识

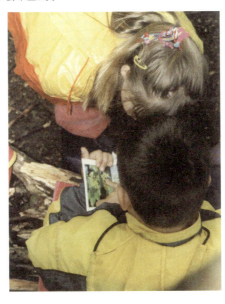

分享传播自己的知识——獾的小学校

因为两个小女孩已经了解了那么

多有关獾的知识，于是在下一次的全班大会上，她们就向其他幼儿做了一次报告。在这次大会上，也产生了一个想法——向全园的幼儿传播这些采集而来的知识。这个建议得到了教师的全力支持。从现在开始，雅娜与莉亚谈论的就是她们的"獾的小学校"了。

在第二天上午的幼儿园全体大会上，这两个孩子要求发言，然后告诉大家，她们准备开办一个"獾的小学校"，任何感兴趣的人都可以在大会结束后前往电脑室，听取关于獾的报告。因为报名的幼儿太多了，因此一开始只能让一小部分幼儿进入"獾的小学校"。在接下来的几天，"獾的小学校"继续发布关于活动的预告。

在电脑室里，雅娜与莉亚倾囊相授她们关于獾的知识，并展示了大海报，使所有人对獾的生活方式有了初步印象。几天后，在第二次"獾的小学校"活动中，有一位教师拍摄了整场活动与大海报的照片。

在学习与交流中利用媒介

从"獾的小学校"活动出发，幼儿计划制作一部正儿八经的科教片。于是所有照片都被输入电脑中一个叫"多媒体工作坊"的报告软件里，并用它制作了一个幻灯片文档，里面的每一张图片都配有两个小女孩轮流讲解的画外音，告诉观众她们在研究獾的过程中的各种发现。最后，完整的科教片"獾的小学校"被刻录在了光盘上。

"獾"是本项目下的分支子项目，在这个过程中，幼儿相互合作并在教师的帮助下收集、整理知识，探索新的问题，整个共同构建的学习过程十分清晰。他们相互学习，听取他人意见，提出假设，为疑问寻求解决方法。在此过程中，教师的角色定位是协助思考、随时提供帮助的学习伙伴。

规划和组织个性化的教育过程

本项目给予幼儿以自己的方式去组织安排个人学习过程的机会。其间的各种学习活动都是以幼儿的兴趣和主题为导向的。在项目的计划与实施过程中，幼儿个人的学习方式、能力和优势强项都得以展示与运用。在之前所举的例子中，项目的开展方式使得雅娜与莉亚有可能去深入研究她们对幼獾的疑问。同时，雅娜与莉亚各自的学习方法与所获得的知识也通过"獾的小学校"得以深化。当这两个孩子积极主动地参与项目活动与学习过程的组织安排时，两人的个体差异都得到了重视，并根据个人的发展状况得到了最佳支持。

整理档案袋并反思

对整个项目的记录是比单项资料与观察笔记更重要的事情。记录由教师与幼儿共同完成——通过"森林文件档案"与创意工坊中的照片、海报、拼贴、绘画、速写草图以及自己采集来的标本。凭借这些资料，幼儿可以和教师一起回顾学习的内容、时间和方式。在保存这些资料的过程中，媒介扮演了关键的角色。

把主题延伸至更宽泛的领域

幼儿在森林中获得了各种直观的印象，这些经历都是他们通过全部的感官捕捉到的。他们将之定义为一个广阔的"生活空间"。通过彼此之间的交流，他们寻找所有现象背后的意义，并通过这种方式建立了种种关联。

因为幼儿借助不同的工具对森林环境进行了研究，又使用多种媒介对习得的知识进行了处理——例如，通过绘画、速写、拼贴、海报、数码相机、幻灯秀、麦克风、文字和多媒体软件与他人进行了分享，所以他们的学习是综合的，而且他们时时受到鼓励去反思和讨论自己的学习过程。

对森林生态的综合式学习

6.6.4 涉及的跨领域教育

语言与读写

幼儿在查阅动植物百科辞典的时候，产生了对书本的兴趣。他们意识到了文字保存、传递信息的意义所在。在教师朗读文本的时候，幼儿用自己的"书写语言"做了笔记。在查阅资料的过程中，她们认识了不同的字母，例如"獾"这个词是如何拼写的，如何在辞典中找到它。

在相互讨论中，幼儿要摆出自己的观点，表达个人的愿望，所以他们就交流方式约法三章（例如，倾听，让别人发言）。他们要将自己的观察心得口述给教师，以方便记录。在使用电脑时，幼儿也是边讲述边录制的。对森林中各种动植物的调查工作也丰富了幼儿的词汇量。

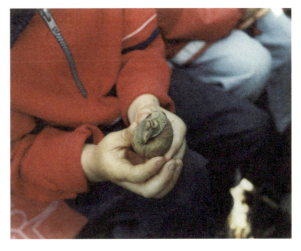

自然科学

森林项目的重点是自然科学。项目的活动包含森林中的远足探险，探究森林中的动植物的生活。从森林回来后，幼儿将采集的标本整理分类，并布置展览；他们确认不同的动物名字（目科属种）；在电子显微镜下观察植物；而为了获得更为详细的信息，他们借助不同的媒介进行搜索。

环境保护

通过这个项目，幼儿认识到森林是一个生态系统，其中生活着许多动植物。对生态循环的研究可以增强幼儿的环境意识与保护生态平衡的责任感。

艺术、文化与创造力

在记录项目进程和所学知识的过程中，幼儿为动植物画速写，创作海报与拼贴作品，拍快照，还布置了一个"森林角"。

科技

本项目在使用电子显微镜时接触了高科技，幼儿了解了如何调试它，借助它可以看到什么信息等。

价值取向

教师与幼儿一起探讨了如何以负责任的态度去接触动植物以及它们的家园。

本项目涉及的媒介作品建议

图书

Neumann, A.& Neumann, B.(2003). *Waldführung: das ganze Jahr den Wald erleben; Naturführungen, Aktivitäten und Geschichtenfibel.* Münster: Ökotopia.

Neumann, A. Neumann B.& Sander, K.(2003). *Wasserfühlungen: das ganze Jahr Naturerlebnisse an Bach und Tümpel–Naturführungen, Aktivitäten und Geschichtenbuch; mit Spielen, Übungen und Rezepten.* Münster: Ökotopia.

Neumann, A.& Sander, K.(2002). *Wiesenfühlungen: das ganze Jahr die Wiese erleben–Naturkontakte, Spiele und Geschichtenbuch; mit Spielen, Übungen und Rezepten.* Münster: Ökotopia.

软件

CD–ROM *Oscar der Ballonfahrer und die Geheimnisse des Waldes*, Tivola.

关于本项目及其中重点活动的详细说明，请参见：

Gerlach, F., Kuse, C., & Aufenanger, S. (2006). *Computerarbeit in Kindertageseinrichtungen. Handreichung für die Praxis*. Kassel: LPR Hessen.

6.7 项目案例7 创编一个幻灯片故事：朋友

合作伙伴：凯撒赛诗幼儿园，赫尔佳·贝克（园长），西尔维娅·薛普福－魏利奇（教师）

6.7.1 项目的产生——找到主题

在凯撒塞诗幼儿园的多媒体教室中，有多种媒介设备可供幼儿使用。这些器材既可以在游戏中使用，部分也可以让幼儿独立操作（如录音机）或在项目中使用，还有一台幻灯片投影仪。

抓住幼儿的兴趣加以延伸

一个小男孩发现了这台幻灯片投影仪，于是说："我想看幻灯片！"教师抓住了这个兴趣点，给予进一步的鼓励："难道你不想自己做一个幻灯片故事吗？"

幼儿很喜欢这个建议，于是和教师一起决定，在第二天的班级晨会上提出来，看谁愿意一起做。

6.7.2 项目的计划和准备

小男孩在第二天的班级晨会上介绍了自己的想法，说明自己想亲手做一个幻灯片故事，并询问谁有兴趣一起来做。结果有 7 名幼儿感兴趣，报名参加了幻灯片小组。

小组成员在晨会结束后立刻围坐到一起，开始计划商讨接下来要做的事。首先，幼儿与教师一起想到的是实施计划所需要的所有材料，根据会议讨论结果，大家需要幻灯片、投影仪与一个故事。

幼儿继续商量，在他们开始绘制幻灯片以前首先要做的是找到一个好故事。于是他们约定，在下一次小组会议上一起构思这个故事。

加强儿童对民主的基本理解与参与

本项目在很大程度上是由幼儿独立组织进行的：项目的初始由一名幼儿的想法而开启，而教师抓住这一点进行了延伸；幼儿自己决定项目的参与者；然后他们为项目制订了原创故事的计划，而关于如何使用技术设备，如何呈现作品，也是由幼儿们自主决定的。

教师在这里扮演的角色是主持人与协助者，通过提问来激励幼儿独立思考、自主决定，同时主持幼儿的讨论会，并提供技术上的援助。

以媒介素养教育为核心：教育目标和教育活动

整个项目的主题是建立在一名幼儿对投影仪的兴趣上的，而这个原始想法经过教师的鼓励和延伸，变成利用"幻灯片"这个媒介来实现个人的创意表达。最终教师与幼儿一起设定的目标是用自己制作的幻灯片来讲述一个故事。整个过程与许多领域产生了关联，如艺术、文化与美学（绘制幻灯片）以及语言与读写（创编故事）。

媒介素养领域的教育目标

就媒介素养教育而言，在与投影仪打交道的过程中，幼儿们收获了**实用的知识与实践经验**。他们懂得了投影仪不仅仅是用来播放幻灯片的，同时也是一种**个人表达创意的工具**。他们也体会到，媒介作品是由人创作设计的。

6.7.3 项目的实施

项目的主体阶段

导入：一起编个故事

在下一次会议上，幼儿面临的任务是共同创作一个故事。他们开始描述，为一个冒险故事想象出很多情节，最终完成了故事《朋友》，由教师笔录下来。

故事《朋友》

故事的主人公是一条蛇、一只野兔，一只猫和一匹马。这四位好朋友决心去探险，他们一起出发，开始了长途旅行。一路上，他们翻过了三座陡峭的大山，来到一片长着两棵树的草地上。

突然他们听到一个声音，而且越来越响。当他们转身时，发现一群野牛正朝他们冲过来。于是他们躲到了大树底下，但野牛已经发现了这四位朋友，想要踩他们。于是四位伙伴爬上树，躲在树上。

野牛找不到他们就跑开了。当所有的野牛离开后，四个朋友爬下树，高高兴兴地回家了。

接下来幼儿与教师要为故事取一个名字。大家很快就达成了共识，故事就叫《朋友》。

在整个故事中，幼儿贡献的是他们对友谊的观点和看法，要深入挖掘这种涉及人类生活与幼儿集体活动的问题，哲学探讨是一个很好的形式（参见下文）。

和儿童一起开展哲学探讨

与幼儿进行哲学探讨意味着与他们一起开展批判性的思考过程，包括：提出问题，寻找背后的含义与原因，设想一下结果（"这意味着……""为什么……""假如……会怎样？"），整理出答案并给予解释。因此，哲学探讨总是以对话的形式进行的。

幼儿的哲学探讨的出发点经常是他们对周遭世界的一些情况感到惊奇，并由此而提出问题。在共同的哲学探讨中，幼儿可以就人类社会生活的一些基本问题提出自己有趣的看法和设想，例如"幸福""公正"，或者本项目的主题——"友谊"。

在哲学探讨中，教师需要坚守基本原则，这是非常重要的，即不可以用一个貌似"正确"的答案来草草结束对话，而应该与幼儿一起寻

求答案，并明白针对一个问题可以有许多种潜在答案。甚至有时候一个问题也可能没有答案。

与幼儿进行哲学探讨的目的是什么？

哲学探讨抓住的就是幼儿的好奇心以及他们的开放态度；共同的哲思能塑造一种充满批判性深入思考的精神文化；与成人一同进行哲学思考，幼儿从小就能培养出从不同角度观察问题并反思他人观点的能力。幼儿在哲学探讨中，有了表达个人疑问的可能性，并能与他人交流。通过哲学探讨与必要的深入反思，共同思考和交流观点，培养了幼儿的认知能力、语言水平以及创造性思维，他们还能通过词汇的组织，将自己的思想表述出来。

如何与幼儿进行哲学探讨？

与幼儿进行哲学探讨的一个前提条件就是创造一种尊重幼儿想法的氛围。哲学探讨可以由教师发起，也可以从幼儿日常对话中的问题引申出去。教师的任务就在于，通过开放性、启发性的问题来引出对话及讨论，例如：

- 对此你怎么看？
- 你觉得奇怪之处在哪里？有哪些疑问？
- 如何去找出更多答案？
- 你是从哪里得知的？
- 其他人可能知道些什么？我们可以去问谁？
- 为什么你这样说呢？你的意思是什么？
- 你能够回想起发生这种事的某些情况吗？

引起哲学探讨的出发点可以是：

- 源自幼儿日常生活的某些问题。
- 通过项目活动或其他活动产生的疑问和主题。
- 头脑风暴：自由收集各种概念、不经设限的各种建议和观点。一开始只管收集各种意见，而不急于评判，之后再另行讨论（例如："说一下你们现在在想什么？"）。
- 针对一个主题收集各种观点（例如"朋友意味着什么？"）。
- 观察图片，抛出特定的问题，或就美学意义进行探讨。
- 猜谜。
- 对物品的研究（"你们觉得这件东西有什么用处？"）。

- 思维实验（"假如……会……？"）。
- 一个带有开放性结尾的故事（"之后会发生什么呢？"）或带有矛盾冲突的故事（"为了……该怎么办呢？"）。

参考文献：

Dittmann, K. *Philosophieren mit Kindern - Eine kurze Einführung in Konzeption und Methoden.*

Kleiner Denker—Große Gedanken. (2002). GEO WISSEN.

MacNaughton,G. & Williams, G. (2003). *Teaching young children: Choices in theory and practice.* Maidenhead: Pearson & Open University Press.

Schnabel, M. (2006). *Mit Kleinkindern philosophieren.*

加工阶段：一张幻灯片是如何诞生的？

在故事编写完毕后，教师与幼儿一起思考，接下来该怎么办。幼儿把自己关于幻灯片的知识汇总起来。

收集并筛选信息　　有几名幼儿知道在幼儿园的多媒体教室里备有"空白幻灯片"，于是建议把故事画在这些空幻灯片上。另外一名幼儿补充说，他是从家里知道空白幻灯片的，但是小组里没有一个人确切地知道幻灯片到底是如何产生的，所以幼儿决定先问问父母。

在下一次小组会议上，幼儿首先报告了自己的发现：家中的幻灯片是用照相机拍摄后在暗房里冲洗出来的，要么是照片，要么就是幻灯片。

扩展关于媒介的实践知识　　眼下幼儿知道了两种可以制作幻灯片的方法——摄影或绘画。现在面临的问题是，用哪一种方法来制作自己的幻灯片呢？最后他们决定使用绘画的方式。

接下来要解决的问题是：要在幻灯片上画画的话，应该使用哪种颜料或笔呢？一开始，幼儿也不知道答案，但很快他们就找到一个解决方法，有一名幼儿想起有一种特殊的笔可以在胶片上画画，那在幻灯片上一定也可以。于是大家约定，由教师在下次活动时准备好这种笔。

制作幻灯片故事　　教师与幼儿将故事划分成一系列分镜头，然后分配给不同的幼儿分头制作幻灯片。

制作阶段：绘制幻灯片

每个幼儿负责绘制故事中的一个场景。

有几个幼儿立刻就有了很多点子，想要马上在绘画中实现；而其他幼儿则通过与教师的讨论，在得到启发与鼓励后才开始创作。

每个幼儿都开始绘制自己的幻灯片了，要在这么小的框子里画画，还真是一项大挑战。

成果：观看、讲述幻灯片故事

在所有的幻灯片绘制完毕后，整个小组用投影仪观看了"幻灯秀"。而故事《朋友》则由幼儿轮流讲述。他们在这次小组的表演活动中感受到了一种"影院气氛"，于是产生了邀请父母来欣赏他们的故事表演的念头。

于是幼儿与教师为家长设计了一份邀请函，并由每个幼儿单独制作。

整理档案袋并反思

幼儿与教师在这一次的会议上回顾了项目中的种种发现，大家厘清了问题以及是否存在其他解决问题的方法。整个学习过程的成果通过幻灯片故事被记录下来。即使在项目结束之后，幼儿也可以反复观看，并以此为基础，讨论反思自己学到的知识。例如，幻灯片制作小组的幼儿可以向其他幼儿解释说明他们是如何制作这个故事的。

将主题延伸至更宽泛的领域

本次制作表演的幻灯秀，缘起于幼儿对讲故事的热情。幼儿借助这种媒介获得了表达个人想法并向他人展示的机会。

通过为家长和其他幼儿表演，幼儿们也了解了某些媒介存在的意义：他们用游戏的方式理解了看电影这一行为的社会意义和规则（幼儿为了这场幻灯秀布置房间、观众席以及整个放映过程）。 *与生活建立关联*

整个项目的每个步骤都是由幼儿与教师一同计划的，大家十分仔细地考虑了计划所需的材料、必要的信息以及下一阶段的工作步骤。他们搜集了必要的信息，并向其他幼儿传递了这些知识。通过这种方式，幼儿提高了个人素养，能够安排并掌握自己的学习，寻找到了解决问题的方法，还评价了学习的成果。 *提高学习能力*

项目的完结

项目收尾阶段的活动，是为家长播放整个幻灯片故事。为此，幼儿做了各种准备——打造了一个"放映厅"。他们接待家长，并为他们在"放映厅"内一一提供座位。一个幼儿负责控制投影仪，另一个幼儿负责一帧一帧地讲故事。

在表演结束后，幼儿建议为同班同学也表演一次故事。他们先介绍了整个项目，随后邀请全班同学一起来欣赏这个幻灯片故事。

6.7.4 涉及的跨领域教育

语言与读写

项目"朋友"抓住了幼儿们喜欢讲故事的天性，并提升了这一点。在编创、叙述故事的过程中，幼儿理解了故事的架构，并在反复叙述中加深了印象。此外，他们在语言表达和词汇量方面也获得了提高。

价值观

幼儿与教师在项目中讨论了"友谊"这个概念，并将它与日常生活中的友情联系起来，一同深入思考了友谊的价值。

科技

通过研究投影仪，幼儿扩展了科技知识，并能解释项目过程中遇到的一些科学问题（例如："在幻灯片上画画需要使用哪种笔？"）

数学

在项目中使用到一些数学概念。幼儿需要确认和比较一些数字，包括：如果每人画一张幻灯片，一共需要几张幻灯片？进行放映时需要放置几把椅子？而且幻灯片的播放也存在序列问题，需要用语言来描述（首先、然后、其次）。

自然科学

在项目中，投影仪也被用来做了光影实验。幼儿玩了影子戏，并研究了哪些物体可以被光穿透，哪些不能。

情商与社会性

在项目的过程中存在着大量投票表决的机会，幼儿从中学会了如何与他人达成一致意见、如何分配任务并遵守协定。由此，他们提高了日后在社会中的行为责任能力。

6.8 项目案例 8　录制一个有声故事：大巨人和小矮人

　　合作伙伴：巴德茨维斯顿市卡塞尔大街社区幼儿园；儿童网络媒体与文化教育协会，吴特·穆席勒、乌苏拉·海默

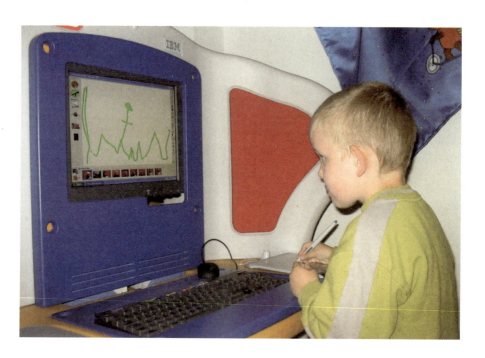

6.8.1 项目的产生——找到主题

观察并抓住幼儿的兴趣

　　接触有声故事与乐器是卡塞尔大街社区幼儿园每天生活的一部分。唱歌、跳舞、音乐表演以及用不同的日常用品敲打制造出有趣的声音是幼儿最喜爱的活动。在每天的集体游戏中，不可或缺的环节是用奥尔夫乐器为歌曲伴奏或为有声故事配乐。因此，幼儿园的教师准备抓住幼儿对音乐与有声故事的兴趣与热情，与他们一同为一个图画故事配音。

6.8.2 项目的计划和准备

　　为图画故事配音这个项目完全是针对幼儿的兴趣而产生的。这一点来自教师平日对幼儿的观察，事先也征求了他们的意见。从幼儿平时在游戏和对话中流露出的情感，就可以了解他们不仅喜爱各种声响、音乐，图画书与故事朗读，

也爱看电视里的动画片。

项目的详细内容与进程将在项目的下一个阶段与幼儿共同计划完成。但首先要通知幼儿园的全体幼儿，一个跨年龄的小组项目正在筹划中。

与幼儿共同筹划项目

在参与这个项目的过程中，幼儿要贡献出多种多样的个人才能与优势，因为项目涉及多个领域——语言、创意、想象力、绘画能力，以及最重要的与媒介相关的知识与能力。

教师团队十分重视各个班级幼儿的"集体创作"，由此产生的学习目标也是复合型的，学习过程的组织也要与之相匹配，即所有幼儿都应该贡献出自己的想法与能力，一起去设想最终的作品及其完成的过程。他们应当去经历与体会一个像为故事配音这样高难度的任务是需要通过与他人的合作方能完成的。因此个人的社会交际能力显得尤为重要，这包含倾听、理解和评估他人的建议，表达个人观点以及共同做出决定。

儿童集体的合作与共同目标

利用个体差异，尊重多样性

想要制作一个属于自己的媒介作品，需要多种技能的努力与丰富的创意。而对在制作过程中出现的各种问题与任务要求，如自行构思一个故事或技术上的实现，则需要使用不同的思维方式，并通过各种手段去达成目标。出于这个原因，与幼儿一起反思应用的不同理论及他们的想法是十分有意义的。同时，必须始终强调一点：每一名幼儿提出的不同建议与方法都是对整个集体工作的有益补充。在这个集体创作故事的过程中，要让幼儿体会到，个人的想法因吸取了他人的意见而得以完善，最终才能产生一个仅凭个人力量无法达成的成果。

以媒介素养教育为核心：教育目标和教育活动

这个项目涉及许多其他的教育领域，但整个过程的核心目标依然是媒介。亲手制作一个媒介作品——从原始创意到计划实施、绘制、配音以及后期的制作剪辑、播放，都一一对应了媒介素养教育的不同目标。

媒介素养领域的教育目标

在本项目中，幼儿集体创作完成了一件媒介作品。在此过程中，他们使用媒介进行了**个人创意表达**，他们需要回忆自身以往的媒介体验（例如在电视里看到的动画片），并将自己关于电影的知识与项目中出现的新任务、新问题联系起来（例如如何完成故事中的画面）。他们已拥有的**使用科技媒介的能力**（如何使用麦克风、多媒体软件）也在项目中得到了实际运用与加强。在将自己制作的媒介作品与平日熟悉的电视、电影、动画片进行比较时，他们得以窥见幕后工作的情形。他们需要对图片进行排序，这样才能讲述一个完整的故事。他们学习如何制造音效，如何拼接单个片段，如何活用各项技术，由此他们形成了一个共同的认知——媒介有其特殊的制作方法，而它们都是由人生产制造出来的。

6.8.3 项目的实施

项目的主体阶段

导入：我们该如何讲述自己的故事？

共有来自3个班级的18名幼儿对宣布的这个项目很感兴趣，主动报名参加。教师为新成立的项目小组主持了首次会议，请大家考虑两个基本问题：

- 我们将选择哪个图画故事进行配音？
- 我们将使用什么方法来制作这个有声故事？

收集幼儿的想法、兴趣与已有的知识　　为了选择一个要配音的故事，教师在一开始就询问幼儿哪些故事是他们最喜爱的。幼儿纷纷说起了自己最喜欢的书和故事。在这样的场合，有几名幼儿自然而然地玩起了角色扮演游戏，表现了故事《小矮人如何与大巨人交上了朋友》中的一个场景。其他幼儿也加入进来，结果变成一个热闹的游戏。因为这个故事当时在幼儿中间非常受欢迎，于是教师就问幼儿是否愿意将大巨人与小矮人的故事变成配音作品。大家对此雀跃万分，整个项目的故事主题便这样确定下来。

抓住日常经验　　幼儿现在需要考虑的是，用什么样的方式去呈现这个故事。教师问大家知道哪些图画形式的故事，幼儿报告了平时看漫画与看电视动画片的经验，也提及一些最喜爱的电视节目。他们最喜欢的人物有海绵宝宝、小熊糖乐队、米老鼠、蓝精灵和游戏王。

在教师询问这些片子大致是如何"做"出来的，此时许多幼儿俨然一副行家的样子：他们知道"动画片"就是图片动起来的影片，并热烈讨论这些片子是如何诞生的，交流各自的推测和观察心得。幼儿非常确定这些片子都是画出来的，在涉及具体的技术时，出现了两派观点：一部分幼儿认为"有一位画师坐在那里，用铅笔把人物画出来"；另一部分幼儿的观点是"片子是在电脑上画出来的"。至于他们自己的图画故事，他们希望无论如何都要在电脑上用绘图软件画出来，因为在之前的活动中他们已经学习了如何在电脑上绘画。

共同计划流程　　作为图画故事的下一步——如果电视中的动画片都是画出来的，那么现在

就需要有人画出故事，有一些幼儿表示他们有兴趣画故事中的场景，于是负责绘画的人被称为"画师"。此外，还需要一部分人来制作音效（"乐师"），以及按照故事的推进对每一幅画面进行解说（"旁白"）。每一项任务的分配都是按照幼儿个人的兴趣来决定的。

绘制故事

画师们先将单个场景的草图画在纸上，每个场景他们都画了几个不同的版　　*表现与比较创意*
本，然后大家一起观看这些草图。

通过公开提问，教师鼓励幼儿相互交流想法，并向大家说明自己构图的用意：

- 你在这儿画了什么？
- 你是怎么想的？
- 你画的另一张图上有什么不同吗？
- 假如让你再画一张，你会怎么画？

通过这种方式，幼儿能够回顾自己的绘画创作，并能意识到自己有一个思考与决策的过程。

通过这场对不同想法与草图的讨论，幼儿体会到针对同一个任务可以有不　　*重视不同的想法*
同的解决方法，而每个幼儿都会用自己的方式去应对。教师对诸多不同的草图都予以重视，将它们视为图画故事创作过程中的珍贵贡献，从而使每个幼儿的想法都能被顾及、采纳。

最后，由幼儿与教师共同为每一个场景选出一张手稿，再由每一名幼儿各自用绘图软件绘制，供最后定稿的故事使用。

在电脑上绘画，并不总是进行得一帆风顺，有些功能（例如上色时的"笔刷"功能）令某些幼儿在一开始十分沮丧，为了克服这些困难，他们一方面向教师求助，另一方面相互帮助。例如有一名幼儿向其他人展示了如何拿起鼠标后再度放下，这样就可以换一个位置继续画了。

配备合适的软件学习环境

在这样的情况下，教师要根据幼儿的实际能力来准备适宜的学习条件，在所使用的"多媒体工坊"软件中，有许多功能对幼儿而言是十分复杂难懂的，因此教师要简化界面上显示的功能命令，只让几项最重要的命令出现。整个软件因此变得简洁明了，能让幼儿一目了然，在使用软件时能够更好地感受到自己的能力，从而变得更加独立自信。

为故事配上声音

做声音实验

"旁白"与"乐师"是负责为故事配音的人员，他们同样使用了"多媒体工坊"这款软件，在电脑上进行声音的录制。因此，电脑必须连接一个麦克风。幼儿先试用了一下麦克风，并考虑具体该如何使用。对参与制作的幼儿而言，使用麦克风真是令人激动的精彩体验。他们先是兴致勃勃地轮流对着它说话，然后津津有味地反复倾听录音。对一些幼儿来说，刚开始听到喇叭里播放出自己的声音时感觉十分陌生，因为他们发现这和自己平时听惯的声音并不一样。

"这是我吗？"一开始幼儿都会这样问。这个问题引发了大家的讨论，因为从喇叭中听到的自己的声音"感觉十分滑稽"。经过几次尝试，在观察了其他幼儿之后，同时在教师的鼓励下，每个幼儿都发现了录音然后倾听自己声音的乐趣。

"乐师"们一起为故

事配上背景音乐与音效。他们使用各种乐器、人声，乃至自己的身体（如拍手跺脚）来产生形形色色的声音和音效。为生动地讲述这个故事，他们不断地试验着，检验每一个场景与人物所适用的音效。

幼儿一起倾听不同的配音效果，然后集体做出决定。例如，他们发现巨人的脚步声最好使用低沉的手鼓声音来表现，而小矮人的脚步声则使用清脆的铃声更好。

在这些工作的基础之上，教师与幼儿一起为每一个场景配上了背景音乐。每一位"乐师"都领受了一项任务，并在某个节点进行演奏。每一个音乐片段都经过反复排练，才用麦克风收录下来。

共同决策

规划和组织个性化的教育过程

正如本项目中的主题那样，一个完善的项目主题，可以提供许多学习机会，并尊重每个幼儿的个人能力与兴趣爱好（活动的差异化）。在共同的大主题"录制一个有声故事"之下，教师为每个幼儿安排了属于他自己的学习活动，让活动完全对应幼儿个人的兴趣、能力与水平。

在学习内容的差异化方面，每个幼儿都是与教师共同决定自己想要参与的部分，如绘画、音乐、或故事的口述演绎。

在每一个任务的范围内，教师也与幼儿一起根据任务的复杂难易程度来决定个人的具体做法，例如：较小的幼儿集中注意力的时间比较短，于是在配乐方面的参与比重较低；而注意力水平较高的幼儿负责给出现频率较高的主角配乐；那些年龄较长、兴趣特别浓厚且能力突出的幼儿可以负责更为复杂的任务，如音频的剪辑。

此外，幼儿还与教师一起定下了截止时间与阶段性目标。在整个有声故事的制作期间，幼儿们不断重温自己的阶段性成果（例如场景配音、绘画的完成部分），并与同伴、教师一起讨论结果是否令人满意。而每个幼儿给自己设定的标准也是不同的。

在这样一个丰富多彩的活动中，幼儿都能找到提升自身优势的空间。在本项目中，一个平日看上去比较迟钝的男孩在音频软件的使用方面表现出丰富的经验，在年龄较小的幼儿需要帮助时，他俨然成为队伍中的小专家。

安排因人而异的学习过程有几个重要的前提条件，包括：教师平时要对幼儿的学习过程做详细认真的观察与记录，对幼儿的兴趣、学习方式以及需求有所预估，并能与幼儿共同做出计划与安排。

为故事配上文字

*用自己的声音做
实验*

旁白的表演也要事先经过一个集体审核的过程。幼儿在朗读故事文本时尝试采用不同的音量、语调与语气。然后整个小组一起来听录音小样，讨论不同朗读方式的效果。

准备阶段结束后就是文本的正式录音环节了（与背景音乐一起录制）。为了帮助幼儿记忆，首先由教师轻轻地为每个场景作朗读示范，再由幼儿一一跟着朗诵，接着是"乐师"上场。

每一个场景的录音完毕后，幼儿与教师一起倾听结果，并一同讨论这一段是应该保存、删除，还是重新录制。

幼儿在录音时表现得十分愉快和有耐心。时不时就有一段必须反复录制，直至所有人都感到满意为止。接下来的录音剪辑工作则由年龄较大又特别感兴趣的幼儿担任。

合成故事

*与已有的能力相
结合*

现在要把画面与声音结合起来了。幼儿对这项工作完全可以胜任，因为之前他们曾经为一小段幻灯片作品做过画面与录音的合成，而这些知识现在可以得到重温。幼儿互相帮助，终于完成了有声图画故事。

整理档案袋并反思

在整个有声故事的制作过程中，幼儿与教师反复检查不同阶段的工作成果——录音小样与绘画草稿。他们发表个人意见，讨论制作方法，并共同决定每一个成品的取舍。

在这个过程中，幼儿建立起了对自己作品与学习的标准。他们共同决定对一个成品是满意还是继续完善。在讨论中，他们评估自己的作品，回顾制作的过程，并计划接下来的必要步骤。他们与教师一起用元认知的方式思考个人制定的目标，以及达成目标的各种可能方法。

将主题延伸至更宽泛的领域

在整个项目中，幼儿为达成目标——完成一个有声故事，拿出了所有的本领。一些技能，如绘画、录音剪辑，对幼儿来说都另有深意。个人行为与集体努力的结合在整个活动背景下得到了充分的展示，这一点在项目小组的每一次计划与决策讨论中表现得尤为明显。幼儿可以清楚地回顾个人如何在完成集体项目的过程中做出的贡献。

从这一点出发，可以看到本项目与幼儿日常生活中的媒介经验紧密相关。

在计划的讨论阶段，幼儿就频繁联想到自己在电视中看到的动画片，从而建立起一种深刻的认知，即所有的媒介作品正如他们自己创作的故事那样，都是人为的。

项目的完结

项目的成品最终在幼儿园入口处的一台电脑上用有声幻灯片的形式向家长展示，这令幼儿倍感骄傲。

6.8.4　涉及的跨领域教育

语言与读写

在项目实施的过程中，幼儿在故事的内容与讲述方式上投入了大量精力。他们为呈现图画故事想出了许多富有创意的方法，最终决定用朗读的方式，并做了很多语言上的试验，用不同的音量与语调来表现。在每一个项目阶段的计划准备讨论中，以及在对图片、录音的选取决策中，幼儿都进一步提升了个人的沟通能力。

价值取向

要制作一个有声故事，与他人进行意见交换、做出判断并共同决策都是十分必需的。因此幼儿形成了自己的标准作为表决的依据。他们亲身体会到了接纳不同想法、观点与评价对自身是一种极为丰富的补充与完善。

艺术、文化与创意

在纸上绘制草图，接着在电脑上用绘图软件完成图画的过程中，幼儿使用了丰富多样的艺术表现手法与表现工具。

大巨人如何与小矮人成为好朋友

一个有声故事

很久很久以前，大巨人生活在山里。想去湖边的话，大巨人只要迈上四大步就到了。

鸟儿们听到巨人那惊天动地的脚步声，都给吓得飞走了。

来到湖边的小矮人，见到大巨人因为孤单正在哭鼻子。

小矮人想帮助大巨人，便表示愿意和他交朋友。大巨人高兴坏了，一下子蹦到了半空中，而小矮人也轻轻地跳了四下。

动物们在远处看到大巨人与小矮人成为好朋友，鸟儿们便纷纷飞了回来。

音乐

为了给故事配上背景音乐，幼儿用乐器进行演奏，利用自己的身体发出声响，这一切都属于音乐教育的范畴。不同的音效可以表达特定的情感，幼儿对此进行了一番有趣的试验。

关于本项目的详细信息，请参见：

Gerlach,F.,Kuse,C.& Aufenanger,S.(2006).*Computerarbeit in Kindertageseinrichtungen.Handreichungen für die Praxis*.Kassel:LPR Hessen.

6.9 项目案例 9　表达与记录个人审美：带着数码相机进博物馆

合作伙伴：阿克曼街幼儿园，安娜·塔迪奥托；法兰克福教师合作会；意大利帕多瓦"艺术大师"应用艺术展；儿童网络媒体与文化教育协会，乌苏拉·海默

6.9.1 项目的产生——找到主题

法兰克福教师合作会下属的阿克曼街幼儿园向来十分注重艺术、创意和审美领域的教育，平日就与法兰克福的各大博物馆建立了十分紧密的合作关系。

在一次参观博物馆的活动后，园内建立了一份档案袋，专门粘贴幼儿自己拍摄的照片。园内有一些没有参加那次博物馆之行的幼儿对这本《毕加索　*幼儿对摄影与绘画很有兴趣*

影集》尤为感兴趣，经常去翻看，还开始用水彩笔描绘照片中的内容。教师趁此机会询问这些幼儿是否愿意一起去参观一次展览并拍照，这个建议令幼儿欢欣雀跃。

与此同时，园中的幼儿想在户外相互拍照，因为之前他们曾见到一位教师在户外给幼儿拍照的情形，自己也颇想尝试一番。于是，他们着手拍摄自己的照片，包括好友的集体照或单人照，在滑滑梯上，骑三轮车时，还有教师的照片。接着，大家一起在电脑上观看这些照片，幼儿为此感到非常骄傲。他们看着照片说说笑笑，恨不能再多拍一些。基于这样的经验，在幼儿园全体大会上，教师向幼儿征询：谁有兴趣参加摄影活动？多数幼儿报名参加了摄影小组。

不同年龄的幼儿一同学习

以不同年龄段幼儿对摄影的兴趣为契机，教师建议将幼儿组织起来成立一个摄影小组。这个建议经所有幼儿讨论后被采纳，在接下来的几周内，幼儿试验了照相机的各种功能：开关、聚焦、变焦等。在整个过程中，稍大的幼儿将自己的知识传授给较小的幼儿，直至所有幼儿对照相机的基本使用得心应手。活动的"高潮"是前往法兰克福动物园的摄影之旅，幼儿在照片的取景构图方面获得了很多经验，并在共同欣赏个人作品时展开了热烈的讨论。

项目诞生

大孩子告诉小孩子，他们已经与教师计划好前往美术馆拍摄那里的画作。他们展示了那本由他们自己倡议制作的《毕加索影集》，还提到了与教师共同筹备的摄影展（展览主题是印象派画家）。有4个特别感兴趣的低龄幼儿也十分想一同前往美术馆，他们抓住了这个机会，询问是否可以参加美术馆之行。大孩子一开始颇为犹豫，但很快就被小孩子说服，并最终同意。大孩子还确定了一个重要事项：是不是能确保人手一台照相机。于是，最终诞生的8人项目组中，有4个大孩子，4个小孩子。

6.9.2 项目的计划和准备

以媒介素养教育为核心：教育目标和教育活动

为了项目的下一阶段计划，教师询问幼儿：在这个项目中想学什么，发现了什么以及对什么特别感兴趣。幼儿汇总了一下他们的目标，发现所有人都想拍摄许多照片，想拍摄收集属于个人的绘画照片，就像他们在《毕加索影集》里看到的那样。吉娜已经同婶婶一起去过美术馆，对这次参观之旅表现得兴致勃勃，因为美术馆里有一位非常和善的先生（美术馆教育讲解专员），他会讲很多有关这些画作的故事。她和婶婶是坐地铁去的，整个行程棒极了。雅西妮特别喜欢在小黑板上画画，所以她盼望自己也能有机会画一些画。

整个项目与媒介、艺术、文化这些教育领域都产生了紧密的关联，幼儿将摄影作为个人审美的表现工具来运用。在摄影时，他们逐步形成了对艺术品的个人观点。他们拍摄画作，决定哪些可以被选入影集，这意味着他们有自己特别的取舍、视角与动机。幼儿们认真地对一件艺术品的含义及其对个人的影响进行思考，从而建立起个人的审美标准。

- 对我而言，什么是美的？
- 我觉得哪些画很有趣，哪些很无聊？
- 这幅画中我最喜爱的部分是什么？

通过这些针对画作的个人问答，可以体现出每个幼儿对一件艺术品的观感。

媒介素养领域的教育目标

整个项目从幼儿对摄影与平面艺术的兴趣出发，幼儿利用照相机来**满足个人需求，进行社会交流**。通过自己的摄影作品以及整理成册的影集，他们进行了个人的创意表达，并与他人交流了自己对艺术品的观感。最终完成的作品（一份个人展览说明书）可供自己和他人欣赏、收藏。

在与媒介打交道的过程中，幼儿积累了许多与照相机相关的实践经验与知识，具备操作照相机的基础能力，并对摄影这门艺术形成了初步的理解与认知（例如取景角度、画面截取等）。

在整理自己的影集与活动回顾中，幼儿与教师一起认识到了一点：媒介作品的内容与表现形式都是经过人为的、带有目的性的选择与安排的，从而呈现出特定的效果。幼儿热烈讨论了各自的观点、画作的选择以及影集的设计这些问题。他们回顾自己的创作表达（我想通过我的照片展示什么？）以及作品留给人们的印象（这幅作品对我这个观众而言意味着什么，我的作品又向他人诉说了什么？）。通过这些活动，幼儿了解了艺术表现手法的多样性，人们由此产生的丰富感觉，以及**媒介作品的制作方式和功能**。

利用个体差异，尊重多样性

阿克曼街幼儿园的幼儿大部分来自移民家庭，因此在项目中反映、包容他们的双重文化身份是十分重要的。

本项目的一个中心目标就是培养幼儿对艺术品的鉴赏能力，并能够将它表达出来，与他人分享。幼儿可以借此体验到个人想法被尊重、被重视，并通过听取不同的意见而丰富自我。

来自移民家庭的幼儿经常对自己的观点感到不自信，并羞于表达自己的想法。教师应该鼓励他们大胆地表明自己的立场，为他们创造一个充满包容的谈话氛围。即使幼儿的观念与德国的主流文化不相符，也要以重视的态度来对待他们的经验与想法。

为了让幼儿在幼儿园中以积极正面的方式展示自己的家庭文化，我们从媒介、美学、艺术、文化这些教育领域中找到一个很适宜的连接点——来自家乡的照片，展示不同文化与儿童生活的电影，原乡文化中的艺术品、建筑物的照片、画作，这些都代表着对移民家庭幼儿的文化背景的接纳，并让幼儿对多样性有了正面的体验。

6.9.3 项目的实施

项目的主体阶段

导入：拍摄个人的艺术作品

丰富有关照相机的经验与知识

在一次美术馆之行的筹备会议上，穆罕默德提议："我们自己也在幼儿园里举办一个像美术馆里那样的展览吧！"他接着说，应该像正式的展览那样，给每个幼儿的作品标上名称、作者姓名、创作日期，并用画框装裱后悬挂起来。

由于这个建议，幼儿们进而萌生出拍摄自己的展览作品的创意。他们在园中四处走动探看，从不同角度、距离和细节拍摄展示出来的画作。有些幼儿则取出了自己的画集，亲自拍摄其中的作品。

谈论自己的作品

在下一次的讨论会上，幼儿与教师一起观看了这些照片。教师请幼儿描述自己的照片以及拍摄的地点。许多照片显示出不同寻常的细节和观察视角，以至于第一眼望去很难分辨幼儿拍摄的到底是哪件作品。而幼儿对自己拍摄的地点与对象也只能是半猜半估，因为许多作品他们自己也记不清了。

一起寻找解决办法

于是教师询问幼儿，如何辨认哪张照片对应的是哪幅画，例如：

• 你怎样认出这张照片是在哪儿拍的呢？

• 照片上有什么特别的地方，能让我们认出是哪一张画？

幼儿拿起照片寻找拍摄地点的细节，整个过程就像玩一个拼图游戏。他们仔细查看照片，将它们与画作进行比较，还相互交流自己的发现。在幼儿找到正确对应的画作后，教师会询问幼儿整个思考的过程：

- 你是怎样找到正确的拍摄地的？

教师还就照片与原始画作之间的差异提出了问题：

- 你拍摄的照片与被拍的画之间有什么不同？

- 为什么照片和绘画看上去不一样呢？

幼儿就自己的核对方法与拍摄方式向大家进行了介绍，也比较了各自所使用的方法。

交流反思解决方法与个人观点

例如，他们可以辨认出背景中的某件园中物品，从而知道这张照片拍自何处。或者他们根据拍摄的画作上一种特别的颜色或某个特别的形状来辨认该画作。幼儿也解释了照片是如何对画作进行表现的。

- 我想从上往下拍，所以当时站到了一把椅子上。

- 拍这张照片时我凑得很近，所以只能看到画的一小部分。

通过这样的交流，幼儿共同回顾了照片的拍摄过程，从而形成了一个共识，即照片是对现实的一种个人角度呈现，不同的幼儿对同一件作品（或是同一个幼儿采用不同的角度）的观感可以是截然不同的。

在这一个项目阶段，教师带有明确目的性的协助是极为重要的一环（参见下文）。教师要激发的是学习中的关键一步，即从"单纯的拍照"（幼儿将其作为一门技术来掌握）到带有艺术性与目的性的摄影活动。

提供帮助——搭支架

搭支架是指一种互动的形式，其中教师给予幼儿的帮助指导只是暂时的，最重要的目的还是协助幼儿在能力上提升一个新的台阶。支架有"基础设施""脚手架"的含义。教师在幼儿已有的能力基础之上，为他们提供一个学习的平台，但具体的工作要由幼儿自己完成。

这种支持形式的典型特征是由一个富有经验的人来帮助一个经验匮乏的人。随着经验较少的一方能够逐步独立完成任务，他获得的支持与指导也会相应减少。搭支架的终极目标是，学习者能够独立自主地运用自己的能力。

搭支架模式的特征有哪些？

- 形成互动。整个解决问题的过程是双方合作的互动过程，因此要处理的问题对双方而言都要是有趣而富有意义的。

- 在提供帮助的过程中，双方要形成"共情"，这是交流的基础。"共情"指的是由特定事实引起的种种感受与想法，双方都努力去理解，并能站在对方的立场去设想。这里包括教师要去适应幼儿的思维方式，交流与支持的形式也要与之相符。

有效的帮助必须与双方独立的互动相结合。即一方有明确的期待，另一方面则对幼儿抱有热情以及负责任的态度，这也包括对幼儿始终给予正面的回应，并能觉察他们何时需要帮助。

对幼儿的帮助要针对其特定的能力范围，即"最近发展区"[①]。教师要对幼儿提出要求，从他们已知或已有的能力层面出发，这样教师才能向幼儿提供恰如其分的帮助，并鼓励幼儿设定自我要求。

"最近发展区"指什么？

根据维果茨基的理论，幼儿的发展有两种水平，一种是当下独立解决问题的水平，另一种是在富有经验的人的协助下方能完成任务的潜力水平。在这两个水平之间的区域即"最近发展区"。

幼儿的自我规范能力可以通过"搭支架"得到加强。在这个过程中，教师要让幼儿逐步承担起行为的责任，并在幼儿有能力独立自主地行事时完全退出。幼儿的自控能力就是这样培养起来的，教师应该给予幼儿充分的时间去寻找解决方法，而不是过早干预或指挥幼儿。

在提供帮助时，教师有哪些主要任务？

为了在幼儿与教师之间形成"搭支架"的互动模式，要注意以下几个方面：

- 通过对幼儿学习和发展过程的观察、记录与反思来发现：
    - ◆ 哪些任务对幼儿形成了学习挑战？
    - ◆ 幼儿在得到支持的情况下，可以达到什么样的能力水平？
    - ◆ 幼儿的兴趣点在哪里，这可以作为提供帮助的出发点。
- 在小组活动或幼儿单独行动时，给予充分的帮助时间。
- 选择切实的支持方法，例如提问、鼓励、示范、回应、关注等。
- 在幼儿试图承担起更多任务责任时，给出建议。
- 在幼儿的活动期间，经常进行语言上的说明和描述以帮助他们学习。

参考文献：

Bodrova, E. & Leong, D.J.(2007). *Tools of the mind: The Wygotskian approach to early childhood education.* (2nd ed.) Columbus: Merill/Poentice Hall.

---

① Wygotski, 1987；同时可参见 Miller, 1993。

Gisbert, K.(2004). Lernen lernen. *Lernmethodische Kompetenzen von Kindern in Tageseinrichtungen fördern.* Weinheim:Beltz.

Jordan, B.(2004). Scaffolding learning and co-constructing understandings. In A. Anning, J. Cullen & M. Fleer(eds.)*Early childhood education: society and culture* (pp.31−43). London:Sage.

MacNaughton, G. & Williams, G.(2003).*Teaching young children:Choices in theory and practice.* Maidenhead: Pearson & Open University Press.

自己制作《观展手册》

在下一次的会议上，项目小组要为他们的美术馆之行做准备。幼儿一起阅读了观展手册，并极为认真地观察上面的每一张图片。他们讨论出现了哪些场景，出现了哪些人物，它们彼此又是什么关系。教师询问幼儿最喜欢哪张图，并追问幼儿在最喜爱的画作中最欣赏的部分是什么。幼儿在这时形成了各自完全不同的评判标准，例如有些倾向于自己喜爱的颜色，有些选择熟悉的场景（如在一个花园里玩），还有幼儿觉得画中某个人物或某件东西特别美好。

形成审美标准，并相互交流

在交流彼此的偏好与审美标准时，幼儿体验到了对艺术形形色色的观点，即其他人选择的画作与自己的不同，给出的理由也不一样。在这样的对话中，他们不仅明确了个人的喜好和标准，也了解了他人的观点，开阔了眼界。

坚信个人观点，并容纳他人的想法

对幼儿来说，在这次美术馆之行中找到个人最喜爱的画作并一一拍摄下来是十分重要的。教师询问大家如何选择、欣赏、拍摄画作，幼儿给出了不同的意见：

- 我们带上观展手册，可以随时参考。
- 我给观展手册上出现的画拍照，然后到现场去找原画。在幼儿园里我们也是这样做的。
- 我们可以带上照片，然后问美术馆工作人员，那幅画挂在哪里。

于是幼儿全体决定，先各自拍摄观展览手册上自己喜爱的画作，然后从这些照片中，幼儿与教师挑选出几张来打印，塑封后再用线串起来，这样每一个幼儿都有了属于个人的观展手册，在它的帮助下，就能去寻找美术馆中相应的画作了。

计划自己的发现之旅

参观美术馆

在美术馆中已经有一位艺术老师在等候幼儿了。在他带领大家参观的短暂过程中，幼儿已经开始拍照了。但同时大家也对他的讲解十分感兴趣，可以说

是完完全全被吸引了。接下来是幼儿自由参观并任意拍摄画作的时间。有部分时间他们是根据个人的观展手册（塑封好的打印照片）去拍摄的，当然也会突然发现吸引人的新画作，便将它们拍摄下来。

开放并联结更多的教育场所

在本项目中，不同年龄的幼儿是一同学习的，也实现了不同教育机构之间的合作。除了有一家美术馆参与，还有两位来自达姆施塔特市伊丽莎白基金会教育学院的学生全程陪同幼儿参观，并进行记录。

对摄影活动的交流与反思

美术馆之行结束后，每个幼儿先是查看了自己拍摄的照片，接着他们开始相互展示、评论自己的照片。通过这种照片的展示交流，幼儿可以与他人交换意见，表达自己的喜好，指出哪些照片对个人而言是重要的，并亲自将照片分类。他们共同回顾了整个活动的过程、自己的行事方法以及所学到的知识。而教师通过提问的方式，引导了这场回顾。

关于照片拍摄的交流讨论会

教师："穆罕默德，这张照片看上去与我们在美术馆看到的画不一样，你还记得在美术馆看到的画是什么样的吗？"

穆罕默德："美术馆里的画更清晰。"

教师："对，我记得你当时拍了很多张，也花了很多时间考虑怎么拍。"

穆罕默德："这张看上去不一样是因为当时我晃了一下。"

教师："狄腊拉，我注意到你也很喜欢拍照。摄影让你最喜欢的地方是什么？"

狄腊拉："有时候很大的东西看上去很小，而很小的东西又会变大。"

教师："你知道为什么吗？"

狄腊拉："……因为我凑近那张画以后才拍的。"

对自身学习的反思

幼儿在对别人讲述自己是如何拍照的时候，也回顾了自己所学到的东西。例如穆罕默德展示了一张对局部细节放大的照片。

教师问："你能向雅娜再解释一遍当时发生了什么吗？"

穆罕默德："当我拉远镜头时，细节就变小了。当我推近时，它就变大了。而当我转动照相机时，照相机里的画也转了过来。"

狄腊拉向大家说明了她学到的变焦功能："因为在拍照时，可以变大变小，这是茉莉教我的，所以照片看上去不一样。"

整理档案袋并反思

对项目的各个阶段进行记录，部分可以通过照片自身完成因为照片与照相机不仅是本次项目的内容与主题，同时也是媒介工具，可以用来表达、记录、传播自己的学习过程。

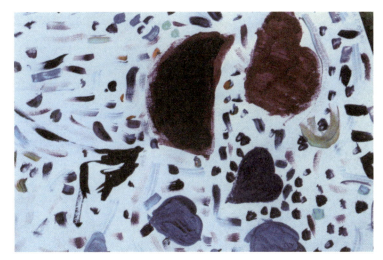

幼儿用摄影记录下了自己的经历与学习的每一个脚印，包括电脑中的个人相册，用于展示的塑封影集，以及集成个人作品的"观展览手册"。除此以外，每个幼儿还拥有一份艺术档案，以收集个人作品。

幼儿的摄影记录了他们针对特定主题的个人兴趣，而这一点在项目的进程中也在不断发生变化，同样变化的还有他们的摄影技术。在不同的项目阶段，幼儿与教师都在不断回顾自己学到的东西。例如，他们发现了在刚开始拍照时，画面经常晃动得很厉害，或有一根手指出现在镜头中。在与后期拍摄的照片进行比较时，他们察觉了自己的进步，并与教师一起总结了自己在技术上的心得（例如横竖画框取景、变焦、画面局部选取）。在这种回顾讨论中，他们也会了解到别人的学习过程，从而发现不同的学习方法。

将主题延伸至更宽泛的领域

本项目的重点是幼儿学习如何使用照相机，同时与艺术创作领域进行结合，因此超越了单纯的摄影技术层面。幼儿体会到照相机也是一种审美表达工具，并认识到凭借摄影可以有意识地表现个人对艺术品的观感并进行个人创作。由

摄影也是一种艺术表现手法

此，他们可以和其他幼儿、教师一起回顾个人的观点及审美理念，产生对个人创作与判断力的信心，还能领略旁人不同的视角以充实自身。

项目的完结

项目尚未结束，为了幼儿园的年度大会，幼儿将用自己拍摄的照片来制作一份观展手册。他们在艺术工作室里继续以照片为灵感进行创作，根据照片的主题绘画，并尝试使用照片进行拼贴。只要他们依然感兴趣，这个项目就可以延续下去，并不断引发新的创意活动。

6.9.4 涉及的跨领域教育

艺术、文化与创意

本项目与艺术、文化、创意这些教育领域的关系十分紧密。幼儿一起欣赏绘画，相互交流观感，体会绘画作品的内涵并形成个人的审美标准。他们也在平面艺术领域进行了创作，完成了个人作品（绘画、拼贴），并建立了个人的艺术档案。在这个项目中，幼儿品尝到了艺术表现方式的乐趣，也明白了美术馆是一个学习场所，在这个开放的空间，人们可以面对面地接触到艺术。

语言与读写

在谈论自己与他人的作品时，幼儿开始体验到不同观点交锋的乐趣。他们发现在描述艺术品时可以有多样化的表达方式。在理解画作的内涵时，他们可以享受到依据场景想象故事的快乐，并运用语言描述自己的体验。

价值观

在整个项目中，幼儿体验了一个推崇艺术的团体是如何提供并组织各种文化活动的。因此他们也能学会珍视艺术家的作品，并爱惜画作。

社会性与情商

不同年龄的幼儿与教师在这个项目中形成了一个学习集体。幼儿互相帮助，例如告诉他人焦距如何调节，大胆地与别的幼儿交流并传递个人知识。由此他们培养出一种社会能力，愿意承担起帮助他人完成目标的责任。

在欣赏绘画的时候，幼儿抒发自己对艺术品内涵的感受以及所引发的情绪。他们由此变得更擅长表达与交流个人情绪，并能更好地理解绘画与一些事物。

6.10 项目案例 10　从创编故事到戏剧表演：
咪啰和魔法石

合作伙伴：罗斯巴赫康菲提维拉幼儿园，顾德伦·穆策·冯·拉尔（园长），康莫妮卡·杨克（戏剧教育专家）；儿童网络媒体与文化教育协会，苏珊娜·李格曼，英格·施密亭格

6.10.1 项目的产生——找到主题

作为康菲提维拉幼儿园教育计划的重要内容，大班幼儿在上小学前的最后一个学年要完成一个戏剧项目。

在那段时间，幼儿要每天与戏剧教育专家在一起工作一个半小时以准备剧目，还要用照相机记录整个过程。在学年结束时，他们将为幼儿园里的其他幼儿与家长进行公演。

在整个大项目的框架下，幼儿以独立的姿态与教师商议，从故事的选择到场景、角色的打磨，从服装道具的制作到最后的表演，全部由幼儿自主决定。

当教师团队第一次向幼儿介绍这个活动，开始第一轮的商议时，他们就对

即将到来的工作感到非常兴奋——"我们要演戏了！"

6.10.2 项目的计划和准备

以媒介素养教育为核心：教育目标和教育活动

在本项目中，艺术、文化、美学领域的目标与媒介素养教育的目标紧密结合到了一起。幼儿在完成剧目、制作道具服装、布置舞台背景的过程中，将自己在语言、组织与表演方面的创造性尽情发挥了出来。在这一系列的学习活动中，媒介既是艺术表现的手段，也是记录整个过程的工具。

媒介素养领域的教育目标

在本项目中，幼儿将媒介用于**寻求问题答案、个人需求与社会交往**，他们也把摄影与视频应用到了艺术表现上。媒介还是他们的信息来源，他们从媒介产品（图画书、卡带与 CD、电影）中寻找创作灵感；借助媒介学习、记录自己的学习过程；与教师一起完成了一个多媒体形式的报告展示，从而记录了剧目的诞生。

幼儿使用媒介的**实践经验与能力**都获得了提高。他们拍摄照片，在电脑上处理图片，见识了图片编辑加工后的效果。

6.10.3 项目的实施

项目的主体阶段

导入：选择一个故事

在工作的第一个阶段，幼儿要一起选择一个可供表演的故事。教师借助开放性的提问主持了整个决策过程，并让幼儿提出各种各样的建议。她问道："大家喜欢哪些故事？想要表演哪些故事？"幼儿首先提出的是几个他们熟悉并喜爱的童话故事，每个建议都被教师认真地记录下来。

收集不同的想法

在接下来的讨论中，要商议哪些建议可以被采纳。教师根据经验给出了一个相当现实的结论——在大家提到的童话中，还没有一部有足够多的角色可以分配给全班 18 个孩子，这下情况变得复杂了。

幼儿继续各抒己见，并通过共同的思考找到了一个中心主题，有一名幼儿建议表演马克斯·菲斯特的图画书《彩虹鱼》。可是这个故事里的角色还是太少。另一名幼儿在这个建议的基础上进一步提出，同一位作者还有另一本图画书《咪啰和魔法石》[①]，故事中有许多岩鼠出场，足够让每个幼儿都得到一个角色。

---

① 中文版由二十一世纪出版社于 2013 年引进出版，作者译名为马库斯·普菲斯特。（编者注）

戏剧教育专家为幼儿朗读了这个故事，并请大家设想一下，这个故事是否适合作为剧目进行演出。幼儿聚精会神地听了故事，觉得自己很容易地就融入了故事情节，终于找到合适的故事了！

咪啰和魔法石——图画故事梗概

岩鼠咪啰与朋友们一起住在山上。有一天，他发现了一块魔法石，这块亮晶晶的石头不仅散发着光芒，也流露出一股暖洋洋的气息。于是所有岩鼠都纷纷出发去寻找一块属于自己的魔法石。鼠群中的智慧长老宣布：发光的石头是山上特有的东西，任何人发现了魔法石后，作为补偿，都应该送还一件东西到山上。

这次的发现对岩鼠们是福是祸？这得由读者在书的第二部分自行决定，因为从那时起故事就有了两个走向。

完美结局

咪啰找来另一块美丽的石头，在上面凿了一个太阳的图案。然后他把这块石头放还到了发现魔法石的地方。

其他的岩鼠也找到了发光的魔法石，同样找来替代的石头，在上面刻了太阳之后放回到发现魔法石的地点。

从此以后，无论外面是狂风暴雨还是大雪纷飞，黑暗洞穴中的岩鼠们都拥有了光明与温暖。

伤感结局

岩鼠们没有听取长老的建议，它们疯狂采集着魔法石，直到山岩变得越来越薄，越来越脆弱。唯有咪啰和长老寻找了替代的石头，凿了太阳的图案后放回到原处。

不幸终于发生了，山岩崩塌，唯有咪啰和长老所在的山洞安然无恙。原本可以为岩鼠带来幸福的魔法石最终葬送了他们。

计划：我们必须做什么？

共同计划流程　　在主题确定以后，戏剧教育专家与幼儿一同为项目的整个流程及重要步骤做出了计划安排。她问大家：

• 为了演出这部戏，我们需要哪些东西？

幼儿开始回忆平日自己的角色扮演游戏与剧场观剧的经验：一部戏中当然需要演员；而演员还需要化妆、戏服；表演是在舞台上进行的，所以也需要搭建布置舞台背景。

教师还补充说，这部戏的诞生与创作过程可以用照相机拍摄下来，到项目收尾时，不仅可以再一次回顾整个过程，还可以向他人和家长展示大家是如何齐心协力完成这部戏的。

戈尔与列那对数码相机特别感兴趣，想在别的幼儿进行第一次台词训练时，他俩就作为摄影师从旁拍摄。

规划和组织个性化的教育过程

像戏剧公演这样的复杂项目能够为每个幼儿的长处与兴趣提供多种学习机会（内部差异化）。在这个共同的大主题下，教师要与每个幼儿共同计划、实现他的学习活动，而一切都应符合幼儿的个人兴趣、爱好、能力与阶段性学习状况。

关于学习内容的差异化，每个幼儿可以与教师共同商议自己想要参加的戏剧环节，可以是表演部分，也可以是戏服、场景制作或是摄像记录过程。

在每一个小任务中，教师与每个幼儿根据任务的难易程度进行工作分配，负责表演的幼儿可以根据个人喜好决定比较简单的角色分配。对角色的把握可以在排练过程中根据不断变化的兴趣与学习状况进行调整，例如可以先加工一个较小的角色。

幼儿借由这种方法获得了不断提升个人优势的空间。在这个项目中，有一个喜爱戏剧的小男孩，他根据自己的精彩创意，对自己承担的角色进行了改造与完善，并因此进一步提升了自己的独特爱好与创造力。

安排因人而异的教育过程有一个重要的前提条件，即教师平时就要认真观察、记录幼儿的学习活动，以了解他们的兴趣、学习方式和需求。同时，还要借助一份个人档案袋来与幼儿共同做出安排[①]。

浏览收集信息

表演一个故事所需的远远不止一个剧本，还需要很多别的创意，例如舞台效果、服装与音乐。出于这个原因，教师将信息搜索作为共同编写剧本的开端，她询问幼儿，是否可以找到更多关于这个故事的创意与资料。

信息搜索

幼儿开始讨论各种有关岩鼠的资讯，以及为了剧本创作还应该关注哪些东西。有很多幼儿已经看过《咪啰和魔法石》这本图画书了，尼勒有这本图画书的有声 CD，马克斯有电脑光盘，于是幼儿约定，第二天把这些形形色色的资

---

① 参见本系列丛书中《德国学前儿童档案袋工具》分册。

料全部带到幼儿园里来。

第二天,幼儿与教师一起看了书,听了CD,并通过电脑光盘再次了解了《咪啰和魔法石》。

创作剧本

接下来的一步就是编写每一幕戏与创作属于自己的剧本。就像准备电影分镜头那样,幼儿画出场景,为自己的故事草拟了一份视觉清单(一块故事板)。戏剧教育专家接着用幼儿准备的文本为画面添上注释。

就这样,故事板逐步成形,并作为戏剧工作室的指南张贴出来(参见下文"故事板")。即使是在表演的时候,这张故事板也挂在后台,以便提醒有些过于激动兴奋的幼儿。

在进行角色扮演的排练时,场景、角色与台词开始成形。通过这样的互动,幼儿自主塑造、改编着角色。有时候,场景与角色的改动太大了,以至于产生了在原来的故事中完全没有的全新走向。

故事板(部分)

图片	文字
	咪啰:"我叫咪啰,与我的朋友们一起住在大海中央的一个岩石小岛上。"
	岩鼠们躺在被太阳晒得暖洋洋的岩石上,看着月亮与星星。 史努皮:"啊,这里真是太舒服啦!" 沙士:"看,那儿有一颗漂亮的星星!" 拉菲:"你们听到大海的波涛声了吗?今天我就想睡在外面啦!" 大家一起说:"晚安!"

（续表）

图片	文字
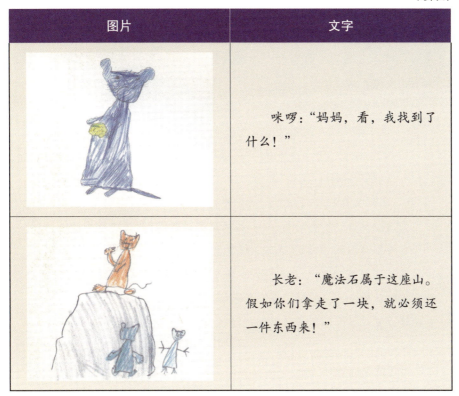	咪啰："妈妈，看，我找到了什么！"
	长老："魔法石属于这座山。假如你们拿走了一块，就必须还一件东西来！"

　　热爱戏剧的尼尔斯展示了自己对角色的打造过程：他扮演的是贪心的岩鼠"保罗"，他为这个角色想了很多创意，并将它们一一实现。当坏岩鼠们在故事中将"魔法石"抢劫一空时，尼尔斯扮演的"保罗"与他那些贪得无厌的朋友保持距离，并说出如下台词：

　　"这种贪得无厌的事我再也不干了！"

　　莎拉扮演的岩鼠"卡洛塔"注意到了发生的情况，并说：

　　"你不愿意成为贪心鬼，我觉得很好！"

　　尼尔斯不仅使"保罗"这个形象变得十分丰满，也为整个故事注入了全新的内容。戏剧教育专家与尼尔斯一同回顾了他这个角色的转变：

　　"尼尔斯，你在这部戏中有一个非常重要的角色。"

　　尼尔斯回答："是的，我知道，实际上这个戏可以改名为《保罗的转变》。"

　　大家决定通过角色扮演游戏来自己创作剧本，这成为由幼儿自己来定义 *在互动中塑造角色*
"好"或"坏"的必要前提条件，他们开始展开自己的想象。

　　通过这种个性化的"改编"，故事对于每个人有了特殊的意义。另一方面，角色扮演游戏是一种重要的教育方法，可以提高个人的自控能力（参见下文《在角色扮演游戏中提高自控能力》）。教师在与幼儿准备一个复杂的角色扮演游戏时，为了表现出舞台效果，可以利用角色扮演游戏这种教育方法。

在角色扮演游戏中提高自控能力

自控能力指的是人能够有意识地评价自己的态度与经历，从而控制、规划和纠正自身行为的能力。自控能力也意味着将注意力集中在某件事物上，无视一切"干扰"。

自控能力包括两方面：

- 一方面是指人有能力抑制自己的冲动，不做出自己实际上非常渴望做的事。例如，即使非常想对对方的话做出反馈，但还是不打断别人讲话。

- 另一方面是强制自己去做某件必须完成的事，即使自己完全不情愿。例如，在吃完饭后，虽然很想立刻去玩，但还是得先收拾盘子。

有着很高自控能力的幼儿能够暂时搁置个人欲望，克制冲动，并对行为的后果有清醒的认识。想要实现个人计划与愿望，自控能力是一个很重要的前提条件。同时，为了遵守社会规范，自控能力也是很必要的。自控能力可以被形容为"三思而行"。

如何提高自控能力？

提高自控能力的一个适宜方式就是角色扮演游戏，在游戏的过程中，幼儿自然会产生互动，因为培养幼儿自控能力的最佳环境就是社会环境。在这种情况下，幼儿有机会去创造规则、强调规则并遵守规则。

举例：

当幼儿游戏时，他们假装自己是海盗。假如有一名幼儿扮演放哨的海盗，那么这名幼儿就有能力"比平时"维持更久的注意力集中时间。

如果成人全面把控幼儿的行为规范，他们的自控能力便无从发展。与之相对的是角色扮演游戏，它是一种互动形式，幼儿可以在其中感受到以下三个涉及自控能力的重要层面：

- 幼儿从他人那里体验到自我行为规范的重要性，即其他幼儿期待自己根据角色要求来行事，同时遵守规则。

- 他们自己也会对其他幼儿提出规范行为的要求，他们会留意、提醒别人扮演好自己的角色。

- 他们会主动规范自己的行为，即他们遵守角色扮演游戏的规则，使得整场表演能够正常"运作"。

角色扮演游戏是如何促进幼儿自控能力发展的？

在通过角色扮演游戏促进自控能力发展时，并不意味着教师要在其中扮演一个角色并参与游戏。教师的重要任务是将整个游戏过程当作幼儿之间的互动而进行妥善安排。因此以下措施是十分重要的：

- 确保幼儿的角色扮演游戏有充裕的时间展开。要想让不同主题的角色在一个成熟的游戏中充分展露，幼儿们必须不受任何干扰地持续进行 40～60 分钟的游戏。

- 与幼儿一同去寻找角色扮演游戏的主题，这既能让幼儿有全新的体验，又能加工完善表演。例如，幼儿外出参观一家烘焙坊，之后与教师一起讨论烘焙坊中不同人员的分工及身份（面包师、销售员、客户），最后将讨论结果应用于角色扮演游戏的设计。

- 与幼儿一同去寻找合适的道具，讲解它们的功能，并鼓励他们自己动手制作道具。

- 协助幼儿对游戏进行策划。教师可以在游戏即将开始之前鼓励幼儿用语言描述一下游戏的安排，例如："给我们讲一下，你是谁，你的任务是什么？"这种语言上的概括可以帮助幼儿对不同的角色有一个整体共识。

- 观察记录幼儿的游戏过程，对他们不设限制，也不以诸多建议去干扰他们。教师观察的目的是去发现幼儿在完善游戏的过程中何时需要帮助。

- 关注那些根本不加入或参与很少的幼儿，努力帮助他们参与到角色扮演游戏中去。

- 与幼儿一同思考，不同主题的角色扮演游戏是否可以结合到一起。教师可以为幼儿朗读那些同一主题类型的故事，以此作为角色扮演游戏的启发。

- 在角色扮演游戏中帮助幼儿找到解决社会冲突的方法。

- 鼓励幼儿在游戏中互相帮助。通过这种方式，那些对游戏已经驾轻就熟的幼儿所拥有的经验对那些生涩的幼儿是有所助益的。比较富有经验的幼儿可以承担起更多寻找主题、描述场景或把握角色方面的责任。

参考文献：

Bodrova, E. & Leong, D. J. (2007). *Tools of the mind: The Vygotskian approach to early childhood education.* (2nd ed.). Columbus:Merrill/Prentice Hall.

Bodrova, E. & Leong, D. J. (2008). *Developing self-regulation in Kindergarten. Beyond the Journal － Young children on the Web.*

想要在戏剧游戏中产生更好的舞台效果，让每个幼儿适应自己的角色是十分重要的。为了启发幼儿，戏剧教育专家给每个人分配了一项任务——为自己扮演的岩鼠角色起一个名字，并把这只岩鼠的形象画下来。杰西卡想叫"沙士"，克里斯托夫叫"咪啰"，而戈尔决定叫"拉菲"。

培训与排练

现在可以开始演员的培训与排练了。与真正的演员一样，幼儿需要每天进行各种训练，例如发声训练、专注力训练、绕口令、哑剧和手偶即兴表演。这些每日练习、对单场戏的打磨，以及制作服装道具，都被幼儿用照相机记录下来，然后他们与教师在电脑上一起查看这些资料，共同决定哪些场景可以制成分镜头海报，悬挂在教室里。

开放并联结更多的教育场所

在这部戏的诞生过程中，家长也通过不同方式参与进来。有些父母带来了有声版的 CD，或与幼儿一起制作装饰石块用的干花干叶，还提供彩排用的数码摄像机；帮助幼儿挑选演出服装，并通过戏剧教室中展示的照片了解排练的最新进展；许多家长带着幼儿去图书馆借阅图画书《咪啰和魔法石》，回家后与幼儿一同阅读。

社区也对这个戏剧项目伸出了援手，一位工作人员借出一台投影仪，并向幼儿讲解了使用方法。他还帮忙把高处的窗户遮住，营造出最佳的剧场演出效果。

戏服、道具与媒介艺术创作

接下来要准备的是服装与道具。戏剧教育专家与幼儿一起尝试手工制作角色佩戴的岩鼠的耳朵，并确认耳朵的比例大小。在幼儿园的手工作坊中，幼儿用金色纸粘在石块上充当魔法石道具，用干花或手绘来装饰其他的石头。

咪啰的故事发生在一座小山上，所以幼儿用幼儿园空地上的石块垒起了一座小山。根据戏中情节，岩鼠们都住在这座小山上。它到底应该有多大?

教师提供了一个小窍门，她与戈尔、玛拉一起用照相机拍下了石头山，然后在电脑上观看照片，并找出一张形状大小刚好合适的照片。投影仪将这张照片放大后投影在了墙上，使之成为整部戏的"数码"舞台背景。

整理档案袋并反思

幼儿用照相机记录了整个戏剧作品的诞生过程。正因为有这些照片，大家才能回顾剧目创作过程的每一步与当时的工作状态，并能计划接下来的必要措施。除了以上资料，幼儿还用照片与视频制作了一份多媒体形式的报告，记录了从绘制岩鼠到正式表演的全过程。

幼儿自主选择照片与视频片段，并向教师口述文字，作为照片的内容介绍。为了对一些照片做出说明，幼儿还进行了录音，并将它们穿插在报告中。

在整个项目的记录过程中，幼儿回顾并重构了自己的学习过程，包括讨论其中使用的种种技能，项目由几个部分组成，个人的努力付出如何促成了最终的成品。剧本与场景、服装与道具、训练与彩排、摄影与记录以及最终的演出都是必要的组成部分。每一个环节都让幼儿学到了全新的东西，解决了遇到的难题以及提出了许多创意。

提高学习能力

将主题延伸至更宽泛的领域

在项目期间的多次讨论会上，尤其是在用媒介进行记录的过程中，幼儿共同反思了剧目《咪啰和魔法石》的故事内容。

故事的内涵以及与自己生活的关联

通过这些讨论，他们逐渐明白了这个故事的深层次含义——对自然资源的合理的可再生利用以及公平的分配。因此这不仅仅是一次艺术创作，咪啰的故事还可以涉及更多层面。

在这种思考基础之上，幼儿产生了更进一步的意识——每个人都对社会及生态环境负有责任。

学习可持续性发展

在这次项目中，幼儿结成了一个戏剧小组，每个人都是团体的一分子，对作品的完成肩负分内的责任，并对自己的行为负责。在这个过程中，他们体验

重视个人对整部作品的贡献

了个人努力结果对一个大项目的贡献，发现整个作品要远远超出每个幼儿的个人能力范围，但每个人都是最终成果的重要一分子。

项目的完结

此剧的最终正式演出与多媒体形式的报告构成了项目欢乐而令人兴奋的尾声，大家都满怀期待地憧憬着、准备着。

6.10.4 涉及的跨领域教育

语言与读写

幼儿在《咪啰和魔法石》这个故事上花费了大量的时间与精力，他们带着对故事的喜爱之情不断完善故事。

在每一幕戏的排练与打磨中，他们兴致勃勃地琢磨语言，研究词汇与韵律，在有意识地运用语言与声音方面，不断提升发音方法与词汇量。而在表演的过程中，他们将有声表演与无声演绎（表情、手势）结合了起来，从而对不同的表演方式以及对手戏形成了丰富的认知。

艺术、文化与创意

本项目与艺术、文化、创意这些教育领域有着紧密的关联。幼儿在活动中成了艺术家、演员、剧本作者、导演与摄影师。他们将媒介作为创造性的表现工具来使用（照片、电影、视频、录音、多媒体报告）。在制作戏服与道具时，也发挥了自己的创造力。

音乐

幼儿在故事配乐上颇花费了一番心思。他们喜欢有声故事 CD 中的背景音乐，因此反复练习其中的歌曲《咪啰，咪啰，咪啰》与《看，你们这帮可怜虫》。

在排练与正式演出中，他们都演唱了这两首歌。而在演说多媒体报告时，他们也配上了有声故事中的一些音效。

环境保护

这个故事围绕的主题是"对资源的合理运用"，当岩鼠们拿走魔法石却没有给予替代品时，整座山便崩塌了。针对故事的这个内容，幼儿反思了自己在生活中见到的相似情况，并对生态共存形成了初步的认识。

价值观

在讨论故事内容以及书中涉及的两种结局（快乐的结局与悲伤的结局）时，幼儿交流了各自的设想与看法，阐明了什么是"好"与"正确"，最终形成了清晰的价值观。

数学

在练习"什么时候轮到我上场"时，幼儿会一起数数。在建造岩石山时，他们也要关注数量这个主题。例如，如果我从山上拿走一块石头，那不会有问题，但如果拿走 30 块石头，山就要被毁了。

情商与社会性

在这个项目中，幼儿以戏剧小组的形式进行合作，人人都是团体的一分子。因此在面对矛盾的时候，他们共同培养了交流合作的团队精神。在扮演角色的过程中，他们需要站在别人的立场，也因此培养了同理心。

自然科学

在故事中，魔法石象征了提供光明与温暖的"能源"。由此，幼儿学习了有关"光明—黑暗""温暖—寒冷"的概念。

本项目涉及的媒介作品推荐

图画书

Marcus Pfister：*Mats und die Wundersteine – Eine Geschichte mit zwei Enden.*

Zürich：Nord-Süd Verlag.

有声书

Detlev Jöcker und Marcus Pfister. *Mats und die Wundrsteine, LiederHörspiel.* Münster：Menschenkinder Verlag.

软件

PC-Spiel Mats und die Wundersteine – Eine Geschichte mit zwei Enden. Düsseldorf：Cornelsen.

6.11 项目案例 11   用电脑绘制故事

合作伙伴：鲁瑟斯海姆槭树大道幼儿园，法碧娜·拉度，玉笛特·卡乐威露姆；儿童网络媒体与文化教育协会，英加·贝克

6.11.1 项目的产生——找到主题

槭树大道幼儿园在不久前开始将媒介素养教育引入园内，准备在这方面有所加强。园方与家长进行了商议，该用何种方式将新媒介，尤其是电脑融入教学工作，为此还专门召开了一次家长会。结果在家长的帮助下，幼儿园购入一台电脑，并布置了一间多媒体教室（功能教室）。对此，有档案专门记录了这个创始阶段，并及时通知家长最新动态，以便他们参与决策。

在多媒体教室中，幼儿使用电脑上的一个软件来画画。首先，他们尝试的是绘图软件的基本功能，例如使用不同的色彩与形状变化，较少自己创作形象。随着他们对软件及鼠标愈来愈熟悉，过了一段时间后，他们纷纷开始针对实物对象进行创作。

有些幼儿特别喜爱这个绘画软件，他们认真地绘制，然后打印出来，并为

幼儿园中的媒介教育状况

图画配上故事和情景描述。由此他们产生了为绘画添上作者姓名与说明文字的愿望：在与一些对此兴趣浓厚的幼儿讨论的过程中，一位教师了解到了幼儿的这个想法与心愿，有一名幼儿提出：如何才能在他们的画上添加自己的姓名与作品说明。教师对大家解释说，用绘图软件很难处理这个问题，并向大家展示了一个专门针对这类任务的软件"ANI...PAINT"[①]。

接着幼儿与教师初步尝试了该软件的几个基本功能，又在画上签上了自己的名字。这些操作令幼儿非常兴奋，纷纷想在自己的画上加上更多文字，最好是整个故事。

抓住幼儿的兴趣，共同提高

于是教师询问幼儿是否有兴趣共同编创一个故事并绘制出来。"好的，我们可以在电脑上写出来！"马力克回答。"我也要在电脑上画画。"朱丽叶补充道。但皮亚想要"正正经经"地在艺术教室的画板上画画，而不是在电脑上。在讨论中，多米尼克还提出"故事都是在书里的"，于是大家又产生了自己做一本书的想法。

6.11.2 项目的计划和准备

经过这轮讨论，参与其中的幼儿在班级晨会上宣布了这个计划，他们问还有谁想参加。教师补充了具体细节，说本项目小组每周活动两次，因此项目的作品将在"夏日节"制作完毕，赶在多数幼儿放假离开幼儿园之前。于是又有几名幼儿报名参加，大家约定了下次小组活动将讨论项目的时间进度。

以媒介素养教育为核心：教育目标和教育活动

幼儿的目标

在项目的初期，教师在与幼儿的讨论中确定了与本项目相关联的一些目标，包括：幼儿想用绘画与多媒体软件认真地进行绘画创作；他们想自己编一个故事，用图文形式呈现，最后做成一本书；此外，还有几名幼儿表示想在画板上用笔刷与颜料画画。

媒介素养领域的教育目标

项目的原始创意来自幼儿对绘画、讲故事以及多媒体软件的兴趣。在制作手工书的过程中，幼儿拓展了**与媒介相关的实践经验与实际知识**。他们用多媒体软件绘画，并为之配上文字，同时了解了一款软件的用途。对在电脑上画画这一行为，他们有了个人心得，因为可以将软件绘画与在画板上绘画进行比较。

① ANI...PAINT 是一款为儿童设计的多媒体软件，可以将图文进行结合或将音频添加到画面上以产生动画般的效果。可以使用类似功能的中文版软件进行替代。（编者注）

在这个项目中，幼儿对电脑的综合运用无论在经验还是在认知上都更上一层楼（例如照片的储存、打印和扫描）。

幼儿利用这些媒介工具来满足个人需求，包括：在媒介的帮助下进行创意表达，制作媒介作品，与别的幼儿及成人进行交流，并视其为一种娱乐。

在制作属于自己的媒介作品的过程中，幼儿深刻体会到一件作品的完成要历经关于内容与制作手法的多次决策，是人们有意而为之的产物。他们将其与自己平日熟悉的媒介作品联系了起来（图书、电影），并对**媒介的制作方式与功能产生了一定的认知**。

6.11.3 项目的实施

项目的主体阶段

导入：为故事找一个主题

在第一次的项目会议上，幼儿对书的主题各抒己见。他们先为一个可能成为有趣故事的主题作画，然后向其他幼儿及教师进行说明。幼儿的提议都来自他们平日的媒介经验，同时也是他们特别感兴趣的东西。

这些建议包括星球大战、足球、魔法师茨瓦克曼与马。并不是所有主题都让幼儿中意，但"魔法师"这个有意思的主题显然令所有幼儿兴奋。经过一番热烈的讨论，项目小组决定：故事将围绕一位魔法师来展开。

集思广益编故事

为了下一次项目小组会议的召开，幼儿将多媒体教室布置了一番，使之充满"魔法"气息。教师还找来了一个魔法师手偶作为集思广益故事编创会的主持人。

手偶魔法师

这个角色突然冒出来并坐到了房间正中央的一张桌子上。幼儿正纳闷发生了什么事，但很快就认出了他，并肯定地说："这是一位魔法师！"教师问大家："这是哪一类的魔法师？他叫什么名字？他能够变出哪些东西？他最喜欢变什么？"

幼儿给这位魔法师取名为"瓦尔多"，他们说瓦尔多是一位很厉害的魔法师，法力高强。但他又是一位很善良的魔法师，只会变出美好的东西。当然，他会在故事中粉墨登场!

魔法箱

在下一次的讨论会上,又出现了一个箱子,因为一位魔法师肯定随时带着一个装满魔法道具的箱子。教师希望这个箱子能为项目小组中的幼儿带来故事创作的灵感,于是魔法箱就这样放在了多媒体教室里。

魔法师的箱子里会有什么呢?教师建议每个幼儿找来一件美好又有趣的东西,然后(瞒着其他幼儿)偷偷放进箱子里。于是幼儿把各种各样的宝贝放进了箱子,而教师则将一个魔术盒子放入箱子里,它可以随着开关并放出或藏起一只蜘蛛。

现在轮到由教师操纵的手偶魔法师来打开箱子了,向幼儿展示箱子里面所有的东西。她问幼儿:

• 这是什么? 可以用它来做什么?

手偶魔法师在他的魔法箱里发现了许多奇趣的好东西:一本魔法书、一个玻璃球、一把钥匙、一个小铃铛、一个小奖杯、一个沙漏以及那个魔术盒子。然后幼儿逐一向魔法师解释,这些东西是派什么用场的。在这时,他们倚仗的是生活常识以及他们对魔法的认知:

• 奖杯——是足球比赛得胜一方获得的奖品。

• 魔法书——书中有许多咒语。

• 沙漏——是我们刷牙时用来计时的。

最好玩的莫过于那个会变把戏的魔术盒子。艾力克希望将蜘蛛变没了,所以尝试了好几条咒语:"好裤子破裤子,蜘蛛你这家伙非得滚蛋。"借助箱子里的一本魔法书,幼儿想解开魔术盒子之谜。

他们在书中找到一些数字,并将之组合成各种咒语。但盒中蜘蛛消失之谜暂时还悬而未决。

第一批场景诞生

在接下来的几次讨论会上,故事情节与发生场景逐渐成形。幼儿在电脑和画板上绘制出各种画面,并向他人解释说明。他们经常从魔法箱中取出一件东西,将其画入自己的静物画中。在这个过程中,不断涌现出新的创意,幼儿将它们一一编入故事。例如,莎拉说:

• 我还需要一个坏法师,等会儿就把他从更衣室拿来。

教师则用提问的方式来引导故事的创意构思过程,例如:

• 故事里会发生什么事呢?

• 魔法师是怎样做的?

• 故事中还有其他角色出现吗?

各种各样的想法逐渐拼凑成一个完整的故事:魔法师瓦尔多来到城里,看到了一张魔法大奖赛的宣传海报，于是决定参加。他最大的对手是一个邪恶的巫师，但凭借他的魔法水晶球，瓦尔多最终获胜并赢得了大赛奖杯。

手工书

教师帮助幼儿把故事写了下来，然后同幼儿一起思考，哪些场景可以分配给他们独立完成，因为接下来很多画面要借助电脑软件来绘制。最后，再由教师与幼儿协力将图文进行结合。如此这般，一本关于魔法师瓦尔多的图画书便诞生了。

在电脑人与画板上绘画的过程中，幼儿与教师共同研究相关的技法。他们用画刷和颜料不断尝试，每次蘸上少许颜料，观察用一支大笔刷平涂或用一支小笔刷画细线时，视觉效果分别是怎样的。他们也在电脑上使用绘画软件进行了类似的试验。

在电脑与画板上创意绘画

软件中的笔刷、颜料和真的颜料盒中摆放一样，笔刷的大小也是可选的。通过这种方式，幼儿无论是手握笔刷蘸颜料画，还是用绘图软件作画，能力都得到了提高。

幼儿在与教师讨论时，比较了不同的技法，并回忆了电脑绘画与画板绘画各自的特色。这时他们个人的喜好与偏爱的方式显露无疑。他们很快就发现了一个关键的差异所在，艾力克说：

- 在电脑上有块橡皮擦，但在画板上没有。所以在画板上画画不能犯错，而在电脑上就没那么严重。

莫里茨想到的是，在电脑上可以轻松中断后再继续（不需要洗笔或整理）：

拓展使用电脑的实践知识与经验

- 现在我更想到外面去玩，因为可以打水仗了，所以我可以先保存画面，明天再继续。

大多数幼儿喜欢在电脑上画画，对能够反复观看画面产生的过程而感到惊喜，但苏菲觉得在画板上画画更加轻松。

利用个体差异，尊重多样性

在本项目中，幼儿集体创作了一个故事与故事主人公——魔法师瓦尔多。在这个大框架下，每个幼儿都找到了发挥的空间，并被鼓励去幻想和表达自己心目中的魔法故事情节。

幼儿在电脑与画板上绘制出不同的魔法师形象，他们投入的都是个人的经验与需求，所以笔下的魔法师千姿百态，有小巧温柔的、强壮威武的、气势汹汹的与充满保护欲的。这些形形色色的演绎既是故事的精彩衍生，也折射出所有幼儿的幻想，值得作为一个课题进行研究。因为一位魔法师可以有多重面貌，每个人眼中的魔法师都略有不同，所以一本书中的魔法师在不同页上呈现出不同的样貌对幼儿来说不成问题。

游戏与学习

手工书的制作过程也植入了许多游戏活动。例如，幼儿对苏菲解开魔术盒子之谜的事就十分兴奋：苏菲在研究那个藏有蜘蛛的魔术盒子上花了很多时间，最终发现了它的原理——"我知道蜘蛛是怎么一回事了！"她向大家展示了自己的发现，当推移黑色盒子的背板时，蜘蛛就会消失或重新出现。所有幼儿都试着玩了一遍，并表示想学习更多魔法。

信息采集与评估

教师询问幼儿，还可以在哪些地方学到魔术。幼儿给出了各种建议：

- 莫里茨从他的大姐那里学到一个魔术，并答应会表演给大家看。
- 多米尼克和爷爷一起在互联网上搜索魔术。
- 莎拉家里有一个魔术盒子，她会带到幼儿园来。
- 有几名幼儿准备问问自己的父母，看他们是否知道魔术或相关图书。

在下一次的项目讨论会上，幼儿练起了变魔术。他们给自己设立的目标是：我们每次要学会一个新的戏法。此外，他们与教师一起在电脑上将魔术戏法写下来，打印成海报后张贴起来。

魔法带来的兴奋也渗入了角色扮演游戏里，在早晨的班级例会上，项目组成员向其他幼儿介绍了"瓦尔多故事"的进展。一时间，所有幼儿都好奇了起来。在幼儿园的角色扮演游戏区，艾力克、雅妮娜和李奥尼布置了一个"魔法师女巫角"，挂上了黑色的帘子，摆上了巫师帽与各种道具。[1]

两个手偶也在这里占有一席之地（随着故事情节的展开，出现了第二位魔术师，而他也想赢得大奖赛）。渐渐地，在幼儿的自由游戏时间里，涌现出了更多关于魔法师瓦尔多的故事与场景。

整理档案袋并反思

将媒介用于学习
——记录回顾学习
过程

为了在项目收尾时介绍自己的手工书，幼儿使用 ANI...PAINT 软件制作了一个报告，阐述了该书是如何诞生的。在准备报告的过程中，他们与教师一起回顾了整个项目的流程，包括他们如何编写故事、呈现故事，并从中学到了

---

[1] 关于角色扮演游戏，参见"在角色扮演游戏中提高自控能力"（第248页）。

哪些东西。他们也思考和讨论了如何将自己学到的知识传播给别人。教师用各种问题来引导这场反思讨论会，例如：

- 一开始，你们对用软件来绘画知道多少？
- 哪些事情刚开始很难，而现在完全学会了？
- 你们是怎么学会的？
- 刚开始你们对故事有哪些设想？
- 你们想出了哪些点子？
- 是怎么想到这些点子的？

在项目期间，幼儿做了一张海报，希望向所有幼儿与家长展示自己在魔法师项目中的工作，同时也让参与的人能对项目的进程一目了然。幼儿头戴巫师帽相互拍照，将照片打印出来后贴在活动告示墙上。莉莉与莎拉还为此专门写了一段话作为整个展览的文字介绍：

我们在多媒体教室里正进行一个项目：一位名叫瓦尔多的小个子魔法师讲了个故事——一个魔法故事。我们在电脑和画板上画出了瓦尔多的故事。

将主题延伸至更宽泛的领域

在本项目中使用了不同的艺术表现手法与多种形式的媒介，传统媒介"书"是在新型科技媒介"电脑"的协助下制作完成的。电脑上的绘画软件与笔刷、颜料同时都得到了应用。在表演艺术方面，情景表演与布偶剧场也完全符合幼儿的兴趣和能力。

幼儿在这样一个关于艺术创作的大项目中培养了使用媒介技术的能力。在共同创作一件艺术作品的过程中，使用了在电脑上绘画的技巧，这具有跨领域的深远意义。

项目的完结

在项目的最后，全幼儿园的幼儿与家长受邀参加了手工书的介绍会。为此，幼儿与教师一起特意制作了请帖与一张海报。

在介绍会上，幼儿打算表演变魔术。此外，他们的介绍要围绕手工书的诞生而进行。莫里茨觉得，一场魔术表演中"火"的元素是必不可少的。朱丽叶的建议是点上一根魔幻蜡烛。这时一位教师推荐了一种桌上焰火，莫里茨采纳了。

每位幼儿都在报告会上负责一项符合自身兴趣与能力的任务。多数幼儿想要表演魔术；艾力克想做主持，通过麦克风向观众说出"女士们先生们"；有几名幼儿负责介绍画架上的绘画作品；莫里茨将在大家全体鞠躬致谢时点燃焰火；雅妮娜羞于在大庭广众之下讲话，与法碧娜一起负责技术部分，并启动 ANI...PAINT 软件。

此外，幼儿还要与教师一起整理服装与道具，搭建舞台，为报告会布置现场。正式开始前，大家还登台彩排，以确保表演者的动作与所挑选的背景音乐合拍。

6.11.4 涉及的跨领域教育

语言与读写

幼儿在讲述魔法师瓦尔多的故事时获得了莫大的乐趣。他们在故事中尽情发挥自己的想象力与创造力。他们尝试了各种词汇、韵文，还发明了自己的咒语。

他们为自己的画作配上文字，并让教师听写下来，有时他们自己也亲自执笔（例如写上自己的名字）。

艺术、文化与创意

项目本身与艺术、文化、创意这些教育领域交织在一起。幼儿了解到媒介可作为一种表达工具，从中可以培养出更多的艺术创造力，例如，使用画刷与颜料的平面艺术，充满想象的语言表达以及戏剧表演、手偶戏这些艺术形式。

情商与社会性

在共同制作一本书的过程中，幼儿以团队形式合作，他们在各种决议讨论中培养了沟通技巧以及处理意见分歧与矛盾的能力。

在为故事绘制插图时，幼儿也倾诉个人的情感，将故事与自身的各种情绪体验联系了起来。

科技

幼儿在为报告会布置房间时展示了他们对一些技术的掌握，他们与成人一起搭建舞台，参与技术设备的组装与调试（灯光、线路、供电等）。

数学

幼儿根据故事情节对图片进行排序，并用语言进行描述。在这个过程中，他们提升了表达能力与对时间概念的理解。

在魔法书中，他们发现了数字。不仅在书中，在一些咒语中经常出现的数字也富含魔法含义（例如咒语经常要念三遍）。

本项目涉及的媒介作品建议

软件

ANI...PAINT,FIPPD，Lugan，Schweiz.

6.12 项目案例 12　掌握表征符号和组织会议：幼儿园全体大会的筹备、主持与记录

合作伙伴：盖尔哈翻跟斗幼儿园，桃乐丝·哥特瓦丝（园长）

6.12.1 项目的产生——找到主题

这所幼儿园里的幼儿每天早晨都要汇集一堂，有一些分住各地的幼儿总是一起坐公共汽车来校，其他幼儿则由家长在不同时段亲自送来学校。每天的晨会开启了所有幼儿在幼儿园内新的一天。这是能让园中所有人会面的时刻，也是一个体验集体、安全感与园内时事导向的重要仪式。

在全体大会上，幼儿对即将开始的一天提出愿望，表明需求：他们主动对活动提出建议或参与计划安排。他们对自己想参与的活动进行协商，或仅仅是专心倾听今天的各项安排，然后再做出个人决定。

每天举行的全体大会是由教师与幼儿轮流主持的。通常负责这项工作的是年长的幼儿，借由这项活动他们能够感觉到自己的成长，从而承担起这个角色

的责任。他们已经从旁观察成人很长一段时间了，相信自己也能够向全园的幼儿致辞，分配发言权，介绍当日活动并回应集体的愿望——这些都是在幼儿园的全体大会上必须重视且贯彻实施的重要仪式。

在众人面前讲话，扮演一个举足轻重的角色，并在意外情况发生之际保持镇定自若，这些都需要拥有强大的自信。

成人为了保险起见，会准备一些"提示小纸条"，使整个晨会的进程不偏离主题。许多教师在主持全体大会时都会采用这个办法。当幼儿发现之后，他们会问："你的纸条上有什么？""为什么你要这样做呢？"当然，他们也希望知道教师中途记下了什么，所以会请教师念出来，自己也想仿而行之。

有几名幼儿也开始写记录了，他们在纸上画下各种记号、字母和涂鸦。*幼儿发明符号*
有些幼儿在自由活动时间还继续在电脑上玩这个写字游戏，还使用了像 ANI...PAINT 这样的绘图软件，这是他们通过其他活动掌握的技能。

教师抓住了幼儿的这个创意，询问大家是否愿意一起"发明"一种做笔记的方法。更多幼儿的兴趣被鼓动了起来，于是"一次幼儿园全体大会的筹备、主持与记录"项目就这样诞生了。

加强儿童对民主的基本理解与参与

在每天的全体大会上，幼儿的参与对园中的教育活动及社会性交往有着决定性的作用，他们提出个人的愿望与想法，为一天的日程安排提出建议，或邀请别的幼儿参加自己组织的活动（由幼儿为幼儿"开课"）。

在全体大会的主持过程中，幼儿以一种特别的方式成为团体中的一分子。他们同教师一起考虑如何做记录，需要讨论哪些内容，并以主持人的身份时刻关注着全体大会的形式。在这种情况下，例如在分配发言权时，他们以平等的姿态与成人一同工作。他们从自己的角度出发，在完成记录的同时回顾了在全体大会上做出的哪些决定、创意或计划对他们是具有重大意义的，同时归纳并总结会议内容，在幼儿园内进行公开交流。

就这样，幼儿能够感觉到自己是一个民主团体中相关的一员，能够对自己周遭的环境施加影响，并能在一个社会群体中承担责任。

6.12.2 项目的计划和准备

幼儿与教师就本项目的目标达成了一致意见，即他们将学习如何为全体大会做现场记录。大家讨论成人的做法，并肯定了在主持全体大会的过程中，事先写下需要提问和注意的要点是大有帮助的。此外，幼儿还想挂出自己的个人笔记，好让所有人（幼儿、教师和家长）对一天中发生的事情一目了然。

以媒介素养教育为核心：教育目标和教育活动

电脑是学习助手

教师从幼儿的经验出发，询问大家在记录时是否打算使用电脑与绘图软件。许多幼儿认为这个主意十分吸引人，而另一些幼儿更愿意用纸和彩色铅笔来做笔记。

抓住幼儿的兴趣点
与已有的知识经验

这个项目由幼儿对文字与表征符号的兴趣延伸而来。幼儿在幼儿园的日常学习中已经熟悉了表征符号的使用（例如一周活动表上代表不同活动计划的符号）。幼儿对书写、阅读有着与年龄相衬的兴趣（例如对书本朗读、教师在全体大会上做的笔记感兴趣）。他们在项目中学到，自己也可以发明一套符号系统，用以记录个人的创意、计划与想法，并与他人进行交流。他们也了解到，符号也是一种记录工具，是对现有的记录方式的一种补充（例如使用录音机、照相机）。他们对符号系统形成的认知将帮助他们更好地理解书面文字系统。

媒介素养领域的教育目标

在本项目中，幼儿使用电脑、绘图软件以及数码相机来**满足个人需求，解答疑问并进行社会交流**。他们将电脑用于学习。例如，在与一名教师共同计划、思考、组织全体大会时，他们要借助提示纸条来完成整个进程的主导。通过电脑上的各种符号制作而成的记录能帮助幼儿公开表达个人诉求、创意与愿望。他们也借助这个媒介表明个人立场，参与对社会环境的塑造。

在整个过程中，幼儿通过**亲身体验**进一步掌握了**电脑知识**。

6.12.3 项目的实施

项目的主体阶段

导入：在主持全体大会方面的经历、愿望与需求

在项目的初始阶段，教师就幼儿在主持全体大会方面的经验展开了一次对话，她问道：

• 你们主持过全体大会吗，当时的情形是怎样的？

幼儿非常详细地描述了自己的经历，当时在"他们的"全体大会上发生了哪些事，又是围绕哪些主题展开的等。

教师在初步的交流后，继续问道：

关注幼儿的愿望与需求

- 哪些事情进展得很顺利，而哪些情况比较难办，让你们觉得要是有人帮忙就好了？

在接下来的谈话中，幼儿的愿望与需求变得十分清晰。例如，他们说：

- 有一次，别的孩子根本没有在听，结果我一下子想不起来原本要讲的话了。
- 我有一次忘记接下来轮到谁了，要是事先写下来就好了。

幼儿在这次对话中回到了项目的原始出发点——他们对提示笔记的兴趣。因为他们已经见过成人怎样做了，有几名幼儿在全体大会时还小小地尝试了一番，有幼儿提问，这几名幼儿当时在写写画画些什么，于是被问及的幼儿十分乐意地展示了自己的笔记，还解释了其中几条。例如，雅娜对她画的一朵花进行了说明，这是为了提醒自己这天的花园活动中要测量花苗。别的幼儿对这个想法十分感兴趣，纷纷提出自己的创意以及如何在全体大会上描绘这些主题。他们将自己的想法变成了草图和涂鸦，不仅使用纸和笔，还借助了电脑上的绘图软件。

规划和组织个性化的教育过程

基于内部差异化的原则，教师帮助每一名幼儿去寻找属于自己的表达方式与符号系统。每个幼儿都可以根据自己的兴趣、能力、发展水平去选择绘画、电脑、单个字母或数字来创建一批符号。

通过这种方式，每个幼儿都不仅得到了因人而异的实际帮助，个人的创意与构思也得到了重视与认可。

借助电脑制作个人化的提示笔记

通过对个人化的全体大会提示笔记进行讨论与试验，这一做法很快成为全体大会筹备的固定环节。

同每个幼儿制订个人计划

当一名幼儿准备主持一次全体大会时，前期就要与一位教师商讨全体大会上必须讲述的主题，是否有特别的内容以及设想整个流程。提示笔记在这里作为一种重要的工具，可以用来共同构建整个计划、准备公开议题并记录安排妥当的流程。用提示笔记记录下教师与幼儿的共同构建计划，也就是帮助教师与幼儿在思考过程中实现分工合作。

幼儿在制作提示笔记的时候，充满创意地使用了绘图软件，并经常将WORD软件中的剪贴画添加到文档中。

他们在使用图形上不仅展现了强烈的个人风格，同时也发明了一套自己的符号系统。有些符号属于达成共识的表达方式，所以成为幼儿园中所有幼儿都能理解的通用语。例如，幼儿不久之后就统一了太阳图案的寓意（剪贴画或自己绘制的），用它代表全体大会的开场问候。

下一步：做会议记录

迄今为止，全体大会的记录都由一位教师完成，并通常在中午时分张贴出来供家长阅读——告知已制订的计划、新近达成的协定等内容。

现在，幼儿根据平日对全体大会的观察以及迄今为止的项目流程，提出了由自己进行记录的愿望。他们想和教师一样，手拿一支圆珠笔在一个文件夹上写字。这种外在的形式（文件夹与"正式的"书写工具）对他们来说很重要，因此也就获得了体验的机会。

2005 年 3 月 17 日（周四）

幼儿园全体大会的提示笔记

（鲁瑟斯海姆槭树大道幼儿园的范例）

道早安

今天是星期四。
今天是图书馆日，我们
需要五分钱。

今天是故事日。

明天是星期五。

电脑专家要开会。

还有小小孩。

讲故事环节。

我们唱一首歌。
希望大家玩得开心。我
宣布今天的全体大会到
此结束。

针对这一点，教师与幼儿讨论了记 *征集问题*
录工作中一些最为关键的问题：

- 我要如何完成一份记录？
- 一份记录中的重点是什么？
- 如何做到边听边写？
- 在做提示笔记时，我学到了哪些东西？哪些可以应用到会议记录中？

幼儿在讨论中回顾了迄今为止在项目中学到的关于表征符号的内容，并将这些知识应用到新的任务中。例如，他们将一些符号也挪用到记录中，在进行记录时，他们依然会大量使用涂鸦、符号与一些字形。

在一次全体大会的记录后，幼儿与一位教师讨论了他们画的图形。

他们趁此机会回顾了自己在全体大会上学到的知识，包括哪些事情对他们而言特别重要，他们又选择了哪些符号。

在这次对话中，教师与幼儿共同针对用符号表示的内容做了一次口头综述。随后，教师把这些内容写了下来，以便大家今后有据可查，也可将其作为分享内容供家长浏览。

整理档案袋并反思

幼儿对项目的经过与结果进行记录，其中包括大家完成的提示笔记与记录。它如实反映了他们是通过何种方式发明并使用了表征符号，如何在项目的过程中添加新的符号，以及如何开发出了个人独特的速写方式。此外，幼儿在项目活动中也借助了诸如在惯例的回顾环节中会用到的图片与照片进行记录。

幼儿在全体大会的准备和总结阶段，分别与教师共同讨论、回忆了使用的图形。

项目记录的另一个用途是帮助家长了解项目的进程，并记载幼儿的个人学习经历。

将主题延伸至更宽泛的领域

培养对书面文字的认知

幼儿在这个项目中将电脑与软件当作工具来使用，借助符号表达了自己的想法与需求，安排各种事宜（主持全体大会）。在这个过程中，他们培养了对书面文字及其功能的兴趣与认知。

民主进程的共同构建

另一方面，在组织像全体大会这样的社会活动过程中，幼儿借助"提示笔记"获得了自信，确保了活动质量。他们也因此提高了自身承担社会责任和参与并组织民主活动的能力。

项目的完结与展望

由幼儿主持，并通过提示笔记与会议记录完成的全体大会已成为幼儿园的固定日常环节。不过这个项目并不能被视为完成式，因为全体大会的形式、内容以及幼儿能发挥的作用是会不断更新的，也受到他们不断变化的愿望与需求的影响。

当下可以观察到的是，更为年幼的幼儿也逐渐产生主持全体大会的兴趣，所以他们也受到鼓励学习"提示笔记"。

6.12.4 涉及的跨领域教育

语言与读写

本项目与语言、文学这些教育领域都有着紧密的关联，幼儿自己发明使用一套符号，有助于培养他们对书写文字意义及功能的认知。此外，让幼儿在众人面前发言，能够更好地培养他们的自信。

情商与社会性

主持全体大会对幼儿提出了很高的要求，包括：参与诸如表决、自我管理这样复杂的社会互动，分配其他幼儿或成人的发言机会以及强调大家一致达成

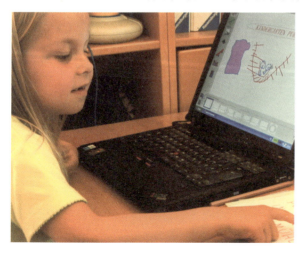

的讨论规则。在回顾全体大会的流程时，幼儿的基本沟通技巧——依据交流规则进行沟通的能力也得到了提升。

价值观

对全体大会这样的民主活动而言，让幼儿作为平等的合作伙伴参与，他们会更积极踊跃，同时他们也体验了公平对话、经表决制定规则的重要意义，还在全体大会的事前事后讨论中思考了这些概念。

数学

幼儿在便签纸、笔记本上写下了今天是周几、会议的具体时间，以记录计划中的活动是在何时发生的。他们由此学习了关于日期的时间概念，不仅能更进一步理解一周行事历，也针对一天的钟点发明了个人的表征符号（如用太阳象征早晨）。总体而言，幼儿在本项目中学到的关于符号的经验是数学思维的一个重要方面，很好地提高了他们的抽象思维能力。

关于本项目的更多详细描述和重点内容，请参见：

Gerlach,F.Kuse,C.& Aufenanger,S.(2006).*Computerarbeit in Kindertageseinrichtungen für die Praxis.*Kassel:LPR Hessen.

6.13 项目案例 13　面向家庭的媒介素养教育：家庭媒体中心

合作伙伴：巴德茨韦斯顿市卡斯勒大街幼儿园，席德佳·穆勒·普罗格豪斯（园长兼家庭媒体中心负责人）

6.13.1 项目的产生——找到主题

幼儿与家长提出愿望

卡斯勒大街幼儿园在本项目开始之前就拥有一个设施优良的儿童图书馆，丰富的馆藏包括图画书、朗读书与文字书。幼儿与家长经常前来借阅，因此教师、家长与幼儿之间时常聊起幼儿感兴趣的书。哪些儿童文学作品值得推荐，也是大家经常交流的话题。幼儿与家长也喜欢提及其他类型的媒介，如电视节目、录像带、儿童有声故事、游戏、学习软件，与传统的童书一样，它们都属于幼儿关注的媒介世界。

因为在巴德茨韦斯顿市的公共图书馆中，适宜儿童的媒介产品的数量极为有限，于是，一个将幼儿园内现有的儿童图书馆改造为"家庭媒体中心"的想法便出现了。

6.13.2 项目的计划和准备

在一次家长会后，成立了一个筹备组，由它负责家庭媒体中心的创建。幼儿首先提出的愿望是希望拥有哪些电脑游戏、电影、有声书与其他可使用的资源。他们也盼望媒体中心能提供借阅服务，比方说可以将一个电脑游戏借回家，一个人好好地玩个痛快。而家长的愿望是能了解哪些媒介产品适合幼儿，并能与其他家长多做交流。

因此，成人面临着一系列的规划问题，包括：媒体中心该如何建设？开放与借阅时间该如何安排？应该面向哪些可能使用媒体中心的目标人群？由谁来负责接待借阅者并提供咨询服务？

有一个明显的事实是，单凭幼儿园一己之力是无法实现整个家庭媒体中心这个计划的。所以教师与家长开始思考，为了家庭媒体中心的顺利创办，还有哪些幼儿园以外的资源可以争取。于是有人提出建议，可以与一个在当地颇为活跃的老年人团体进行合作。几周以后，本地的多名老年人表示愿意加入家庭媒体中参与工作。

利用公共资源

还有不少职业背景各异的人士愿意提供个人资源：有一位儿孙满堂的老祖母，组织能力出众；一位生物学家；一位前体操教练，同时也是当地的区议员。此外，邻近的一所小学也成为家庭媒体中心的合作伙伴。

开放并联结更多的教育场所

家庭媒体中心的创办是一个利用集体与公共资源、不同教育场所相互合作的生动例子，它是群策群力的成果。家庭（除了父母与幼儿，外祖父母与祖父母也参与进来）、幼儿园、小学、各种地方团体（老年人团体、社区机构、青少年森林环境组织）都参与其中。另外，在外出活动的过程中，像剧场、电影院这样的地方，也都成为教育场所。

借助这些团体与个人的通力合作，单个机构无力完成的项目得以完成。一些人将自己的专业知识带进了幼儿园，幼儿由此获得了更广阔的知识学习范围，例如：一位退休的生物教师为幼儿园讲授关于水的实验，另一位信鸽协会的成员则让幼儿通过孵化箱见识了从蛋到小鸟的整个变化过程。

这种跨团体、跨年龄的合作不仅大大丰富了幼儿的学习经历，也通过形式各异的社会接触增强了他们的集体认同感。

以媒介素养教育为核心：教育目标和教育活动

本项目的目标是，与家庭成员一起认识多种多样的媒介，增强彼此间的交流，并借助使用媒介，在家中更好地发展与学习。在这里，不仅强调幼儿使用媒介的能力，也强调父母与教育工作者的相关能力。所有参与者都可以在接触媒介的过程中提升自身的素养，因为家庭媒体中心的设定并非单纯的"借阅中心"，而是成为当地的"多媒体工作坊"，是幼儿、家长、教师与其他参与者积极主动地使用媒介、相互沟通交流的地方。

媒介素养领域的教育目标

在本项目中，幼儿与家长一起，丰富自己关于不同媒介的知识与经验（CD、有声书、电影、图书、软件与电脑游戏）。在选择媒介的时候，幼儿相互之间、幼儿与成人之间会形成种种涉及自身经历、愿望与兴趣的交流。由此，他们会深入思考自己与媒介打交道的方式，从而培养出以负责任的态度使用媒介的能力。他们利用媒介满足个人需求、疑问解答以及与社会进行交流——既可用来娱乐放松，也是审美体验，还是信息来源与学习助手。通过这样的媒介经验，他们的创造力也能得到发展。

6.13.3 项目的实施

项目的主体阶段

在计划阶段，已十分清晰的是，家庭媒体中心由四大板块构成：

- 主动灵活、方便沟通的借阅时间
- 资料百宝箱
- 家长咖啡馆
- 主题项目与活动

加强儿童对民主的基本理解与参与

整个项目是以民主的方式在所有参与人员之间进行的。幼儿对各项重大决议都有参与权，尤其重要的是，他们对购置哪些媒介产品、主题项目如何安排实施等方面有表达意见与表决的权利。

幼儿的参与是通过多种方式来实现的：

一方面，项目的志愿者与幼儿园的教师一起询问幼儿，大家对哪些主题感兴趣，感觉哪一类的媒介合适（视频、有声故事磁带、纸板书或电子版百科全书、游戏与学习软件）。通过这样的对话以及对现有馆藏资料的共同检视，大家再对各种推荐产品和主题内容进行采购（参见"资料百宝箱"，第276页）

幼儿园的教师、志愿者、幼儿与邻近小学的小学生经常去一家当地书店了解新上架的产品，然后列出了一张采购清单。

为了进一步提升幼儿的参与感，每个幼儿在借阅时间都获得了一张小小的调查表，旨在了解幼儿的兴趣。家长可以帮助幼儿一起填写。调查的问题如下：

- 这次你借阅的是哪本书？哪种磁带或 CD 光盘？为什么？什么内容是你觉得最轻松有趣的？

孩子对这种愿意了解他们个人喜好的问答态度十分认真，给出的答复都极为详细，揭示了他们的喜好与愿望。

无论是在幼儿园的教育活动还是主题项目中，各式各样的媒介都得到了应用。幼儿们也被一再询问，什么是他们最喜爱的媒介内容，他们是否还需要其他媒介，具体的要求是什么。

主动灵活、方便沟通的借阅时间

家庭媒体中心的借阅服务是由志愿者与园中教师共同负责的。幼儿与家长当然能够在那里自由地浏览、选择、借阅。借阅这种行为本身就带来双方主动交流借阅内容、推荐尝试、发现体验新产品、新主题的好机会。通过这种方式，幼儿与家长、教师、志愿者都培养了一种有意识的、以批判性和反思性对待媒介的态度，同时又以幼儿的兴趣和需求为主要导向。 *一起了解使用的媒介*

这个家庭媒体中心提供的特色服务和活动有以下内容：

- 可供使用的电脑
- 固定的下午游戏时段，有集体游戏和气垫游戏
- 儿童影院
- 不断变换主题的实验角
- 短途的校外活动，例如看电影或看戏剧
- 朗读时间
- 媒介创意活动，例如制作动画片
- 书展、媒介作品展

借阅时间是一段活跃而注重交流的时光，幼儿可以与教师共同度过，也可以独自享受。

在家庭媒体中心的借阅时间段内，产生了幼儿园教育与家庭教育的相互交流。幼儿经常会借那些他们已经在园内观赏过、使用过的图书、软件和游戏回家，以便同父母、兄弟姐妹在家里进一步体验与分 *幼儿园与家庭教育的相互关联*

享。他们很喜欢向父母展示一个有趣的游戏或学习软件，或者与父母一起在媒体中心内寻寻觅觅。

在这样的环境中，幼儿、家长、教师以及志愿者之间形成了一种轻松谈话的氛围，主题围绕着幼儿感兴趣或当下正在进行的事情。家长总是关心哪些媒介产品是适合儿童、并符合他们年龄段的，同时在家中应该如何引导他们与媒介打交道（例如：在哪些情况下适合为幼儿读书？什么时候适合与幼儿一起玩电脑游戏？什么时候让幼儿一个人玩？幼儿偏爱的故事和媒介产品又能引发家长什么样的兴趣？）。

资料百宝箱

利用媒介进行信息
搜索与学习

在面向家庭的媒介素养教育中，有一个重要部分，即所谓的"资料百宝箱"。这种针对特殊主题的材料收集源自对幼儿的一次调查，当时幼儿拿到的问题是：你对哪些主题和媒介特别感兴趣（参见"加强儿童对民主的基本理解与参与"，第 274 页）

从中归纳出的重点，经过与其他机构（如小学、社区、青少年森林环境组织）的合作交流进行补充，最后总结出以下主题：

- 轻轻打手心——野猫
- 海贼与海盗——驶过大海
- 朋友、伙伴与恋人
- 实验水箱
- 安全上网与聊天
- 我的身体与我
- 圣经的发现之旅
- 森林工坊

针对这些主题，幼儿与教育工作者要收集不同的媒介，其中包括游戏、软件、图书、实验材料、家庭游戏创意、实验指导、亲子教育咨询等。这个媒介资料百宝箱可以引导父母与幼儿一同借助媒介开展各类研究活动，幼儿、成人在媒介的帮助下，将积极主动地观察、探索身边的世界。

家长咖啡馆

在家庭媒体中心中，还设有家长咖啡馆。在这个轻松自在的环境中，父母之间，不同年龄层的人之间可以产生深入的交流。

知识与经验的交流

在这个咖啡馆里，受到邀请的爸爸妈妈们相互交流关于媒介的经验与感悟，他们可以将自己的知识、能力与兴趣爱好拿来与众人分享，彼此取经，推荐那些自己的孩子在一个特定时期尤为偏爱的故事、图画书、电影或集体游戏。此外，还可以介绍一些特定的主题，以及自己在家中是如何对不同的媒介善加利用的。

主题项目与活动

在一些项目中（例如"中世纪的骑士生活"），会涉及那些幼儿当下尤其感兴趣的主题。幼儿与教师会寻找并利用那些相关主题的媒介（例如图书、电脑游戏、电影和有声故事），并在接下来的活动中发挥自己的各项能力（例如像骑士与贵妇那样享受音乐；做情景表演与角色扮演游戏，制作戏服）。

每年，会在家庭媒体中心开展几次这类项目活动。在学校的假期中，那些正上小学的哥哥姐姐们也会兴致勃勃地参与进来。志愿者们对项目付出了尤其多的心血，他们带来的不仅有专业的知识，还使项目范围扩大，成为跨越不同年龄段的学习活动。

利用媒介搜索信息与学习

例如，一位生物学家就与一位教师共同针对"水"这个主题组织了一次实验活动，幼儿在一位教师的引领下观察蚂蚁的生活，另一位教师带着幼儿园和小学的孩子们连续几天开展了"穿越回中世纪"的活动。

这些项目也是与其他课程活动，乃至与家长的合作密切相关的。水实验箱与相关图书可供外借，其中包含的各项材料鼓励父母在家中也进行各种关于水的实验。关于"骑士"项目的出发点是一本深受幼儿喜爱的图画书，由此引发了一系列的角色扮演游戏、音乐舞蹈与戏服、道具、图画的创作活动。在"蚂蚁"项目中，幼儿使用了数码显微镜，那本就是幼儿园的现有设备，他们还借

与幼儿园、家庭内更多学习活动的关联

助媒介围绕这个主题进行了广泛的信息搜索。

通过这种方式，幼儿在项目中一方面借助自己在媒介中已经了解的故事与形象对各种经验进行归纳总结；另一方面，他们能使用媒介更深入地了解项目的主题，解答自己由此产生的种种疑问。

整理档案袋并反思

家庭媒体中心可以成为交流、反思媒介经验的场所

家庭媒体中心的借阅时间可以成为交流活跃的时段。在此期间，幼儿、家长、媒体中心的工作人员可以畅所欲言，议论自己的媒介经验以及相关的兴趣。在这样的互动中，幼儿与成人（例如与父母、兄弟姐妹一起）讨论借阅的作品是在什么情况下使用的，经历和感想如何，以及接下来会对哪些媒介与主题感兴趣。与此同时，成人与幼儿一同回顾他们已经学习体验的一切，想要经历学习的东西以及在家中安排使用媒介的情况。

共同提高媒介素养

这种对媒介的使用、兴趣以及偏好的共同反思是家庭媒体中心的一个重要目标。父母、幼儿与教师对幼儿生活中存在的媒介、媒介信息、媒介角色所代表的意义以及家庭内的媒介使用形式可以达成共识。在这个过程中，参与者提升了个人素养，可以用一种积极而富有责任感的态度来使用媒介。

借助每次在家庭媒体中心借阅时得到的一张简表，幼儿和父母记录（如果他们愿意）有关媒介借阅的经历。表格邀请父母与孩子一起填写，提问围绕着以下这些内容：幼儿借的是哪类媒介？他喜欢什么？在什么样的环境下他们使用媒介（例如独自一人，与兄弟姐妹或父母一起）？在父母与幼儿一同回顾与媒介打交道的经历，并发掘媒介对个人的意义时，这样的共同记录是一种更深层次的启迪。

将主题延伸至更宽泛的领域

家庭媒体中心是一个由不同团体合力完成的项目，幼儿园、老年人团体、小学、社区、各种机构协会都参与其中。幼儿可以由此感受到对一个集体的归属感，并体会到个人的诉求与愿望受到认真对待与重视。他们会了解到，不仅是他们自己与他们的父母，还有集体中的其他各类人员都在为自己的学习承担责任。

在媒体中心工作的有老年人、教师、家长，幼儿可以亲身感觉到自己社交关系的构成。他们自己也参与到这样一个学习环境的营造中来，将自己的愿望与创意付诸实际，并满足个人的需求。

家庭媒体中心最直接的成效是让幼儿与家长可以更方便地借阅到自己感兴趣的媒介，同时提高了幼儿对自身创造力以及社会影响力的信心。

项目的完结与展望

本项目是一个开放式的活动计划。在它的进行过程中，变化与进步在不断发生。在其中起决定性作用的是所有参与者的兴趣、付出与能力素养。

而在不久的将来，家庭媒体中心将发展成为一个家庭聚会与学习的中心。同样的，在媒体中心内将完善带有创作坊性质的学习空间打造，使得幼儿在学习、阅读、实验方面的媒介活动更为丰富多彩，个人能力更上一层楼。

6.13.4 涉及的跨领域教育

语言与读写

在家庭媒体中心，幼儿之间交流的内容包括不同的媒介、偏好、兴趣与愿望。在这种情况下幼儿与成人共同营造了一种对话的文化氛围，而幼儿乐在其中。

媒体中心的核心目标是了解并提高幼儿对媒介的兴趣。要实现这一点，一方面要提供大量丰富的、由幼儿参与选取的图书等媒介产品，同时也要让幼儿主动向工作人员咨询自己感兴趣的媒介产品（如新到的图书）。为了提高幼儿对书本和语言的兴趣，也会组织一些特别的教育活动，例如朗读会、角色扮演游戏以及其他形式的与书本内容相关的故事会。此外，幼儿也可以利用百科类图书去了解那些他们感兴趣的主题。

艺术、文化与创意

在某些特殊主题的项目中，可以针对幼儿的艺术创造力来设计内容，例如为故事绘画或戏剧加工，在媒介作品的基础上改编角色扮演游戏并制作道具与舞台背景。

在这些活动的基础上，幼儿通过相应的媒介作品接触到各种异域文化与生活方式。

音乐

只要在媒体中心的馆藏内有音乐磁带与 CD，就涉及音乐教育领域。幼儿可以在媒体中心与家中听音乐，并跟着音乐唱歌跳舞。

自然科学

在某些主题项目中，幼儿借助媒介搜索有关自然科学主题的信息，如动物、水下世界和森林。在这些项目的进行中，他们还动手做实验，亲自调查（例如在显微镜下观察一些小动物，做关于水的科学实验）等。

关于本项目的详细信息与重点，请参见：

Gerlach, F., Kuse, C.& Aufenanger, S.(2006). *Computerarbeit in Kindertageseinrichtung. Handreichungen für die Praxis.* Kassel:LPR Hessen.

7

项目合作伙伴

"建构自然知识"项目是在一个有着四个层面的框架内发展起来的，这个框架的特点是顾及和综合了来自科学和实践的各种观点。与此同时，项目得到了科学界和幼儿教育实践合作伙伴的众多支持。另外，本项目也得到科学顾问委员会一位委员持续性的关注和参与。

本项目运用四个层面的步骤如下：

1. 起草

"建构自然知识"项目组的工作人员起草各分册的文字表述。然后根据其他层面的状况，再对起草的文字进行加工。

2. 借鉴试点园中经验丰富的专业人员的实践观点

来自全德国 25 个试点园的教育从业人员，通读本项目文本的草稿，从易于理解和具有实践指导意义的角度，对文本加以评论。

3. 来自科学界专家的专业观点

科学家评估每一册文本的草稿，并运用他们的专业知识和经验进一步丰富本项目的内容。参与这项工作的有科学界的专家、国家早期教育研究所的工作人员和本项目顾问委员会的成员。

4. 编辑

出版社编辑对所有草稿的认真阅读，最终保证文稿的可读性和专业性。

"建构自然知识"项目的科学顾问委员会

我们在此对本项目的顾问委员会表示感谢，他们对本项目的文本初稿提出了诸多建设性的意见和批判性的关注。他们是：

- Prof. Dr. Lilian Fried, Institut für Sozialpädagogik, Erwachsenenbildung und Pädagogik der frühen Kindheit, Universität Dortmund
- Prof. Dr. Hans-Werner Klusemann, Fachbereich Soziale Arbeit, Bildung und

Erziehung,Hochschule Neubrandenburg

- Dr. Jeff J.van Kuyk, Citogroep Niederlande,Arnheim

- Prof.Dr.Gisela Lück, Fakultät für Chemie,Didaktik der Chemie, Universität Bielfeld

- Prof. Dr. Kornelia Möller, Seminar für die Didaktik des Sachunterrichts, Westfälische Wilhelms−Universität Münster

- Stephanie Otto,Erzieherin,Bonn

- Prof. Dr. Manfred Prenzel, Leibniz−Institut für die Pädagogik der Naturwissenschaften an der Universität Kiel

- Xenia Roth, Referat Kindertagesstätten, Ministerium für Bildung, Wissenschaft, Jugend und Kultur, Rheinland−Pfalz,Mainz

- Wilfried Steinert, Schulleiter Waldhofschule Templin, Projektleiter NETZWERK Bildung für alle in Templin

- Prof. Dr. Gerwald Wallnöfer, Fakultät für Bildungswissenschaften, Freie Universität Bozen

- Dr. Ilse Wehrmann, Sachverständige für Frühpädagogik, Bremen

合作伙伴

我们在此感谢法宾纳·贝克-施托尔（Fabienne Becker−Stoll）女士（博士）领导的国家早期教育研究院（IFP）给予本项目的许多启发、对讨论的激励以及众多的专业观点。特别感谢埃娃·赖歇特-加沙哈梅（Eva Reichert−Garschhammer）女士和科学专题报告人达格玛·温特哈尔特-扎尔威托（Dagmar Winterhalter−Salvatore）女士，感谢她们的诸多付出，与她们的合作非常愉快。

专家

感谢那些来自科学界的专家，他们对本项目的文本初稿提出了许多专业性的建议和观点。这些专业知识和启发，对本项目面向幼儿教育人员的继续发展起了决定性作用。本书作者将承担本书内容的全部责任，给予我们诸多帮助的专家有：

- Prof. Dr. Peter Gallin, Institut für Gymnasialund Berufspädagogik, Universität Zürich

- Prof. Dr. Klaus Hasemann, Institut für Didaktik der Mathematikund Physik, Leibniz Universität Hannover

- Dr. Susanne Koerber, Professur für Frühe Bildung (Vertretung), Pädagogische

Hochschule Schwäbisch Gmünd

- Prof. Dr. Andrea Peter—Koop, Institut für Mathematik, Carl von Ossietzky Universität Oldenburg

- Eva Reichert—Garschhammer, Abteilungsleiterin, Staatsinstitut für Frühpädagogik, München

- Prof. Dr. Christoph Selter, Fakultät für Mathematik, Lehrstuhl IEEM, Technische Universität Dortmund

- Dagmar Winterhalter—Salvator, wissenschaftliche Referentin, Staatsinstitut für Frühpädagogik, München

试点园

我们要在这里感谢 25 个试点园，感谢它们愿意与我们进行理论与实践之间的积极交流。特别要感谢那些对我们项目的可行性与可读性进行检验的专业教育从业者，他们是：

- Kindertagesheim Borgfeld, Bremen

- Kindertagesheim Friedenskirche, Bremen

- Kindertagesheim Matin—Luther, Bremen

- Das Entdeckerhaus, Kindertagesstätte Technologiepark e.V. Bremen

- Kindertagesstätte Heinrich—Seekamp—Straße, Bremen

- Kindergarten St.Achaz, München

- Kindertagesstätte Siepmannstraße, Dortmund

- Kindertageseinrichtung „ Die mobilen Strolche ", Bonn

- Kindertagesstätte Kaisersesch, Kaisersesch

- Kindertagesstätte St. Martin, Remagen

- Kindergarten Löwenzahn e.V., Königswinter

- Kindertagesstätte Mikado e.V.,Königswinter

- Integrativer Kindergarten St. Monika, Lüdinghausen

- Kindertagesheim St. Johannes Arsten, Bremen

- Evangelische Kindertagesstätte Freilassing, Freilassing

- Kinderwelt Hamburg e.V., Hamburg

- Kinderhaus Seckenheim, Mannheim

- Kindergarten „ Wilde Wiese "Hundham, Fischbachau Bonhoeffer Haus, Evangelische Kindertagesstätte und Hort, Überlingen

- Kindergarten Petersberg (Kindergartendirektion Neumarkt), Petersberg—Italien

- Kindertagesstätte „ Burratno ",Eggersdorf

- Ev.Kindertagesstätte der Kirchengemeinde Limbach / Kändler, Limbach / Oberfrohna

- Kindertagesstätte „ Wilde Wiese "Lemgo, Lemgo

- Kindertagesstätte St. Thomas Morus, Rostock

- Kindertagesstätte Dom-Stifte, Naumburg

关于这些机构的更多信息可以在"建构自然知识"项目的网站上找到：www.natur-wissen-schaffen.de。

有5个试点园为本项目提供了儿童照片和儿童图画。其中的一些被我们用来作为书中的插图。在此真诚感谢这些机构的所有儿童和教育人员。这些机构是：

- Das Entdeckerhaus, Kita Technologiepark e.V., Bremen

- Kita Heinrich-Seekamp-Straße, Bremen

- KTH Borgfeld, Bremen

- KTH Martin-Luther, Bremen

- KTH St. Johannes Arsten, Bremen

8

参考文献

8.1 实用手册、项目介绍与活动总结报告

Aktion Jugendschutz, Landesarbeitsstelle Bayern e. V. (Hrsg.). (1996). *Info-Set ‚Alles auf Empfang?' – Familie und Fernsehen*. München: Aktion Jugendschutz, Landesarbeitsstelle Bayern e. V.

Anfang, G., Demmler, K. & Lutz, K. (Hrsg.). (2005). *Mit Kamera, Maus und Mikro: Medienarbeit mit Kindern* (2., revidierte Auflage). München: kopaed.

Aufenanger, S. & Six, U. (Hrsg.). (2001). *Handbuch Medien: Medienerziehung früh beginnen. Themen, Forschungsergebnisse und Anregungen für die Medienbildung von Kindern*. Bonn: Bundeszentrale für politische Bildung.

Bayerische Landeszentrale für Neue Medien und Aktion Jugendschutz Bayern (Hrsg.). (2000). *Kinder sehen fern: 5 Bausteine zur Fernsehrezeption bei Kindern*. Medienpaket. München: KoPäd.

Bundesministerium für Familien, Senioren, Frauen und Jugend. (2003). *Geflimmer im Zimmer. Informationen, Anregungen und Tipps zum Umgang mit dem Fernsehen in der Familie*. Zugriff am 14.03.2008 von www.bmfsfj.de/Kategorien/Publikationen/Publikationen,did=3850.html_blank.

Bundesministerium für Familien, Senioren, Frauen und Jugend. (2004). *„Ein Netz für Kinder – Surfen ohne Risiko?" Ein praktischer Leitfaden für Eltern und Pädagogen*. Zugriff am 03.03.2008 von www.jugendschutz.net/pdf/Ein_Netz_fuer_Kinder.pdf.

Bundesministerium für Familien, Senioren, Frauen und Jugend. (2006). *Spiel- und Lernsoftware – pädagogisch beurteilt*. Zugriff am 14.03.2008 von www.bmfsfj.de/Kategorien/Publikationen/Publikationen,did=22916.html.

Eder, S., Neuß, N. & Zipf, J. (1999). *Medienprojekte in Kindergarten und Hort*. Berlin: Vistas.

Eichhorn, J. & Wiese-Fiedler, U. (2002). *So geht's – Computer und Internet im Kindergarten, Kindergarten Heute Spot*. Freiburg: Herder.

Gerlach, F., Kuse, C. & Aufenanger, S. (2006). *Computerarbeit in Kindertageseinrichtungen. Handreichungen für die Praxis*. Kassel: LPR Hessen.

Lazaj, K. & Döbert, M. (Red.) (2005). *Medienbildung*. Bingen: Kiga-Fachverlag für Anwendbare Pädagogik.

Marci-Boehncke, G. & Rath, M. (2007). *Medienkompetenz für ErzieherInnen: Ein Handbuch für die moderne Medienpraxis in der frühen Bildung*. München: kopaed.

Näger, S. (2003). *So geht's – medienpädagogisch arbeiten, Kindergarten Heute Spot*. Freiburg: Herder.

Neuß, N., Pohl, M. & Zipf, J. (2003). *Erlebnisland Fernsehen. Medienerlebnisse im Kindergarten aufgreifen, gestalten, reflektieren* (2. Auflage). Herausgegeben von der Freiwilligen Selbstkontrolle Fernsehen e. V. München: KoPäd.

Neuß, N. & Michaelis, C. (2002). *Neue Medien im Kindergarten: Spielen und Lernen mit dem Computer*. Offenbach: GABAL.

Neuß, N., Lehmann, E.-M. & Michaelis, C. (2003). *Kinder + Werbung. Bausteine für den Kindergarten*. München: kopaed.

Siraj-Blatchford, I. & Siraj-Blatchford, J. (2007). *Computer und Co. in Kitas. Forschung und Praxis zur Stärkung der Medienkompetenz*. Troisdorf: Bildungsverlag EINS.

Theorie und Praxis der Sozialpädagogik (2007). Themenheft *Durchgeb(k)lickt? – Kinder und Medien*, Nr. 6/07.

8.2 网络资源

本书团队围绕"媒介素养教育""适宜儿童的媒介资源""相关项目实践与进修培训""互联网信息搜索入门"这几个主题，进行了详细的网络搜索与信息搜集，具体如下（资料按原文字母排序）：

视角转换协会

www.blickwechsel.org

这里提供大量项目陈述报告、建议、参考文献链接与媒体工作培训资源。

危害青少年媒介联邦审核协会（BPjM）

www.bundespruefstelle.de

BPjM 是一个审核组织，专门审核可能对青少年有危害的媒介资源，除了法律框架下的保护工作，也包含在大众传媒上进行价值观引导。在 BPjM 的网站上，详细罗列了针对青少年进行媒介保护的相关法律条文，提供了各种媒体工作培训的信息。在"青少年媒介保护：媒介关系"栏目下，可以找到关于媒介素养教育资源、媒介使用风险以及适宜媒介的推荐信息。

德国联邦政治培训中心

www.bpb.de/methodik/DCBMXS,0,0,Medienalltag_von_Kindern.html

这是为热心的德国公民提供了解政治的平台。网站致力于普及基础政治理念、加强民主意识，为政治参与做准备。

在"学习"栏目下，有专门针对儿童的媒介学习内容，例如"广告与消费""看电视引发的恐惧"等主题。

德国培训服务器

www.bildungsserver.de

这是一个网络培训资源的整合平台，提供启蒙式的互联网资源信息，主要是德语培训资源，来自德国各联邦州、欧盟国家、各大高校以及各州的文化部门、独立研究服务机构、科学专业协会、图书馆、档案馆、博物馆。

在媒介素养教育领域，下列网站上有一些特别有趣的参考信息：

- 媒介素养教育工作的实践案例

http://www.bildungsserver.de/zeigen.html?seite=4040

- 儿童媒介保护信息

  htttp://www.bildungsserver.de/zeigen.html?seite=4036

- 互联网上的儿童主题网站

  http://www.bildungsserver.de/zeigen.html?seite=3515

费伯尔个人网站

www.feibel.de

这是托马斯 · 费伯尔（Thomas Feibel）的个人网站，他为儿童电脑游戏和软件提供各种测试与评估。在他的数据库中，可以按照不同年龄段和软件分类搜索专供儿童使用的软件产品的描述与测评报告（例如故事游戏、百科大全、电脑与解压游戏）。

家长推荐协会

www.flimmo.de

这是非盈利组织"家长推荐协会"的网站，针对儿童兴趣推荐各种电视节目，还有相关的电视教育建议。FLIMMO 每年出版三本指导手册，也可以通过网络免费订阅信息。

儿童应用媒介研究所（IfaK）

www.hdm-stuttgart.de/ifak/startseite

这个信息网站隶属于斯图加特媒体学院（HdM），包含了适宜儿童的各种媒介产品的介绍与推荐（有声书、朗读材料、音乐 CD、儿童杂志、游戏与学习软件、儿童网站）。此外，他们还提供与媒介素养教育有关的各种信息与建议。

Internet ABC

www.internet-abc.de

这里为儿童与成人提供各类围绕互联网的信息推荐与独门秘笈，无论对入门者还是进阶者，都相当友好。所有页面没有广告打扰，专为 5 岁至 12 岁儿童、家长以及教育工作者设计。

JFF 媒介教育研究与实践所

www.jff.de

JFF 聚焦于媒介素养教育的理论与实践的关联性研究。这个网站提供了丰富而多元的资料与链接，同时涵盖 JFF 媒介教育的具体研究项目与相关出版物（例如奥古斯堡媒体站的链接 www.medienstelle-augsburg.de）。

Klicksafe.de

www.klicksafe.de

这是莱茵兰－普法尔茨州媒体与交流州立中心(LMK)、北莱茵威斯特法伦州立媒体办公室（LFM）与媒介综合素养欧洲中心的官网。该网站为帮助儿童、青少年、家长与教育工作者安心上网提供各类信息、建议与手册，有专为儿童设计的安全网页浏览、线上游戏、网络聊天与病毒防范。

Klick-Tipps

www.klick-tipps.net

这是媒介综合素养基金会西南论坛的主页，推荐适宜儿童阅览的网站，每周发布最新的推荐内容。

MediaCulture-Online

www.mediaculture-online.de

这是一个资料类门户网站，聚焦媒介素养教育、媒介培训与媒介文化。它具体由巴登符腾堡州州立媒体文化中心负责，同时接受巴登符腾堡州文化交流办公室监管。这个网站展示了大量实际应用的媒介创设经验，例如如何制作动画片或广播剧。

崭新地平线－儿童网络媒体与文化教育协会

www.horizonte-team.de

这是儿童网络媒体与文化教育协会的专属网站，提供的内容包括：大量保教机构中与媒介相关活动的参考与建议，适宜儿童使用的软件与电影产品，教师与儿童深入了解互联网所需的资讯，如何在幼儿园使用电脑等。

网络学校 /BIBER

www.schulen-ans-netz.de

网络学校协会由德国联邦教育科研部与德国电信共同发起，它的目标是为教师与学生提供一个培养数码时代综合媒介素养的平台。

对教师而言，其中最有特色的是项目 BIBER——教育咨询与培训，它直接面向幼小学龄阶段的儿童与小学教师中的初学者。网站提供形形色色的资讯以及各种实践项目、培训课程与参考书目的链接。网址为：

www.bildung-beratung-erziehung.de

www.biber-net.net

儿童网站大全

www.websitesfuerkinder.de

这是一个信息非常丰富的资料库，提供不同年龄段儿童网站的详细介绍以及对媒介素养教育水平的评估。资料库内容可以根据年龄段进行搜索，并提供评判某个网站教育价值的各项标准。

儿童之声

www.toene-fuer-kinder.de

这是一个线上数据库，其中有大约 3000 款针对儿童的有声读物，如各种广播剧、有声故事、童话与音像产品。根据年龄段与内容分类，可以依据主题、歌曲与音乐的标题进行搜索。

知识与成长

www.wissen-und-wachsen.de

这是一个儿童早期教育的主题门户网站，由德国联邦家庭、老人妇女与青少年文化部负责运营。在"新媒体"栏目下，有针对 6 岁以下儿童媒介素养教育的大量信息。

网上冲浪 - 媒介与家庭生活

www.zappen-klicken-surfen.de

这个专门针对教育者的信息网站由以下机构合作管理：媒介教育研究与实践所（JFF）、媒介教育协会（GMK）和德国联邦家庭、老人妇女与青少年文化部。围绕帮助儿童与青少年在一种带有批判思维且承担个人责任的环境下增强使用媒介的能力，提供各种案例演示与活动建议信息。

儿童搜索引擎

这是专供儿童使用的搜索引擎，只搜索专为儿童设计的网站：

www.blinde-kuh.de

www.helles-koepfchen.de

www.milkmoon.de

www.seitenstark.de（对各类儿童网站进行总结）

各联邦州媒体办公室的主页

巴登符腾堡文化交流办公室（LfK）

www.lfk.de

巴登符腾堡文化交流办公室就各类主题，如媒介素养、教师信息指南，提供了一个主题页面，下设栏目"项目""工作素材""出版物"以及"网址与链接"。此外，还可以在下载各类实际案例的研究资料。

拜仁新媒体州立中心（BLM）

www.blm.de

BLM 提供了一个针对"媒介素养"的主页，在此可以搜索到各类项目案例，例如"媒介教育工作坊"以及相关链接。在"建议与链接"栏目下，还为女性教育工作者提供了大量有价值的网站。

在针对"青少年保护"的主题页面下，BLM 提供了对各类电视节目的观察报告。它所涵盖的德国电视台包括慕尼黑电视台、DSF 台、有线 1 台、电信 5 台、9 号直播与 24 小时新闻，以及各种聚焦于青少年保护的数码节目。

柏林 – 勃兰登堡媒体办公室（MABB）

www.mabb.de

在"媒介素养"栏目下，MABB 的主页提供了各类项目的实时信息、各种媒体办公室下属协会的官网链接，例如 Internet–ABC。

不来梅州立媒体办公室（brema）

www.bremische–landesmedienanstlt.de

提供了各类相关门户网站的链接，例如"安全互联网行动""FLIMMO– 家长推荐""互联网入门指南"。

汉堡／石勒苏益格荷尔施坦因媒体办公室（MA HSH）

www.ma–hsh.de

上面有一个对各种电视节目进行评估的专属栏目，并与州立青少年媒介保护行动媒体协会(KJM)相互链接。在这些网页上，可以获得青少年媒介保护的最新信息。

黑森州私人电台与新媒体州立办公室(LPR Hessen)

www.lpr–hessen.de

在标题为"媒介素养"的栏目下，有对"媒介素养"这个概念的详细介绍。在"项目案例"与"素材"栏目下，有最新的培训课程信息与实践活动材料介绍。还有一些素材和活动报告可供下载。

梅克伦堡 – 前波美拉尼亚州立广播中心

www.lrz–mv.de

提供了有关媒介素养和青少年保护的基本信息，以及一些深度的相关信息链接。

下萨克森州立媒体办公室（NLM）

www.nlm.de

该主页为女教师提供相关技术培训指导。

"下萨克森州媒介教育地图"栏目提供下萨克森州范围内的媒介教育机构与课程搜索。

相关链接"下萨克森媒介素养"介绍了该州立政府为加强媒介素养而采取的种种鼓励措施。

北莱茵威斯特法伦州立媒体办公室（lfm-nrw）

www.lfm-nrw.de

在"媒介素养"栏目下，有经过整理的媒介教育类技术培训与相关资料索引。可以下载最新的资料，也可以向州立办公室订阅索取。

在 NRW 媒介综合素养的门户网站上，有该地最新的机构、项目、活动以及各类相关主题网站信息，网址为：www.medienkompetenz-portal.nrw.de。

www.kita-nrw.de 是一个幼儿媒介教育的门户网站，上面整理了大量关于视频、电脑、摄影与广播的项目案例。此外，围绕媒介素养教育的筹备，还提供了许多课件、建议、培训课程以及参考资料链接。

莱茵兰普法尔茨媒体与交流州立办公室(LMK)

www.lmk-online.de

"媒介素养"栏目提供了各类媒介教育项目与互联网上的相关资源。还有一些资料可供下载（例如针对 6 岁至 13 岁儿童使用媒介的 KIM 研究报告）。

萨尔州州立媒体办公室(LMS)

www.medienkompetenzportal.de

在 LMS 的"媒介素养"栏目可以找到萨尔州内各类相关课程、讲座的信息。还可以订阅以获取最新资讯。

在"儿童"栏目下，可以就"快乐游戏""学习"和"电视"主题找到相关的链接。

萨克森州私人电台与新媒体州立办公室(SLM)

www.slm-online.de

在"媒介素养"栏目下，能找到关于媒介素养教育项目的基本介绍，还有培训机构与部分参考资料的信息。

萨克森安哈尔特州媒体州立办公室(MSA)

www.msa-online.de

在"媒介素养"栏目，有专门负责人的联系资料以及可供下载的手册。该机构自身拥有专业的媒介教育专家团队，可以组织一系列媒介素养教育活动。

图林根州媒体州立办公室（TLM）

www.tlm.de

图林根媒体州立办公室的主页提供了介绍学前媒介素养项目活动"幼儿园行动"的栏目，也为教师专门提供了带资质证明的各类媒介教育培训课程。

8.3 德国各联邦州的教育大纲

Die Bildungspläne sind online über den Deutschen Bildungsserver verfügbar: http://www.bildungsserver. de/zeigen.html?seite=2027

Baden-Württemberg
Ministerium für Kultur, Jugend und Sport Baden-Württemberg. (2006). *Orientierungsplan für Bildung und Erziehung für die baden-württembergischen Kindergärten: Pilotphase.* Weinheim: Beltz.

Bayern
Bayerisches Staatsministerium für Arbeit und Sozialordnung, Familie und Frauen (Hrsg.). (2007). *Der Bayerische Bildungs- und Erziehungsplan für Kinder in Tageseinrichtungen bis zur Einschulung* (2. Aufl.). Düsseldorf: Cornelsen.

Berlin
Berlin. Senatsverwaltung für Bildung, Jugend und Sport (Hrsg.). (2004). *Berliner Bildungsprogramm für die Bildung, Erziehung und Betreuung von Kindern in Tageseinrichtungen bis zu ihrem Schuleintritt.* Berlin: Verlag das netz.

Brandenburg
Brandenburg. Ministerium für Bildung, Jugend und Sport. (2004). *Grundsätze elementarer Bildung in Einrichtungen der Kindertagesbetreuung im Land Brandenburg.* Potsdam: MBJS.

Bremen
Senator für Arbeit, Frauen, Gesundheit, Jugend und Soziales. Bremen. (2004). *Rahmenplan für Bildung und Erziehung im Elementarbereich.* Bremen.

Hamburg
Hamburg. Behörde für Soziales und Familie (Hrsg.). (2005). *Hamburger Bildungsempfehlungen für die Bildung und Erziehung von Kindern in Tageseinrichtungen.* Hamburg: Lütcke & Wulff.

Hessen
Hessisches Sozialministerium und Hessisches Kultusministerium (Hrsg.). (2007). *Bildung von Anfang an. Bildungs- und Erziehungsplan für Kinder von 0 bis 10 Jahren in Hessen.* Paderborn: Bonifatius.

Mecklenburg-Vorpommern
Mecklenburg-Vorpommern. Sozialministerium. (2004). *Rahmenplan für die zielgerichtete Vorbereitung von Kindern in Kindertageseinrichtungen auf die Schule: in der Fassung vom 1. August 2004.* Schwerin.; Sozialministerium.

Niedersachsen

Niedersächsisches Kultusministerium. (2005). *Orientierungsplan für Bildung und Erziehung im Elementarbereich niedersächsischer Tageseinrichtungen für Kinder.* Hannover: Niedersächsisches Kultusministerium.

Nordrhein-Westfalen

Nordrhein-Westfalen. Ministerium für Schule, Jugend und Kinder. (2003). *Bildungsvereinbarung NRW: Fundament stärken und erfolgreich starten.* Düsseldorf: MSJK.

Rheinland-Pfalz

Rheinland-Pfalz. Ministerium für Bildung, Frauen und Jugend. (2004). *Bildungs- und Erziehungsempfehlungen für Kindertagesstätten in Rheinland-Pfalz.* Weinheim: Beltz.

Saarland

Saarländisches Ministerium für Bildung, Kultur und Wissenschaft. (2006). *Bildungsprogramm für saarländische Kindergärten.* Weimar: Verlag das netz.

Sachsen

Sächsisches Staatsministerium für Soziales (Hrsg.). (2006). *Der sächsische Bildungsplan – ein Leitfaden für pädagogische Fachkräfte in Kinderkrippen und Kindergärten.* Weimar: Verlag das netz.

Sachsen-Anhalt

Institut für Pädagogik. Projektgruppe bildung: elementar.(2004). Bildung: elementar – Bildung von Anfang an. *Bildungsprogramm für Kindertageseinrichtungen in Sachsen-Anhalt.* Halle (Saale): Projektgruppe bildung: elementar, Martin-Luther-Universität Halle-Wittenberg, Fachbereich Erziehungswissenschaften, Institut für Pädagogik.

Schleswig-Holstein

Ministerium für Bildung, Wissenschaft, Forschung und Kultur. Schleswig-Holstein (Hrsg.). (2004). *Erfolgreich starten: Leitlinien zum Bildungsauftrag von Kindertageseinrichtungen.* Kiel: Ministerium für Bildung, Wissenschaft, Forschung und Kultur.

Thüringen

Thüringer Kultusministerium. (2006). *Thüringer Bildungsplan für Kinder bis 10 Jahre: Arbeitsfassung vom 11.08.2006.* Erfurt: Thüringer Kultusministerium.

8.4 参考文献

Aktion Jugendschutz, Landesarbeitsstelle Bayern e. V. (Hrsg.). (1996). *Info-Set ‚Alles auf Empfang?' – Familie und Fernsehen.* München: Aktion Jugendschutz, Landesarbeitsstelle Bayern e. V.

Anderson, C. W., Nagle, R. J., Roberts, W. A. & Smith, J. W. (1981). Attachment to substitute caregivers as a function of center quality and caregiver involvement. *Child Development, 52,* 53–61.

Anfang, G. (2007). Medienpraxis im Kindergarten. *Theorie und Praxis der Sozialpädagogik, 6,* 6–9.

Arbeiter, U. (1998). Medienpädagogische Elternarbeit. *ajs-Informationen, Fachzeitschrift der Aktion Jugendschutz, 4,* 1–4.

Arbeitsstab Forum Bildung in der Geschäftsstelle der Bund-Länder-Kommission für Bildungsplanung und Forschungsförderung. (2001). *Empfehlungen des Forum Bildung.* Zugriff am 15.03.2008 von www.ganztagsschulen.org/_downloads/Forum-Bildung-Empf.pdf.

Aufenanger, S. (2003). Neue Helden für die Männer: Eine sozialisationstheoretische Betrachtung von Männlichkeit und Medien. In G. Mühlen Achs & B. Schorb (Hrsg.), *Geschlecht und Medien. Reihe Medien-pädagogik* (Bd. 7, S. 71–78). München: kopaed.

Aufenanger, S. & Gerlach, F. (2007). *Vorschulkinder und Computer. Sozialisationseffekte und pädagogische Handlungsmöglichkeiten in Tageseinrichtungen für Kinder. Endbericht Forschung.* Zugriff am 02.04.2008 von http://www.lpr-hessen.de/files/Forschungsbericht_VersionInternet.pdf.

Aufenanger, S. & Neuß, N. (1999). *„Alles Werbung, oder was?“ Medienpädagogische Ansätze zur Vermittlung von Werbekompetenz im Kindergarten.* Kiel: ULR.

Baacke, D. (1998). *Zum Konzept und zur Operationalisierung von Medienkompetenz.* Zugriff am 15.03.2008 von http://www.uni-bielefeld.de/paedagogik/agn/ag9/Texte/MKompetenz1.htm.

Bader, R. (2005). Medienarbeit als Spiel. In G. Anfang, K. Demmler & K. Lutz (Hrsg.), *Mit Kamera, Maus und Mikro: Medienarbeit mit Kindern* (2. rev. Auflage, S. 58–68). München: kopaed.

Bayerisches Staatsministerium für Arbeit und Sozialordnung, Familie und Frauen & Staatsinstitut für Früh-pädagogik (Hrsg.). (2007). *Der Bayerische Bildungs- und Erziehungsplan für Kinder in Tageseinrichtungen bis zur Einschulung* (2. Auflage). Mannheim: Cornelsen.

Beinzger, D. (2007). Geschlechtsbewusste Medienpädagogik im Kindergarten. Konzepte, Betrachtungen, Reflexionen. In J. Lauffer & R. Röllecke (Hrsg.), *Mediale Sozialisation und Bildung: Methoden und Konzepte medienpädagogischer Projekte, Dieter Baacke Preis Handbuch 2* (S. 76–85). Bielefeld: GMK.

Bischof-Köhler, D. (1989): *Spiegelbild und Empathie. Die Anfänge der sozialen Kognition.* Bern: Huber.

Blank-Mathieu, M. (1996). *Geschlechtsspezifische Aspekte im Bilderbuch.* Nachdruck aus Handbuch für Erzie-herInnen, Landsberg/Lech: mvg-Verlag. Zugriff am 17.06.2008 von http://www.kindergartenpaedagogik.de/435.html.

Bobach, U. (2005). Märchen digital erfahren. In G. Anfang, K. Demmler & K. Lutz (Hrsg.), *Mit Kamera, Maus und Mikro: Medienarbeit mit Kindern* (2. rev. Auflage, S. 101–104). München: kopaed.

Bodrova, E. (2008). *Developing self-regulation in make believe play. New insights from the Vygotskian perspec-tive,* Paper presented at the „Second International Conference on Early Childhood Education. Education of the Youngest: A Blessing or a Curse?“ Arnhem, Niederlande.

Bodrova, E. & Leong, D. J. (2007). *Tools of the mind. The Vygotskian approach to early childhood education.* (2nd ed.). Columbus: Merrill/Prentice Hall.

Bodrova, E. & Leong, D. J. (2008). Developing self-regulation in kindergarten. *Beyond the Journal – Young children on the Web.* Zugriff am 25.06.2008 von http://journal.naeyc.org/btj/200803/pdf/BTJ_Primary_In-terest.pdf.

Böhme-Dürr, K. (2000). Fernsehen als Ersatzwelt: Zur Realitätsorientierung von Kindern. In S. Hoppe-Graf & R. Oerter (Hrsg.), *Spielen und Fernsehen* (S. 133–151). Weinheim: Juventa.

Bruner, J. S., Herrmann, T. & Aeschbacher, U. (2002). *Wie das Kind sprechen lernt.* (2., erg. Auflage). Bern: Huber.

Carew, J. (1980). Experience and the development of intelligence in young children at home and in day care. *Monographs of the Society for Research in Child Development, 45,* 6–7, Serial No. 187.

Charlton, M. (2004). Entwicklungspsychologische Grundlagen. In R. Mangold, P. Vorderer & G. Bente (Hrsg.), *Lehrbuch der Medienpsychologie* (S. 129–150). Göttingen: Hogrefe.

Charlton, M. (2007). Das Kind und sein Startkapital. Medienhandeln aus der Perspektive der Entwicklungspsychologie. In H. Theunert (Hrsg.), *Medienkinder von Geburt an. Medienaneignung in den ersten sechs Lebensjahren* (S. 25–40). München: kopaed.

Clements, D. H. & Samara, J. (2002). The role of technology in early childhood learning. *Teaching Children Mathematics, 8,* 340–343.

Close, R. (2004). *Television and language development in the early years: a review of the literature.* Zugriff am 09.08.2007 von http://www.literacytrust.org.uk/Research/TV.pdf.

Colberg-Schrader, H. (2003). Informelle und institutionelle Bildungsorte: Zum Verhältnis von Familie und Kindertageseinrichtung. In W. E. Fthenakis (Hrsg.), *Elementarpädagogik nach PISA. Wie aus Kindertagesstätten Bildungseinrichtungen werden können* (5. Auflage, S. 266–284). Freiburg: Herder.

Cordes, C. & Miller, E. (2002). *Die pädagogische Illusion: Ein kritischer Blick auf die Bedeutung des Computers für die kindliche Entwicklung.* Stuttgart: Verlag Freies Geistesleben.

Curth, A. (1994). Medienvorlieben von Mädchen und Jungen im Prozeß der Geschlechtsfindung. In Deutsches Jugendinstitut (Hrsg.), *Handbuch Medienerziehung im Kindergarten. Teil 1: Pädagogische Grundlagen.* (S. 218–222). Opladen: Leske & Budrich.

Deci, E. L. & Ryan, R. M. (1993). Die Selbstbestimmungstheorie der Motivation und ihre Bedeutung für die Pädagogik. *Zeitschrift für Pädagogik, 39,* 223–238.

Demmler, K. (2005). Medienarbeit mit Kleinkindern – macht das Sinn? In G. Anfang, K. Demmler & K. Lutz (Hrsg.), *Mit Kamera, Maus und Mikro: Medienarbeit mit Kindern* (2. rev. Auflage, S. 71–74). München: kopaed.

Der Bundesminister für Frauen und Jugend Bonn (Hrsg.). (1993). *Übereinkommen über die Rechte des Kindes. UN-Konventionen im Wortlaut mit Materialien.* Düsseldorf: Livonia.

Derman-Sparks, L. (1992). Reaching potentials through antibias, multicultural curriculum. In S. Bredekamp & T. Rosegrant (eds.), *Reaching potentials: Appropriate curriculum and assessment for young children* (Vol. 1, pp. 114–127). Washington, DC: National Association for the Education of Young Children.

Dittmann, K. (o. J.). *Philosophieren mit Kindern - Eine kurze Einführung in Konzeption und Methoden.* Zugriff am 01.07.2008 von http://homilia.de/download/pmk.pdf.

Dornes, M. (1993). *Der kompetente Säugling. Die präverbale Entwicklung des Menschen.* Frankfurt: Fischer.

Eder, S. (1999). Supermann rettet Prinzessin!? Die Kategorie Geschlecht in Gesellschaft und Medien. In S. Eder, J. Lauffer & C. Michalelis (Hrsg.), *„Bleiben Sie dran!" Medienpädagogische Zusammenarbeit mit Eltern. Ein Handbuch für PädagogInnen. Schriften zur Medienpädagogik* (Bd. 27, S. 84–97). Bielefeld: GMK.

Eder, S., Neuß, N. & Zipf, J. (1999). *Medienprojekte in Kindergarten und Hort.* Berlin: Vistas.

Eder, S. & Roboom, S. (2004). Medienerziehung in der Kita. In S. Eder & S. Roboom (Hrsg.), *Video, Compi & Co. Über den Einsatz von Medien in der Kita* (S. 10–23). Bielefeld: GMK.

Eisbein, M. (2004). „Swimmy" - wie aus einem Bilderbuch ein Hörspiel entsteht. In S. Eder & S. Roboom (Hrsg.), *Video, Compi & Co. Über den Einsatz von Medien in der Kita* (S. 180–205). Bielefeld: GMK.

Ennemoser, M. & Schneider, W. (2007). Relations of television viewing and reading: Findings from a 4-year longitudinal study. *Journal of Educational Psychology, 99*, 349–368.

Feierabend, S. & Mohr, I. (2004). Mediennutzung von Klein- und Vorschulkindern. Ergebnisse der ARD/ZDF Studie „Kinder und Medien 2003". *Media Perspektiven, 9*, 453–461.

Frey-Vor, G. & Schumacher, G. (2004). Kinder und Medien 2003. Studie der ARD/ZDF-Medienkommission – Kernergebnisse für die sechs- bis 13-jährigen Kinder und ihre Eltern. *Media Perspektiven, 9*, 426–440.

Fritz, A. & Funke, J. (2002). Planen und Problemlösen als fächerübergreifende Kompetenzen. *Lernchancen, 25*, 6–14.

Fthenakis, W. E. (2000). Kommentar zum Projektansatz. In W. E. Fthenakis & M. R. Textor (Hrsg.), *Pädagogische Ansätze im Kindergarten* (S. 224–233). Weinheim: Beltz.

Fthenakis, W. E. (2003). Pädagogische Qualität in Tageseinrichtungen für Kinder. In W. E. Fthenakis (Hrsg.), *Elementarpädagogik nach PISA. Wie aus Kindertagesstätten Bildungseinrichtungen werden können* (5. Auflage, S. 208–242). Freiburg: Herder.

Fthenakis, W. E. (2004). *Der Bildungsauftrag in Kindertageseinrichtungen: ein umstrittenes Terrain?* Zugriff am 16.08.2007 von http://www.familienhandbuch.de.

Fthenakis, W. E. (2007). Bildung neu konzeptualisiert. In C. Henry-Huthmacher & G. Erler (Hrsg.), *Kinder in besten Händen: Frühkindliche Bildung, Betreuung und Erziehung in Deutschland. Eine Veröffentlichung der Konrad-Adenauer-Stiftung e. V.* (2., überarb. Auflage, S. 63–90). Sankt Augustin [u. a.]: Konrad-Adenauer-Stiftung.

Galinsky, E., Howes, C., Kontos, S. & Shinn, M. (1994). *The study of children in family child care and relative care: Highlights of findings.* New York: Families and Work Institute.

Gerlach, F. (2008). *PC-Tipps: Handhabung von Audacity.* Zugriff am 14.07.2008 von http://www.horizonte-team.de/index.php?option=com_content&task=view&id=47&Itemid=32

Gerlach, F., Kuse, C. & Aufenanger, S. (2006). *Computerarbeit in Kindertageseinrichtungen. Handreichungen für die Praxis.* Kassel: LPR Hessen.

Gisbert, K. (2004). *Lernen lernen: Lernmethodische Kompetenzen von Kindern in Tageseinrichtungen fördern.* Weinheim: Beltz.

Goelman, H. & Pence, A. R. (1988). Children in three types of day care: Daily experiences, quality of care and developmental outcomes. *Early Child Development and Care, 33*, 67–76.

Golden, M., Rosenbluth, L., Grossi, M. T., Policare, H. J., Freeman, H. J. & Brownlee, E. M. (1978). *The New York City Infant Day Care Study.* New York: Medical and Health Research Association of New York City.

Götz, M. (2006). Die Hauptfiguren im deutschen Kinderfernsehen. *TelevIZIon, 19*, 4-7.

Greenfield, P. M. & Cocking, R. R. (eds.). (1996). *Interacting with video*. Norwood: Ablex.

Greschitzek, P. & Neuß, N. (2003). „Hier kommt Darkwing Duck". Das Fernsehwunschprogramm der Kinder. In N. Neuß, M. Pohl & J. Zipf, *Erlebnisland Fernsehen. Medienerlebnisse im Kindergarten aufgreifen, gestalten, reflektieren* (2. Auflage, S. 55–78). Herausgegeben von Freiwillige Selbstkontrolle Fernsehen e. V. München: KoPäd.

Greule, F. (2005). *Trickfilme erstellen mit Windows Movie Maker*. Zugriff am 14.07.2008 von http://www.bias.ch/archiv/dowloads/dowfiles/kurzan/trickfilm/Trickfilm_WinMovieMaker.pdf.

Gronlund, G. & Engel, B. (2001). *Focused portfolios. A complete assessment for the young child*. St. Paul: Redleaf Press.

Groot-Wilken, B. (2007). *Bildungsprozesse in Kindergarten und Kita*. Freiburg: Herder.

Hartung, H. (2004). Eine neue Spielecke entsteht: Der Spielplatz Computer wird eröffnet! In S. Eder & S. Roboom (Hrsg.), *Video, Compi & Co. Über den Einsatz von Medien in der Kita* (S. 42–53). Bielefeld: GMK.

Hasselhorn, M. (2006). Metakognition. In D. H. Rost (Hrsg.), *Handwörterbuch Pädagogische Psychologie* (3., überarb. und erw. Auflage, S. 480–485). Weinheim: Beltz.

Helburn, S. (ed.). (1995). *Cost, quality and child outcomes in child care centers. Technical report*. Denver, Colorado: Department of Economics, Center for Research in Economics, University of Colorado at Denver.

Henneberg, R. (2007). Arbeiten und Lernen am PC in der Roten Gruppe. *Theorie und Praxis der Sozialpädagogik, 6*, 21.

Hessisches Sozialministerium & Hessisches Kultusministerium. (2007). *Bildung von Anfang an: Bildungs- und Erziehungsplan für Kinder von 0 bis 10 Jahren in Hessen* (Stand: Dezember 2007). Wiesbaden: Hessisches Sozialministerium und Hessisches Kultusministerium.

Hoenisch, N. & Niggemeyer, E. (2003). *Bildung mit Demokratie und Zärtlichkeit: Lernvergnügen Vierjähriger*. Weinheim: Beltz.

Holloway, S. D. & Reichhart-Erikson, M. (1988). The relationship of day care quality to children's free-play behavior and social problem-solving skills. *Early Childhood Research Quarterly, 3*, 39–53.

Hoppe-Graff, S. & Kim, H.-O. (2002). Die Bedeutung der Medien für die Entwicklung von Kindern und Jugendlichen. In R. Oerter & L. Montada (Hrsg.), *Entwicklungspsychologie* (5., vollst. überarb. Auflage, S. 907–922). Weinheim: Beltz.

Howes, C. & Galinsky, E. (1995). Accreditation of Johnson & Johnson's child development center. In S. Bredekamp & B. A. Willer (ed.), *NAEYC accreditation: A decade of learning and the years ahead* (pp. 47–60). Washington: National Association for the Education of Young Children.

IBM. (ed.) (2003). *Early Learning in the Knowledge Society. Bericht von einer europäischen Konferenz. 22. und 23. Mai 2003*. Zugriff am 04.06.2007 von http://www.ibm.com/ibm/ibmgives/downloads/early_learning_german.doc.

Jordan, B. (2004). Scaffolding learning and co-constructing understandings. In A. Anning, J. Cullen & M. Fleer (eds.), *Early childhood education: society and culture* (pp. 31–43). London: Sage.

Jugendministerkonferenz & Kultusministerkonferenz. (2004). *Gemeinsamer Rahmen der Länder für die frühe Bildung in Kindertageseinrichtungen*. Zugriff am 27.03.2008 von www.kmk.org.

Katz, L. G. & Chard, S. C. (1996). *The contribution of documentation to the quality of early childhood education*. Zugriff am 06.09.2007 von http://www.ericdigests.org/1996-4/quality.htm.

Katz, L. G. & Chard, S. C. (2000a). Der Projekt-Ansatz. In W. E. Fthenakis & M. R. Textor (Hrsg.), *Pädagogische Ansätze im Kindergarten* (S. 209–223). Weinheim: Beltz.

Katz, L. G. & Chard, S. C. (2000b). *Engaging children's minds: The project approach.* (2nd ed.). Stamford: Ablex Publishing.

Kelly, V. (2004). Curriculum und Demokratie in den frühen Jahren. In W. E. Fthenakis & P. Oberhuemer (Hrsg.), *Frühpädagogik international. Bildungsqualität im Blickpunkt* (S. 105–115). Wiesbaden: Verlag für Sozialwissenschaften.

Kluge, N. (2006). Das Bild des Kindes in der Pädagogik der frühen Kindheit. In L. Fried & S. Roux (Hrsg.), *Pädagogik der frühen Kindheit: Handbuch und Nachschlagewerk* (S. 22–33). Weinheim: Beltz.

Knobloch, S. & Fritzsche, A. (2004). Cowboy und Prinzessin seit Adam und Eva. Geschlechtsstereotype Unterhaltungspräferenzen von Vorschulkindern. *Zeitschrift für Medienpsychologie, 16,* 68–77.

Kochan, B. & Schröter, E. (2006). *Abschlussbericht über die wissenschaftliche Projektbegleitung zur Bildungsinitiative von Microsoft Deutschland und Partnern „Schlaumäuse – Kinder entdecken Sprache".* Zugriff am 07.09.2007 von http://www.schlaumaeuse.de/downloads/Abschlussbericht_final.pdf.

Krapp, A. & Weidenmann, B. (2001). *Pädagogische Psychologie: Ein Lehrbuch.* (4., vollst. überarb. Auflage). Weinheim: Beltz.

Krieg, E. (2004). *Lernen von Reggio: Theorie und Praxis der Reggio-Pädagogik im Kindergarten.* (2. Auflage). Lage: Verlag Hans Jacobs.

Kröll, B. (2007). „Schlaumäuse" in der Kita Mikäsch. *Theorie und Praxis der Sozialpädagogik, 6,* 20.

Lamb, M. E., Hwang, C.-P., Broberg, A. & Bookstein, F. L. (1988). The effects of out-of-home care on the development of social competence in Sweden: A longitudinal study. *Early Childhood Research Quarterly, 3,* 379–402.

Laucken, U. (1998). *Sozialpsychologie. Geschichte, Hauptströmungen, Tendenzen.* Oldenburg: BIS-Verlag.

LBS-Initiative Junge Familie (Hrsg.). (2007). *LBS-Kinderbarometer Deutschland 2007. Stimmungen, Meinungen, Trends von Kindern in sieben Bundesländern.* Ein Projekt des Dachverbands der Landesbausparkassen „LBS-Initiative Junge Familien" in Zusammenarbeit mit dem Deutschen Kinderschutzbund. Zugriff am 20.11.2007 von http://www.prosoz.de/fileadmin/redaktion/prokids/pdf/KinderbarometerDeutschland2007.pdf.

Lemish, D. (2006). Was bedeutet „Gender"? *TelevIZIon, 19,* 10–15.

Leven, I. & Schneekloth, U. (2007). Die Freizeit: Anregen lassen oder fernsehen. In World Vision Deutschland e. V. (Hrsg.), *Kinder in Deutschland – 1. World Vision Kinderstudie* (S. 165–200). Frankfurt am Main: Fischer.

Lindemann, H. (2006). *Konstruktivismus und Pädagogik: Grundlagen, Modelle, Wege zur Praxis.* München: Reinhardt.

Lutz, K. (2005a). Medienarbeit mit Vorschulkindern – Herantasten und Ausprobieren. In G. Anfang, K. Demmler & K. Lutz (Hrsg.), *Mit Kamera, Maus und Mikro: Medienarbeit mit Kindern* (2. rev. Auflage, S. 75–76). München: kopaed.

Lutz, K. (2005b). Parole Deutsch. In G. Anfang, K. Demmler & K. Lutz (Hrsg.), *Mit Kamera, Maus und Mikro: Medienarbeit mit Kindern* (2. rev. Auflage, S. 129–130). München: kopaed.

Lutz, K. (2005c). Wenn der Kindergarten zum Filmstudio wird. In G. Anfang, K. Demmler & K. Lutz (Hrsg.), *Mit Kamera, Maus und Mikro: Medienarbeit mit Kindern* (2. rev. Auflage, S. 106–109). München: kopaed.

MacNaughton, G. (2004). Gender – neu gedacht in der Pädagogik der frühen Kindheit. In W. E. Fthenakis & P. Oberhuemer (Hrsg.), *Frühpädagogik international. Bildungsqualität im Blickpunkt* (S. 345–355). Wiesbaden: Verlag für Sozialwissenschaften.

MacNaughton, G. & Williams, G. (2003). *Teaching young children: Choices in theory and practice.* Maidenhead: Pearson & Open University Press.

Mähler, C. (1999). Naive Theorien im kindlichen Denken. *Zeitschrift für Entwicklungspsychologie und Pädagogische Psychologie, 31,* 53–66.

Marci-Boehncke, G. & Rath, M. (2007). *Medienkompetenz für ErzieherInnen: ein Handbuch für die moderne Medienpraxis in der frühen Bildung.* München: kopaed.

Mayr-Kleffel, V. (1994). Medienheldinnen – Orientierungspunkte für die Geschlechtsidentität von Mädchen. In Deutsches Jugendinstitut (Hrsg.), *Handbuch Medienerziehung im Kindergarten. Teil 1: Pädagogische Grundlagen.* (S. 264–270). Opladen: Leske & Budrich.

McCartney, K. (1984). Effect of quality of day care environment on children's language development. *Developmental Psychology, 20,* 244–260.

McCartney, K., Scarr, S., Phillips, D., Grajek, S. & Schwarz, J. C. (1982). Environmental differences among day care centers and their effects on children's development. In E. Zigler & E. Gordon (eds.), *Day Care: Scientific and social policy issues* (pp. 126–151). Boston: Auburn House.

Medienpädagogischer Forschungsverbund Südwest. (2007). *KIM-Studie 2006. Kinder und Medien, Computer und Internet.* Zugriff am 03.03.2008 von http://www.mpfs.de/fileadmin/KIM-pdf06/KIM2006.pdf.

Miller, P. H. (1993). Wygotskis Theorie und die Kontexttheoretiker. In P. H. Miller (Hrsg.), *Theorien der Entwicklungspsychologie* (S. 339–385). Heidelberg: Spektrum.

Montada, L. (2002). Fragen, Konzepte, Perspektiven. In R. Oerter & L. Montada (Hrsg.), *Entwicklungspsychologie* (5., vollst. überarb. Auflage, S. 3–52). Weinheim: Beltz.

Mülders, B., Petersein, B., Schmahl, B. & Wilhelm, M. (2007). Ko-Konstruieren beim Dokumentieren. In C. Lipp-Peetz (Hrsg.), *Praxis Beobachtung. Auf dem Weg zu individuellen Bildungs- und Erziehungsplänen* (S. 158–163). Mannheim: Cornelsen.

National Association for the Education of Young Children. (1997). *Developmentally appropriate practice in early childhood programs serving children from birth through age 8.* Washington: naeyc.

Neuß, N. (2001). Kinderzeichnungen als Methode zur Reflexion von Medienerlebnissen. In S. Aufenanger & U. Six (Hrsg.), *Handbuch Medien: Medienerziehung früh beginnen* (S. 97–113). Bonn: Bundeszentrale für Politische Bildung.

Neuß, N. (2003a). Orientierung an der kindlichen Lebenswelt – Medienbildung in der frühen Kindheit. In S. Weber (Hrsg.), *Die Bildungsbereiche im Kindergarten. Basiswissen für Ausbildung und Praxis* (S. 149–161). Freiburg: Herder.

Neuß, N. (2003b). „Von Lennie, Landkarten und Löwen". Verarbeitung von Fernseherlebnissen durch Zeichnungen und Gespräche. In N. Neuß, M. Pohl & J. Zipf, *Erlebnisland Fernsehen. Medienerlebnisse im Kindergarten aufgreifen, gestalten, reflektieren* (2. Auflage, S. 21–53). Herausgegeben von Freiwillige Selbstkontrolle Fernsehen e. V., München: KoPäd.

Neuß, N. (2005). Medienbildung als eigenständiges Lern- und Themenfeld. *Medienimpulse, 51*, 59–64.

Neuß, N. (2006). Neue Medien im Kindergarten: Ein Bestandteil frühkindlicher Bildung? In U. Dittler & M. Hoyer (Hrsg.), *Machen Computer Kinder dumm? Wirkung interaktiver, digitaler Medien auf Kinder und Jugendliche aus medienpsychologischer und mediendidaktischer Sicht* (S. 85–102). München: kopaed.

Neuß, N., Lehmann, E.-M. & Michaelis, C. (2003). *Kinder + Werbung. Bausteine für den Kindergarten.* München: kopaed.

Nutbrown, C. (2004). Kinderrechte: Ein Grundstein frühpädagogischer Curricula. In W. E. Fthenakis & P. Oberhuemer (Hrsg.), *Frühpädagogik International. Bildungsqualität im Blickpunkt* (S. 117–127). Wiesbaden: Verlag für Sozialwissenschaften.

Oerter, R. & Dreher, M. (2002). Entwicklung des Problemlösens. In R. Oerter & L. Montada (Hrsg.), *Entwicklungspsychologie* (5., vollst. überarb. Auflage, S. 469–494). Weinheim: Beltz.

Paus-Haase, I. (1998). Fernsehhelden im Alltag – wie Kinder Fernsehen mit ihrem Alltag verbinden. In Zentralstelle Medien der Deutschen Bischofskonferenz/Gemeinschaftswerk Evangelischer Publizistik (Hrsg.), *Debatte Kinderfernsehen. Analyse und Bewertung von TV-Programmen für Kinder* (S. 77–84). Berlin: Vistas.

Paus-Haase, I. (2001). Komplex, kompetent und eigenwillig. Zu den Medienhandlungsweisen von Kindern im Kindergartenalter. In S. Aufenanger & U. Six (Hrsg.), *Handbuch Medien: Medienerziehung früh beginnen.* (S. 91–96). Bonn: Bundeszentrale für Politische Bildung.

Peponidis, P. (2004). „Der Bankraub" – Horties drehen einen Videofilm. In S. Eder & S. Roboom (Hrsg.), *Video, Compi & Co. Über den Einsatz von Medien in der Kita* (S. 116–133). Bielefeld: GMK.

Phillips, D., McCartney, K. & Scarr, S. (1987). Child care quality and children's social development. *Developmental Psychology, 23*, 537–543.

Plowman, L. (2005). Children, play, and computers in pre-school education. *British Journal of Educational Technology, 36*, 145–157.

Plowman, L. & Stephen, C. (2003). A ‚benign addition'? Research on ICT and pre-school children. *Journal of Computer-Assisted Learning, 19*, 149–164.

Pohl, M. (2003). Der Power Ranger im Barbie-Bett. Das Erlebnisland Fernsehen in einer Offenen Konzeption. In N. Neuß, M. Pohl & J. Zipf, *Erlebnisland Fernsehen. Medienerlebnisse im Kindergarten aufgreifen, gestalten, reflektieren* (2. Auflage, S. 99–124). Herausgegeben von Freiwillige Selbstkontrolle Fernsehen e. V.. München: KoPäd.

Pramling Samuelsson, I. & Carlsson, M. A. (2007). *Spielend lernen. Stärkung lernmethodischer Kompetenzen.* Troisdorf: Bildungsverlag EINS.

Preissing, C. (2003). Die Vielfalt wertschätzen - Vorurteilsbewusste Bildung und Erziehung im Kindergarten. In S. Weber (Hrsg.), *Die Bildungsbereiche im Kindergarten* (S. 87–105). Freiburg: Herder.

Preissing, C. & Wagner, P. (Hrsg.) (2003). *Kleine Kinder, keine Vorurteile? Interkulturelle und vorurteilsbewusste Arbeit in Kindertageseinrichtungen.* Freiburg: Herder.

Reichert-Garschhammer, E. (2007). Medienbildung als Aufgabe von Tageseinrichtungen für Kinder bis zur Einschulung. Rückschau – aktueller Stellenwert – Vorschau. In H. Theunert (Hrsg.), *Medienkinder von Geburt an. Medienaneignung in den ersten sechs Lebensjahren* (S. 79–90). München: kopaed.

Rideout, V. J., Vandewater, E. A. & Wartella, E. A. (2003). *Zero to six: Electronic media in the lives of infants, toddlers, and preschoolers.* Zugriff am 18.04.07 von http://www.kaisernetwork.org/health_cast/uploaded_files/102803_kff_kids_report.pdf.

Rubenstein, J. & Howes, C. (1983). Social-emotional development of toddlers in day care: The role of peers and individual difference. In S. Kilmer (ed.), *Advances in early education and day care* (Vol. 3, pp. 13–45). Greenwich: JAI Press.

Russell, N. & Stafford, N. (2002). *Trends in ICT access and use. Research brief no. 358.* London: DfES.

Schäfer, G. E. (2001). Frühkindliche Bildung. *Klein & groß, 9,* 6–11.

Schnabel, M. (2006). *Mit Kleinkindern philosophieren.* Zugriff am 03.07.2008 von http://www.familienhandbuch.de/cmain/f_Fachbeitrag/a_Erziehungsbereiche/s_1155.html.

Schneider, B. (1999). Mit Eltern sprechen – zur Rolle der ModeratorInnen in der Elternarbeit. In S. Eder, J. Lauffer & C. Michaelis (Hrsg.), *„Bleiben Sie dran!" Medienpädagogische Zusammenarbeit mit Eltern. Ein Handbuch für PädagogInnen* (S. 159–173). Bielefeld: GMK.

Schwarzer, C. & Posse, N. (1986). Beratung. In B. Weidenmann & A. Krapp (Hrsg.), *Pädagogische Psychologie: Ein Lehrbuch* (S. 633–666). München: Beltz.

Selman, R. L. (1984). *Die Entwicklung des sozialen Verstehens. Entwicklungspsychologische und klinische Untersuchungen.* Frankfurt: Suhrkamp.

Siraj-Blatchford, I. & Siraj-Blatchford, J. (2004). *IBM KidSmart Förderprogramm. Europaweite Evaluationsstudie. Deutschland, Frankreich, Italien, Portugal, Spanien und das Vereinigte Königreich. Abschlussbericht.* Zugriff am 03.03.2007 von http://www.kidsmartearlylearning.org/DE/index.html.

Siraj-Blatchford, I. & Siraj-Blatchford, J. (2007). *Computer und Co. in Kitas. Forschung und Praxis zur Stärkung der Medienkompetenz.* Troisdorf: Bildungsverlag EINS.

Siraj-Blatchford, I., Sylva, K., Muttock, S., Gilden, R. & Bell, D. (2002). *Researching effective pedagogy in the early years. DfES research report 356.* London: Department for education and skills.

Six, U. (2008). Medien und Entwicklung. In R. Oerter & L. Montada (Hrsg.), *Entwicklungspsychologie* (6., vollst. überarb. Auflage, S. 885–909). Weinheim: Beltz.

Six, U. & Gimmler, R. (2007). *Die Förderung von Medienkompetenz im Kindergarten. Eine empirische Studie zu Bedingungen und Handlungsformen der Medienerziehung.* Berlin: Vistas.

Six, U., Frey, C. & Gimmler, R. (1998). *Medienerziehung im Kindergarten: Theoretische Grundlagen und empirische Befunde.* Opladen: Leske + Budrich.

Six, U., Frey, C., Gimmler, R. & Thibaut, K. (2002). Medienerziehung im Kindergarten. In S. Aufenanger & U. Six (Hrsg.), *Handbuch Medien: Medienerziehung früh beginnen. Themen, Forschungsergebnisse und Anregungen für die Medienbildung von Kindern* (S. 13–56). Bonn: Bundeszentrale für Politische Bildung.

Smith, A. B. (2004). Vielfalt statt Standardisierung: Curriculumentwicklung in Neuseeland in theoretischer und praktischer Perspektive. In W. E. Fthenakis & P. Oberhuemer (Hrsg.), *Frühpädagogik international. Bildungsqualität im Blickpunkt* (S. 71–87). Wiesbaden: Verlag für Sozialwissenschaften.

Sodian, B. (2005). Entwicklung des Denkens im Alter von vier bis acht Jahren – was entwickelt sich? In B. Hauser & T. Guldimann (Hrsg.), *Bildung 4- bis 8-jähriger Kinder* (S. 9–28). Münster: Waxmann.

Sodian, B. (2008). Entwicklung des Denkens. In R. Oerter & L. Montada (Hrsg.), *Entwicklungspsychologie* (6., vollst. überarb. Auflage, S. 436-479). Weinheim: Beltz.

Spanhel, D. (2007). Die verborgenen Wünsche der Kinder. *Theorie und Praxis der Sozialpädagogik, 6,* 32–35.

Spiegel, H. & Selter, C. (2004). *Kinder & Mathematik: Was Erwachsene wissen sollten.* Seelze-Velber: Kallmeyer.

Spitzer, M. (2005). *Vorsicht Bildschirm! Elektronische Medien, Gehirnentwicklung, Gesundheit und Gesellschaft.* Stuttgart: Klett.

Stamer-Brandt, P. (2007). Wo Kinder zu Experten werden. *Welt des Kindes, 4,* 8–11.

Stenger, U. (2001). Grundlagen der Reggiopädagogik: Das Bild vom Kind. *PÄD Forum, Sonderheft Reggio-Pädagogik, 3,* 181–186.

Stern, E. (2004). Entwicklung und Lernen im Kindesalter. In D. Diskowski & E. Hammes-Di Bernardo (Hrsg.), *Lernkulturen und Bildungsstandards: Kindergarten und Schule zwischen Vielfalt und Verbindlichkeit* (S. 37–47). Baltmannsweiler: Schneider.

Stoltenberg, U. (2007). Kulturelle Vielfalt und Bildung für nachhaltige Entwicklung. In Deutsche Unesco-Kommission (Hrsg.), *Kulturelle Vielfalt – Unser gemeinsamer Reichtum. Das Essener/Ruhr.2010 Bellini Handbuch zu Perspektiven Kultureller Vielfalt* (S. 241–246). Bonn: Deutsche Unesco-Kommission.

Storath, R. (1999). Überlegungen zur Elternarbeit: „Wer will eigentlich was von wem?" In S. Eder, J. Lauffer & C. Michaelis (Hrsg.), *„Bleiben Sie dran!" Medienpädagogische Zusammenarbeit mit Eltern. Ein Handbuch für PädagogInnen.* (S. 144–158). Bielefeld: GMK.

Sylva, K., Melhuish, E., Sammons, P., Siraj-Blatchford, I., Taggart, B. & Elliot, K. (2004). The Effective Provision of Pre-School Education Project – Zu den Auswirkungen vorschulischer Einrichtungen in England. In G. Faust, M. Götz, H. Hacker & H.-G. Rossbach (Hrsg.), *Anschlussfähige Bildungsprozesse im Elementar- und Primarbereich* (S. 154–167). Bad Heilbrunn: Klinkhardt.

Textor, M. R. (1999). *Projektarbeit in Kindertageseinrichtungen: Theoretische und praktische Grundlagen.* Zugriff am 04.09.2007 von http://www.kindergartenpaedagogik.de/14.html.

Textor, M. R. (2005). *Projektarbeit im Kindergarten: Planung, Durchführung, Nachbereitung.* Norderstedt: Books on Demand.

Theunert, H. (2005a). Medienumgang in der Kindheit. In G. Anfang, K. Demmler & K. Lutz (Hrsg.), *Mit Kamera, Maus und Mikro: Medienarbeit mit Kindern* (2. rev. Auflage, S. 17–28). München: kopaed.

Theunert, H. (2005b). Geschlecht und Medien – Der Umgang von Jungen und Mädchen mit Medien. In G. Anfang (Hrsg.), *Von Jungen, Mädchen und Medien: Theorie und Praxis einer geschlechtsbewussten und -sensiblen Medienarbeit. Materialien zur Medienpädagogik* (S. 11–22). München: kopaed.

Theunert, H. (2007). Medien im Leben Null- bis Sechsjähriger. *Theorie und Praxis der Sozialpädagogik, 6,* 10–16.

Theunert, H. & Demmler, K. (2007). Medien entdecken und erproben: Null- bis Sechsjährige in der Medienpädagogik. In H. Theunert (Hrsg.), *Medienkinder von Geburt an. Medienaneignung in den ersten sechs Lebensjahren* (S. 91–118). München: kopaed.

Tietze, W., Rossbach, H.-G. & Grenner, K. (2005). *Kinder von 4 bis 8 Jahren. Zur Qualität der Erziehung und Bildung in Kindergarten, Grundschule und Familie.* Weinheim: Beltz.

Trautner, H. M. (2008). Entwicklung der Geschlechtsidentität. In R. Oerter & L. Montada (Hrsg.), *Entwicklungspsychologie* (6., vollst. überarb. Auflage, S. 625–651). Weinheim: Beltz.

Trautner, H. M., Ruble, D. N., Cyphers, L., Kirsten, B., Behrendt, R. & Hartmann, P. (2005). Rigidity and flexibility of gender stereotypes in childhood: developmental or differential? *Infant and Child Development, 14,* 365–381.

van Kuyk, J. J. (2003). *Pyramide – die Methode für junge Kinder.* Arnheim: Cito.

Veidt, A. (1997). *Ganzheitlichkeit – eine pädagogische Fiktion? Zur Polarität von Element und Ganzheit bei Johann Heinrich Pestalozzi.* Wuppertal: Deimling.

Wartella, E., Caplovitz, A. G. & Lee, J. H. (2004). From baby Einstein to leapfrog, from doom to the sims, from instant messaging to internet chat rooms: Public interest in the role of interactive media in children's lives. *Social Policy Report, 18,* 3–19.

Wartella, E., Lee, J. H. & Caplovitz, A. G. (2002). *Children and Interactive Media: Research Compendium Update.* Zugriff am 15.03.2007 von http://www.markle.org/downloadable_assets/cimcomp_update.pdf.

Wartella, E., O'Keefe, B. & Scantlin, R. (2000). *Children and interactive media: A compendium of current research and directions for the future. A report to the Markle Foundation.* Zugriff am 15.03.2007 von http://www.markle.org/downloadable_assets/cimcompendium.pdf.

Wellman, H. M. (2002). Understanding the psychological world: Developing a theory of mind. In U. Goswami (ed.), *Blackwell handbook of childhood cognitive development* (pp. 167–187). Oxford: Blackwell.

Whitebook, M., Howes, C. & Phillips, D. A. (1990). *Who cares? Child care teachers and the quality of care in America. Final report of the National Child Care Staffing Study.* Oakland, California: Child Care Employee Project.

World Vision Deutschland e. V. (Hrsg.). (2007). *Kinder in Deutschland, 1. World Vision Kinderstudie*. Frankfurt am Main: Fischer.

Wustmann, C. (2003). Was Kinder stärkt. Ergebnisse der Resilienzforschung und ihre Bedeutung für die Praxis. In W. E. Fthenakis (Hrsg.), *Elementarpädagogik nach PISA. Wie aus Kindertagesstätten Bildungseinrichtungen werden können* (5. Auflage, S. 106–135). Freiburg: Herder.

Wustmann, C. (2007). Resilienz. In Bundesministerium für Bildung und Forschung (Hrsg.), *Auf den Anfang kommt es an: Perspektiven für eine Neuorientierung frühkindlicher Bildung; Bildungsforschung Band 16* (Unveränderter Nachdruck, S. 119–190). Bonn, Berlin: BMBF.

Wygotski, L. (1980, Orig. 1933). Das Spiel und seine Bedeutung in der psychischen Entwicklung des Kindes. In D. Elkonin (Hrsg.), *Psychologie des Spiels* (S. 430–465). Köln: Pahl-Rugenstein.

Wygotski, L. (1987). *Ausgewählte Schriften. Band 2: Arbeiten zur psychischen Entwicklung der Persönlichkeit.* Köln: Pahl-Rugenstein.

Zimmerman, F. J., Christakis, D. A. & Meltzoff, A. N. (2007). Television and DVD-video viewing in children younger than 2 years. *Archives of pediatrics & adolescent medicine, 161,* 473–479.

Zipf, J. (2003). „Kommt ihr mit auf Löwenjagd?". Psychomotorische Phantasiespiele zur Bearbeitung von Walt-Disney-Filmen. In N. Neuß, M. Pohl & J. Zipf, *Erlebnisland Fernsehen. Medienerlebnisse im Kindergarten aufgreifen, gestalten, reflektieren* (2. Auflage, S. 79–97). Herausgegeben von Freiwillige Selbstkontrolle Fernsehen e. V. München: KoPäd.

Zitzlsperger, H. (1989). *Ganzheitliches Lernen. Welterschließung über alle Sinne mit Beispielen aus dem Elementarbereich.* Weinheim: Beltz.